改訂版

中学校3年間の英語が1冊でしっかりわかる問題集

60万人の英語力を伸ばした
プロ英語講師
濵﨑潤之輔

本書は、小社より2017年に刊行された『中学校3年間の英語が1冊でしっかりわかる問題集』を、
2021年度からの新学習指導要領に対応させた改訂版です。

かんき出版

はじめに
すべての英語学習の最初の1冊！

「英語の基本をイチからしっかり学びたい」中学生とその保護者
「もう1度英語に挑戦しよう」と頑張っている大人
　そんな人たちに向けて、僕はこの問題集を作りました。

　2017年に刊行した『中学校3年間の英語が1冊でしっかりわかる本』は、英検対策をしたい小学生、高校・大学の受験生、お子さんに勉強を教えたい保護者、留学を志す大学生、TOEICテスト（現：TOEIC L&Rテスト）に挑戦するビジネスパーソン、英語の基礎を身につけたい方など、幅広い読者のみなさんに手にとっていただきました。

　僕は、TOEIC L&Rテストの990点（満点）を70回以上取得しています。また、大学や企業でTOEIC対策の指導を続けながら、多くの書籍を出版してきました。
　僕もかつては「いち学習者」でした。壁にぶつかり、点数が伸びず、自分には才能がないと落ちこんだ日もあります。そんな僕が試行錯誤の末にたどり着いた英語学習に対する考えかたがあります。それは「問題の正解」を求めることより、英文がどう組み立てられているかを理解し、基本に立ち返ること。とくに中学で学ぶ英語は、すべての英語学習の土台です。TOEIC L&Rテストや英検、英会話でも、土台があれば、必ず力を伸ばせます。

　小学校でも英語が必修となり、今まで以上に英語でのコミュニケーション能力が求められるようになりました。大学の入試改革、高校入試におけるスピーキングテストの導入などからもわかるように、より「使える英語」が求められる時代になってきています。
　そこで本書は、リスニング問題はもちろん、それ以外の英文や日本語訳の音声を聞きながら、これからの時代に必要とされる「聞く・読む・話す・書く」の4つの英語力を伸ばすトレーニングができるように設計しました。また、2021年度からの新学習指導要領に掲載されている文法事項についても、大切な項目にはページを割き、できる限りていねいな説明をしています。

　「英語が1ミリたりともできる気がしない」「留学経験がない」。そんな不安は一切いりません。年齢も関係ありません。本書を使って学んでくださるあなたの人生がよりよいものに変わることを期待しています。信じて最後まで学び終えたとき、必ず以前よりも「英語力が上がった」と実感していただけるはずです。一緒に頑張っていきましょう。

『改訂版 中学校３年間の英語が１冊でしっかりわかる問題集』の７つの強み

その1 各項目に これだけはおさえよう を掲載！

　各レッスンの最初に これだけはおさえよう を掲載しています。これから学ぼうとする単元の「要点」であり、「ゴール」でもあります。解説と練習問題を通じて、この これだけはおさえよう の内容を理解し、身につけていきましょう。その積み重ねが英語力の基礎となります。

その2 音声を使って英語の4つの力を伸ばせる！

　「英語力を伸ばす」には、英語を「聞く」「読む」「話す」「書く」という４つの力をつけることが必要です。そこで本書では、これら４つの技能を高めていくためのトレーニングを掲載しています。トレーニングの方法は６ページから詳しく説明していきますが、「リッスン アンド リピート」や「英作文」などの練習を通じて、あなたの英語力を基本から着実に高めていきます。

その3 子どもから大人まで一生使える！

　本書のタイトルは『改訂版 中学校３年間の英語が１冊でしっかりわかる問題集』ですが、中学生はもちろん、すでに英語の基礎を学校や英語塾などで学んでいる小学生や、久しく英語から離れ、「もう１度英語を頑張ってみたい」と考えている大人、TOEIC テストに挑戦したいけれど、何からはじめればいいかわからない初心者の方、お子さんに英語を教えたい保護者の方まで、どなたにでも使っていただける内容になっています。

その4 「学ぶ順序」と「わかりやすい解説」へのこだわり！

　英語の学習はすべてが有機的につながっています。前のレッスンで学んだことが、次のレッスンの土台になるという「積み上げ式」の学習が大切です。

　そうしたことから本書では、学習の効果が最大になる順番で学べるように構成しました。また、これまでの指導経験から、英語学習のつまずきやすいポイントやルールを覚え

るコツを盛り込んだり、例文や解説をできる限りシンプルでわかりやすいものにしたりと、スムーズに理解ができるように工夫をしています。

その5 最低限必要な文法用語をしっかり解説！

「主語」や「動詞」はわかるけれど、「目的語」や「補語」はよくわからない……。そういう方は決して少なくありません。

必要以上に難解な文法用語を覚える必要はありません。ですが、英語を学ぶ上で最低限必要な文法用語は、頭の中で英語の設計図を描くときに重要な役割を果たします。僕がTOEIC テスト（現：TOEIC L&R テスト）の点数を伸ばして満点がとれるようになったときのように、1度英語の設計図を覚えてしまえば、学習効率がぐんとアップするのです。そこで本書では、英語学習において最低限必要な文法用語の解説をしています。

その6 範囲とレベルは中学校の教科書と同じ！

中学校で使われている主要教科書すべてに登場する文法事項を、本書でひと通り学ぶことができます。2021年度からの新学習指導要領には、それまでは高校で学ぶ内容だった「現在完了進行形」や「原形不定詞」、「仮定法」が追加されました。本書では、これらについてもしっかりカバーしていきます。なお、文法事項だけでなく、使っている単語も、中学校で学ぶ範囲で登場するものだけで構成しています。

その7 is、am、are の使いかたから知識を積み上げられる！

本書は2ページで完結するスタイルをとっているため、どこからでも学ぶことができますが、まずはページ順に学習を進めていくことをおすすめします。先に進むほどレベルの高い内容になっているため、基礎となる最初のページから着実に知識を積み上げていくことにより、無理なく後半の内容が理解できるよう構成に工夫をしてあります。

ひと通り学習を終えたら、苦手だと感じた単元を中心に復習するようにしてください。

本書の使いかた

❶ ▶マークは、この見開きにある例文、練習問題すべての英文・訳の音声ファイルがあることを示しています

❷ 各項目の学習で一番のポイントです

❸ 英語の例文と訳、解説です

❹ 穴埋め問題で基礎を確認しましょう（解答は右ページ下）

❺ 右ページは、書き込み式の練習問題です（解答は別冊）

❻ リスニング問題は、🎧マーク以下のファイル名の音声を聞きながら解きましょう

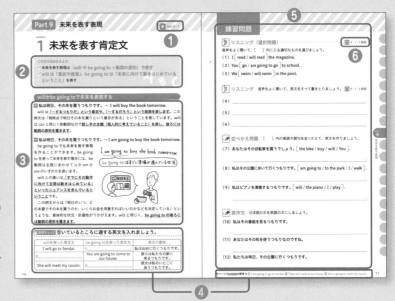

🎧 **リスニング問題の音声**

練習問題とまとめテストのリスニング音声です。各リスニング問題の🎧マーク以下のファイル名をご確認ください。

▶ **トレーニング用の音声**

本文と巻末のポイント解説に掲載されている例文と訳、練習問題、まとめテストすべての英文と訳です。各ページの▶マーク以下のファイル名をご確認ください。

音声ダウンロードの手順

▶ audiobook.jp で音声を聴く

1 インターネットで音声ダウンロード用のサイトにアクセスします。

https://audiobook.jp/exchange/kanki
パソコンから

スマートフォンから
上の QR コードを読み取ります。

2 表示されたページから、audiobook.jp への会員登録ページに進みます。

3 会員登録の後、1のページに再度アクセスし、シリアルコードの入力欄に「30234」を入力して「送信」をタップまたはクリックしてください。
※1のページがわからなくなった場合は、一度 audiobook.jp のページを閉じてからやり直してください。

4 「ライブラリに追加する」のボタンを押します。

5 スマートフォンの場合はアプリ「audiobook.jp」をインストールしてご利用ください。パソコンの場合は「ライブラリ」から音声ファイルをダウンロードしてご利用ください。

注意！
※1以外の URL からアクセスされますと、無料のダウンロードサービスをご利用いただくことができませんのでご注意ください。URL は「www」等の文字を含めず、正確にご入力ください。
※音声のダウンロードには、audiobook.jp への会員登録（無料）が必要です。既にアカウントをお持ちの方は、ログイン後に3の手順からはじめてください。
※パソコンからでも、iPhone や Android のスマートフォンからでも音声を再生いただくことができます。
※音声は何度でもダウンロード・再生いただくことができます。
※ダウンロードについてのお問い合わせ先：info@febe.jp（受付時間：平日の10 〜 20時）

▶音声データを直接ダウンロードする

https://kanki-pub.co.jp/pages/jhkaienglishmon/
パソコンから

スマートフォンから

※直接ダウンロードについてのお問い合わせ先：https://kanki-pub.co.jp/pages/infodl

Training

聞く×読む×話す×書く力をつける トレーニング

聞く力 （リスニング） のトレーニング

STEP 1 英文を目で追って読み、すぐに文の意味（日本語訳）を確認する

発音がわからない表現があるときは、最初は自分なりの読みかたで読んでOKです。

STEP 2 音声を聞いて英文を「音」で理解する

音声を聞きながら文字を目で追って読み、その英文がどう発音されるのか確認してください。文字だけを見て発音したときとの差に気づくはずです。「文字」と「音」と「意味」が一致し、文字からでも音からでも英文が理解できるようになります。

STEP 3 英文を見ながら音声を聞くことを3回繰り返す

GOAL 「聞いて理解できる」＝「英文を音声で聞いた瞬間にその意味がわかる」

リスニングの基礎力は、この3STEPで身につきます。「英語を英語のまま（日本語訳をしないで）音声で聞いただけで理解できる」という言葉を頭の中に増やすことが、英語の「リスニング力」をアップさせる近道です。

読む力 （リーディング） のトレーニング

STEP 1 英文の日本語訳を声に出さずに読んで、意味を確認する

STEP 2 英文と日本語訳を、交互に声に出して音読する

英文→日本語訳の順に3回繰り返して読んでください。

（例）He uses this pen. →彼はこのペンを使います。→ He uses this pen.
　　　→彼はこのペンを使います。→ He uses this pen. →彼はこのペンを使います。

STEP 3 英文だけを3回繰り返して読む

（例）He uses this pen. → He uses this pen. → He uses this pen.

これを繰り返すと、英文を読むだけで（訳を見ないで）意味が理解できるようになります。

GOAL 「読んで理解できる」＝「英文を読んだ瞬間にその意味がわかる」

上記のSTEPを通じて、英文を「日本語訳を頼りにしないで」英語のまま理解するために必要な基礎力がつきます。「英語を英語のまま理解できる」という言葉を増やすことが、「リーディング力」のアップにつながります。

英語を身につけるには「聞く」「読む」「話す」「書く」という4つの力を伸ばすことが大切です。ここでは、僕がTOEIC L&Rテスト対策用教材を使って勉強をするときに取り入れている学習法をお伝えします。

話す力（スピーキング）のトレーニング

STEP 1 英文の音声を聞き、聞き終えたらポーズの状態にする

STEP 2 すぐに同じ英文を声に出して言う

STEP1〜2の練習方法を「リッスン アンド リピート」と呼びます。このとき、英文は見ずに聞いたままの音を繰り返します。できる限りお手本の音声のまねをして、英文を声に出してください。同じ例文の練習を3回は繰り返しましょう。

文字だけを見て「自分が想像している英文の〈音〉」のまま読むと、後で「本当の音に合わせる」という修正作業が必要になってきます。

This is an apple. を「ディス イズ アン アップル」だと思っていたら、ネイティヴスピーカーによる音声では「ディスィザンナポー」と発音されていることに気づいたりするのです。

最初は、リスニングとリーディングのトレーニングを行って自分の中に英文のストックを作り、その後でスピーキングの練習をしましょう。

> **GOAL** 「英語を正しく話す基礎力をつける」
>
> 英語を正しく話すために必要な、より正しい発音に近い形で話す力がつきます。

書く力（ライティング）のトレーニング

それぞれのLessonの練習問題や、Partの最後にあるまとめテストで、英作文の問題を解く

> **GOAL** 「英語を書く基礎力をつける」
>
> 英語を速く正確に書くために必要な基礎力がつきます。ここでいう基礎力とは、主に語彙力（＝使える単語をどれだけ知っているか）と、文法力（＝英文を正しい語順で組み立てる力）です。この2つの能力を高めれば、より長くて複雑な英文を書けるようになります。

英語を話す・書くことを「アウトプット」（外に出すこと）と言います。アウトプットをするには、自分の中に話したいこと、書きたいことがなくてはなりません。それらを「インプット」（中に入れること）するために行うのが「聞く」ことと「読む」ことです。「聞く・読む」練習でストックを作り、それを「話す・書く」練習をしながら勉強を進めていくと効果的です。

もくじ

中学校3年間の英語　基本知識

主語・動詞・目的語・補語が「文の要素」になる

　文の要素とは、**英文を組み立てるときに必要なパーツ**だと考えてください。やさしい例文を使って、一つひとつ理解していきましょう。

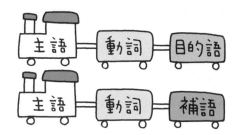

文の要素① 　主語

例 <u>I</u> play baseball.

訳 私は野球をします。

　日本語にしたときに「～は」「～が」にあたる語（語句）が主語です。この例文ではI（私は）がそれにあたります。

文の要素② 　動詞

例 I <u>am</u> busy.

訳 私は忙しいです。（私＝忙しい）

例 You <u>have</u> many bags.

訳 あなたはたくさんのカバンを持っています。

　日本語にしたときに「～する」や「＝」（イコール）にあたる語（語句）が動詞です。上記の例文では、am「＝」とhave「持っている」がそれにあたります。

文の要素③ 目的語

例 Mr. Naito plays baseball.

訳 ナイトウさんは野球をします。

例 Hiroshi has many bags.

訳 ヒロシはたくさんのカバンを持っています。

　日本語にしたときに「〜を」「〜に」にあたる語（語句）が目的語です。上記の例文では baseball（野球を）と many bags（たくさんのカバンを）がそれにあたります。

文の要素④ 補語

例 You are beautiful. （You = beautiful）

訳 あなたは美しいです。

　動詞を挟んで主語とイコールになる語（語句）が補語です。are は「=」という内容を表す動詞なので、You are beautiful. は You = beautiful という内容の英文になります。主語の You（あなたは）とイコールになっているのは、beautiful（美しい）です。よって、beautiful がこの文の中では補語になります。

文の要素と品詞のちがい

Mr. Naito plays baseball.

文の要素 → 　主語　　動詞　　目的語

　この例文では、主語が Mr. Naito、動詞が plays、目的語が baseball になります。それぞれの文の要素になる単語には、対応する品詞というものがあります。

Mr. Naito plays baseball.

品詞 → 　名詞　　動詞　　名詞

　Mr. Naito は文の要素では「主語」になりますが、単語の品詞では「名詞」になります。plays は文の要素でも品詞でも「動詞」です。baseball は文の要素では「目的語」ですが、品詞で分類すると「名詞」になります。

英文に必要な単語は「品詞」に分けられる

　文の要素を構成する単語は、役割によってさまざまな「品詞」に分類されます。ここでは英文に登場する主な品詞を見ていきましょう。

品詞① 名詞

Tetsuya（テツヤ：人名）、**Sapporo**（札幌：地名）、**bag**（カバン）など

　名詞は人名や地名、その他の人やものを表し、主語や目的語・補語などになります。名詞には「可算名詞」（1つ、2つと数えることができる名詞で、単数形と複数形がある）と「不可算名詞」（1つ、2つと数えることができない名詞で、複数形がない）があります。可算名詞の単数形にはふつう「冠詞」の a（an）がつき、不可算名詞にはつきません。なお、a（an）は「1つの」という意味ですが、訳さない場合がほとんどです。

品詞② 動詞

study（勉強する）、**eat**（食べる）、**run**（走る）など

　動詞は主語の動作や状態を表します。ふつう主語の後ろに置きます。

品詞③ 形容詞

pretty（かわいい）、**small**（小さい）、**easy**（容易な）など

　形容詞は名詞（代名詞）の状態や性質（大小や色など）を表します。名詞の前に置いてその名詞を修飾したり、補語になったりします。

品詞④ 副詞

often（しばしば）、**slowly**（ゆっくりと）、**soon**（すぐに）など

　副詞は程度や頻度などを表し、主に動詞・形容詞・副詞などの語句や文を修飾します。英文の中ではさまざまな位置に置かれます。

品詞⑤ 代名詞

she（彼女は）、**your**（あなたの）、**them**（彼らを〈に〉、それらを〈に〉）など

　代名詞は1度英文に登場した名詞の代わりに使われ、文の中でのはたらきによって形が変化することもあります。人やものを指す人称代名詞は、文の主語になるときの「主格」、所有を表すときの「所有格」、「～を」「～に」を表すときの「目的格」、所有格から変化した「～のもの」という意味の「所有代名詞」、「～自身」という意味の再帰代名詞に分けられます。

●人称代名詞の一覧表

人称と数		主格 （～は・が）	所有格 （～の）	目的格 （～を・に）	所有代名詞 （～のもの）	再帰代名詞 （～自身）
1人称単数		I	my	me	mine	myself
1人称複数		we	our	us	ours	ourselves
2人称	単数	you	your	you	yours	yourself
	複数					yourselves
3人称単数		he	his	him	his	himself
		she	her	her	hers	herself
		it	its	it	なし	itself
3人称複数		they	their	them	theirs	themselves

品詞⑥ 助動詞

can（～することができる）、must（～しなければならない）、will（～するつもりだ・～するだろう）、may（～かもしれない・～してもよい）など

　助動詞は動詞の前に置かれ、話し手の気持ち、考えなどをつけ加えます。

品詞⑦ 前置詞

in（〈場所〉の中で・〈年・月・季節〉に）、for（～に向かって・～のために）、about（～について・約～）など

　前置詞は名詞（代名詞）の前に置かれ、場所・時・方向などを表します。

品詞⑧ 接続詞

before（～する前に）、when（～するとき）、but（しかし）など

　接続詞は語（語句）や節（〈主語＋動詞＋α〉で構成される部分）どうしをつなぎます。

品詞⑨ 冠詞

a、an（1つの）、the（その）

　冠詞は名詞の前に置かれます。

品詞⑩ 疑問詞

what（何）、when（いつ）、how（どのように）など

　疑問詞は主に疑問文の文頭に置いて使われます。

Lesson
1 be動詞の肯定文

これだけはおさえよう
☑ be 動詞は「＝」（イコール）の意味を表す
☑ 3 つの be 動詞「am」「are」「is」は主語によって使い分ける
☑ 〈主語＋ be 動詞〉の後ろには、さまざまな品詞が続く

主語がIのとき、be動詞はam

例 私は幸せです。→ I am happy.（I ＝ happy）

　まずは肯定文から確認しましょう。事実を単純に述べ、否定の意味が入らない文を肯定文といいます。また、英語には、大きく分けて 2 種類の動詞があり、そのうちの 1 つが be 動詞（am、are、is など）です。**be 動詞はイコールの役割を果たします。**例文の happy は、状態や性質を表す言葉で、**形容詞**と呼ばれる品詞に属する単語です。

　この文の主語の I は「1 人称」と呼ばれ、I と we が 1 人称、you が 2 人称、I、we、you 以外のものはすべて 3 人称です。be 動詞は、**主語が I のときは am を、you や複数のときは are を、3 人称単数のときは is** を使います。

＊ be 動詞ではない動詞は一般動詞と呼ばれ、一般動詞は play や study、have などの「動作や状態、性質」を表す動詞のことです。

👆 **基礎チェック** 空いているところにis、am、areのいずれかを入れましょう。

主語になる単語	単語の意味	主語の人称と数	セットで使うbe動詞
I	私は	1人称単数	①_____
we	私たちは	1人称複数	②_____
you	あなたは・あなたたちは	2人称単数・複数	③_____
he／she／it	彼は・彼女は・それは	3人称単数	④_____
they	彼（女）らは・それらは	3人称複数	⑤_____

＊「主語の人称と数」の項目にある「単数」や「複数」とは「主語が表している数」のことで、たとえば I は単数、we は複数になります。you は「あなたは」と「あなたたちは」という単数・複数の両方を表すことができます。

彼は歌手です。→ He ⑥_____ a singer.

私たちは先生です。→ We ⑦_____ teachers.

オカダさんは背が高いです。→ Mr. Okada ⑧_____ tall.

テツヤとアキラは私の友達です。→ Tetsuya and Akira ⑨_____ my friends.

＊ my は代名詞の所有格で「私の」という意味があり、名詞の前に置いて使います。

練習問題

🦻 リスニング（選択問題）─────────────────── 🎧 1-1-1 練習

音声をよく聞いて、[　]内に入る適切なものを選びましょう。

（1）I [is / am / are] your teacher.

（2）Mr. Kitamura [is / am / are] strong.

（3）You [is / am / are] my student.

🦻 リスニング　音声をよく聞いて、英文をすべて書きとりましょう。── 🎧 1-1-2 練習

（4）_____

（5）_____

（6）_____

✏️ 並べかえ問題　[　]内の単語を並べかえて、英文を作りましょう。

（7）ヒロシはギタリストです。[a / is / guitarist / Hiroshi].

_____.

（8）私は作家です。[writer / am / I / a].

_____.

（9）ナツミは、今日は忙しいです。[busy / Natsumi / is] today.

_____ today.

Point！ today「今日は」などの日時を表す表現は、通常文末に置くことが多いです。

✏️ 英作文　日本語の文を英語の文にしましょう。

（10）あなたは忙しいですか？

_____

（11）ケニー（Kenny）は私のいとこ（cousin）です。

_____

（12）私はその公園に（in the park）います。

_____

Part 1　be動詞

2 be動詞の否定文

これだけはおさえよう
- ☑ not を置けば否定を表す文になる
- ☑ not は be 動詞の後ろに置く
- ☑ 〈be 動詞 + not〉は短縮形で表すこともある

be動詞の後ろにnotを置けば否定文になる

例 私は幸せではありません。→ I am not happy.（I ≠ happy）

　be 動詞の後ろに not を置いた **is not、am not、are not は、「≠」（イコールではない）という意味**を表します。例文は「私 ≠ 幸せ」ということになるので、「私は幸せではありません」という意味の英文になります。このように not を使って「～は…ではありません」という否定の意味を表した文を、否定文と呼びます。

　また、am not には短縮形はありませんが、is not の短縮形は isn't、are not の短縮形は aren't となります。

　be 動詞と not の短縮形以外にも、主語と be 動詞がくっついてできる短縮形もあり、それらは I'm、you're、he's、she's、it's、we're、they're のような形になります。

👆 **基礎チェック** 空いているところに適する単語を入れましょう。

主語になる単語	be動詞	be動詞 + notの短縮形
I	am	なし
we	are	①_____
you	are	aren't
he / she / it	is	②_____
they	are	aren't

彼女は歌手ではありません。→ She ③_____ a singer.

あなたたちは先生ではありません。→ You ④_____ teachers.

タカハシさんは背が高くはありません。→ Mr. Takahashi ⑤_____ tall.

セイヤは私の友達ではありません。→ Seiya ⑥_____ my friend.

＊固有名詞（人名・地名・国名・書名・建造物名など）が主語の場合は、〈主語 + be 動詞〉の短縮形はふつう使いません。たとえば、Seiya's は「セイヤの（もの）」という「所有」の意味を表すこともできるからです。ちなみに、英文の先頭にくる単語の最初の一文字は常に大文字にしますが、固有名詞は文のどこに置かれても、最初の一文字は大文字にします。

練習問題

🔊 リスニング（選択問題）━━━━━━━━━━━━━ 🎧 1-2-1 練習

音声をよく聞いて、[　　]内に入る適切なものを選びましょう。

（1）I [is not / am not / are not] your teacher.

（2）Mr. Ichikawa [isn't / am not / aren't] strong.

（3）You [isn't / am not / aren't] my student.

🔊 リスニング　音声をよく聞いて、英文をすべて書きとりましょう。━━ 🎧 1-2-2 練習

（4）_____

（5）_____

（6）_____

✏️ 並べかえ問題　[　　]内の単語や語句を並べかえて、英文を作りましょう。

（7）コウタはギタリストではありません。[not / Kota / a / is / guitarist].

_____.

（8）ファレさんは作家ではありません。[writer / is / Mr. Fale / a / not].

_____.

（9）私は、今日は時間がありません。[free / am / I / not] today.

_____ today.

Point !　free は「暇だ、時間がある」という意味の形容詞です。

✏️ 英作文　日本語の文を英語の文にしましょう。

（10）あなたは忙しくありません。

_____

（11）ミノル（Minoru）は私のいとこではありません。

_____

（12）私は、その公園にはいません。

_____

左ページの 基礎チェック の解答 ● ① aren't ② isn't ③ isn't ④ aren't ⑤ isn't ⑥ isn't

Lesson
3 be動詞の疑問文

これだけはおさえよう
- ☑ 肯定文の主語と be 動詞を入れかえ、文末に？をつける
- ☑ Yes で答えるときには〈Yes, 主語 + be 動詞 .〉を、
  No で答えるときには〈No, 主語 + be 動詞 + not.〉を使う

主語とbe動詞を入れかえて文末に?をつけると疑問文になる

例 **あなたは幸せですか？ – はい、幸せです。/ いいえ、幸せではありません。**

　→ **Are you happy? – Yes, I am. / No, I'm not.**

You are happy. の主語（You）と be 動詞（are）の順序を入れかえ、文末に？（クエスチョンマーク）をつけると、Are you happy? となって「あなたは幸せですか？」という疑問文（相手に質問する文）を作ることができます。

be 動詞ではじまる疑問文には、Yes か No で答えます。Yes で答える場合には、〈**Yes,（カンマ）主語 + be 動詞 .（ピリオド）**〉で応答し、No で答える場合には、〈**No, 主語 + be 動詞 + not.**〉で応答します。

Yes と No で答えることのできる疑問文は、文末の調子を上げて読むようにしてください。

👆基礎チェック **空いているところに適する英文や単語を入れましょう。**

肯定文	英文の意味	疑問文	英文の意味
She is happy.	彼女は幸せです。	①_____	彼女は幸せですか？
He is free.	彼は暇です。	Is he free?	彼は暇ですか？
Mr. Okada is young.	オカダさんは若いです。	②_____	オカダさんは若いですか？
You are busy.	あなたは忙しいです。	③_____	あなたは忙しいですか？

ヒロシはギタリストですか？ → ④_____ Hiroshi a guitarist?

はい、そうです。 → Yes, he ⑤_____ . / **いいえ、違います。** → No, ⑥_____ isn't.

＊ Yes か No で応答するとき、疑問文の主語 Hiroshi は、応答文では he（彼は）に変わっています。この he は、1 度登場した人やものが再登場するときに使われるもので、「代名詞」と呼ばれます（12ページ、171ページ参照）。

彼女はあなたのいとこですか？ → ⑦_____ ⑧_____ your cousin?

はい、そうです。 → Yes, she ⑨_____ . / **いいえ、違います。** → No, ⑩_____ isn't.

＊ cousin は「いとこ」という意味の名詞です。

練習問題

🎧 **リスニング（選択問題）** ━━━━━━━━━━━━━━ 🎧 1-3-1 練習

音声をよく聞いて、[　]内に入る適切なものを選びましょう。

（1）[Is / Am / Are] you my teacher? – Yes, I [is / am / are].

（2）[Is / Am / Are] he strong? – No, he [isn't / am not / aren't].

（3）[Is / Am / Are] you her student? – Yes, I [is / am / are].

🎧 **リスニング**　音声をよく聞いて、英文をすべて書きとりましょう。 🎧 1-3-2 練習

（4）_____

（5）_____

（6）_____

✏️ **並べかえ問題**　[　]内の単語を並べかえて、英文を作りましょう。

（7）コウタはギタリストですか？ – はい、そうです。

[a / Kota / guitarist / Is]? – [he / Yes, / is].

_____ ? – _____ .

（8）ケリーは作家ですか？ – いいえ、違います。

[writer / a / Kelly / Is]? – [isn't / No, / he].

_____ ? – _____ .

（9）あなたは、今日は暇ですか？ – いいえ、暇ではありません。

[free / you / Are] today? – [not / I'm / No,].

_____ today? – _____ .

✏️ **英作文**　日本語の文を英語の文にしましょう。

（10）オカさん（Mr. Oka）は忙しいですか？ – はい、忙しいです。

_____ – _____

（11）あなたはミノル（Minoru）のいとこですか？ – いいえ、違います。

_____ – _____

（12）彼女はその公園にいますか？ – はい、います。

_____ – _____

be動詞
まとめテスト

答えは別冊30ページ

1 🦻 音声をよく聞いて、[ ]内に入る適切なものを選びましょう。

[各2点、計16点]

（1）I [is / am / are] your friend.

（2）Michael [is / am / are] strong.

（3）You [is / am / are] my teacher.

（4）I [is not / am not / are not] your student.

（5）Mr. Littlejohn [isn't / am not / aren't] strong.

（6）They [isn't / am not / aren't] at the station.

（7）[Is / Am / Are] you her student? – Yes, I [is / am / are].

（8）[Is / Am / Are] Mr. Littlejohn strong? – No, he [isn't / am not / aren't].

2 🦻 音声をよく聞いて、英文をすべて書きとりましょう。[各3点、計24点]

（1）_____

（2）_____

（3）_____

（4）_____

（5）_____

（6）_____

（7）_____

（8）_____

3 ✏️ [ ]内の単語や語句を並べかえて、英文を作りましょう。[各3点、計24点]

（1）ケニーは私のおじです。[is / Kenny / my / uncle].

_____.

（2）アスカはあなたのおばさんです。[aunt / your / is / Asuka].

_____.

（3）レイモンドは、今日は暇です。[Raymond / free / is / today].

_____.

（4）コウタはギタリストではありません。[not / a / is / guitarist / Kota].

_____.

（5）ファレさんは、学校にはいません。[at school / is / Mr. Fale / not].

_____.

（6）ナツミは、今日は暇ではありません。[Natsumi / free / is / not / today].

_____.

（7）ハンソンはピアニストですか？ – はい、そうです。

　　　[a / Hanson / pianist / Is]? – [he / Yes, / is].

_____? – _____.

（8）マンディはテニスの選手ですか？ – いいえ、違います。

　　　[tennis player / a / Mandy / Is]? – [isn't / No, / she].

_____? – _____.

4 ✎ 日本語の文を英語の文にしましょう。[各4点、計36点]

（1）彼女は忙しいです。

_____

（2）スカーレット（Scarlett）は私の姉（sister）です。

_____

（3）ヒロム（Hiromu）はここに（here）います。

_____

（4）マーティ（Marty）は暇ではありません。

_____

（5）彼は私の友達（friend）ではありません。

_____

（6）ゴトウさん（Mr. Goto）は俳優（actor）ではありません。

_____

（7）テツヤ（Tetsuya）は忙しいですか？ – はい、忙しいです。

_____

（8）彼女はあなたのいとこですか？ – いいえ、違います。

_____

（9）ヒデト（Hideto）は幸せですか？ – はい、幸せです。

_____

Lesson
1 一般動詞の肯定文

これだけはおさえよう

☑ 一般動詞には「〜を・〜に」という意味の目的語を必要とする他動詞と、
　目的語を必要としない（目的語なしでも文が成立する）自動詞がある

☑ 自動詞の後ろに目的語を置くときは、前置詞（名詞の前に置く品詞）が必要

☑ 自動詞には be 動詞と似たような使いかたをする不完全自動詞がある

〈主語＋動詞〉の順序で単語を並べる

例 あなたは野球をします。→ You play baseball.

　play、use、know など、be 動詞以外の動詞を**一般動詞**といいます。一般動詞には、主語の**動作を表す動詞（動作動詞）**と主語の**状態を表す動詞（状態動詞）**の２種類があります。

　主語の動作や状態を表す文を作るときは、〈**主語＋動詞**〉の順序で単語を並べます。

　例文の play の後ろにくる baseball のように、「〜を・〜に」にあたる語句を**目的語**と呼びます。また、後ろに目的語を必要とする一般動詞を**他動詞**といいます。〈**主語＋他動詞＋目的語**〉の順に単語を並べると覚えましょう。つまり、日本語では「あなたは＋野球を＋します」の順序ですが、英語では「あなたは＋します＋野球を」の順序になります。

例 私は学校に行きます。→ I go to school.

　目的語を必要としない一般動詞を**自動詞**といいます。この例文にある動詞の go は「行く」という意味で、後ろには前置詞の to があり、目的語の school が続きます。

例 あなたは幸せそうに見えます。→ You look happy.

　一般動詞の look には「見る」の他に「〜に見える」という意味があります。後ろにある happy は「幸せな」という意味の形容詞です。一般動詞には be 動詞と同様に、**動詞の前後を「＝」（イコール）の関係にするもの**があり、それらは**不完全自動詞**と呼ばれます。

👆**基礎チェック** 空いているところに適する単語を入れましょう。

よく使う一般動詞	単語の意味	よく使う一般動詞	単語の意味
play	する・演奏する	have	持っている
① _____	使う	④ _____	読む
② _____	知っている	watch	見る
③ _____	見る（目を向ける）	⑤ _____	歩く

練習問題

🎧 **リスニング（選択問題）** ⎯⎯⎯⎯⎯⎯⎯⎯⎯ 🎧 2-1-1 練習

音声をよく聞いて、[　　]内に入る適切なものを選びましょう。

（1）I [play / use / read] the magazine.　＊ the magazine「その雑誌」

（2）You [go / use / walk] to school.

（3）We [swim / read / have] in the pool.　＊ in the pool「そのプールで」

🎧 **リスニング**　音声をよく聞いて、英文をすべて書きとりましょう。⎯ 🎧 2-1-2 練習

（4）_____

（5）_____

（6）_____

✏️ **並べかえ問題**　[　　]内の単語や語句を並べかえて、英文を作りましょう。

（7）あなたは忙しそうに見えます。[look / busy / You].

_____ .

（8）私はその公園に歩いて行きます。[to the park / I / walk].

_____ .

（9）私はピアノを演奏します。[the piano / I / play].

_____ .

💭 **Point !**　「〈楽器〉を演奏する」を表す動詞は play で、後ろには〈the ＋楽器〉が続きます。

✏️ **英作文**　日本語の文を英語の文にしましょう。

（10）私はその番組（the program）を見ます。

_____

（11）あなたはその机（the desk）を使います。

_____

（12）私たちはあなたのいとこを知っています。

_____

Lesson
2 一般動詞の否定文と命令文

これだけはおさえよう
- ☑ 一般動詞の否定文は、動詞の前に do not（don't）を置いて作る
- ☑ 命令文（～するな・～しなさい）は、主語を外して Don't や動詞から文をはじめる

否定文は動詞の前にdo not(don't)を置く

例 **あなたは海に行きません。**→ **You don't go to the sea.**

　一般動詞の否定文（「～しません」という否定の文）は、**動詞の前に do not、もしくは don't（do not の短縮形）を置いて作ります**。＊ go to the sea は「海に行く」という意味の表現です。

例 **あなたは幸せには見えません。**→ **You don't look happy.**

　動詞の前後を「＝」（イコール）の関係にする**不完全自動詞の否定文も、動詞の前に do not（don't）を置いて作ります**。

命令文はYouが主語の文からYouを外す

例 **海に行かないでください。**→ **Don't go to the sea.**

　do not（don't）を使った英文に、否定の命令文（～するな）があります。You don't go to the sea. から**主語の You を外すと、「海に行かないでください」という否定の命令文になります**。

例 **海に行きなさい。**→ **Go to the sea.**

　肯定の命令文（～しなさい）も、否定の命令文と作りかたは同じです。You go to the sea. の **You を外して、Go to the sea. とすれば、「海に行きなさい」という命令文ができあがります**。

🖐基礎チェック **空いているところに適する英文を入れましょう。**

肯定文（主語＋動詞＋α .）	否定文（主語＋don't＋動詞＋α .）
You go to school.	You don't go to school. （あなたは学校に行きません）
You teach English.	①_____ （あなたは英語を教えません）
否定文（主語＋don't＋動詞＋α .）	否定の命令文（Don't＋動詞＋α .）
You don't go there.	Don't go there. （そこに行かないでください）
You don't read the book.	②_____ （その本を読まないでください）
You don't use this pencil.	③_____ （この鉛筆を使わないでください）

練習問題

🔊 リスニング（選択問題）━━━━━━━━━━━━━━━ 🎧 2-2-1 練習

音声をよく聞いて、[　　]内に入る適切なものを選びましょう。

（1）I [don't play / don't use / don't read] the magazine.

（2）You [do not go / do not use / do not walk] to school.

（3）[Don't swim / Don't read / Don't have] in the pool.

🔊 リスニング　音声をよく聞いて、英文をすべて書きとりましょう。🎧 2-2-2 練習

（4）_____

（5）_____

（6）_____

✏️ 並べかえ問題　[　　]内の単語や語句を並べかえて、英文を作りましょう。

（7）あなたは忙しそうには見えません。[don't / look / busy / You].

_____ .

（8）私はその公園に歩いては行きません。[to the park / I / walk / don't].

_____ .

（9）そのピアノを演奏しないでください。[the piano / Don't / play].

_____ .

✏️ 英作文　日本語の文を英語の文にしましょう。

（10）私はその番組を見ません。

（11）その机を使いなさい。

（12）私たちはあなたのいとこを知りません。

左ページ 基礎チェック の解答 ● ① You don't teach English. ② Don't read the book. ③ Don't use this pencil.

25

Part 2　一般動詞

Lesson 3　一般動詞の疑問文

これだけはおさえよう
- ☑ 一般動詞の疑問文は、肯定文を Do と？で挟んで作る
- ☑ 「はい」の場合は〈Yes, 主語 + do.〉で応答し、
　「いいえ」の場合は〈No, 主語 + don't.〉で応答する

主語の前にDoを、文末に？を置く

例 あなたは野球をしますか？－はい、します。／いいえ、しません。

　→ **Do you play baseball?** － Yes, I do. / No, I don't.

「〜しますか？」とたずねたいときに使う一般動詞の疑問文は、**主語の前に Do を、文末に？を置き**、〈**主語＋動詞＋α**〉**の文を挟んで作ります。**また、Do...? の文は Yes と No で答えることのできる疑問文なので、文末の調子を上げて読むようにしてください。そして、Do you...? で質問された場合は、「はい」であれば **Yes, I(we) do.** で応答し、「いいえ」であれば **No, I(we) don't.** で応答します。

例 私は幸せそうに見えますか？ － はい、見えます。／いいえ、見えません。

　→ **Do I look happy?** – Yes, you do. / No, you don't.

　動詞の前後を「＝」（イコール）の関係にする**不完全自動詞の疑問文も、Do と？で文を挟んで作ります。**

👆**基礎チェック** 空いているところに適する英文や単語を入れましょう。

肯定文（主語＋動詞＋α.）	疑問文（Do＋主語＋動詞＋α?）
You go to school.	Do you go to school?（あなたは学校に行きますか？）
You want a pen.	Do you want a pen?（あなたはペンがほしいですか？）
You teach English.	①＿＿＿＿＿＿＿＿＿＿＿＿＿＿＿＿＿＿ （あなたは英語を教えますか？）
You see my cousin.	Do you see my cousin? （あなたは私のいとこに会いますか？）
You use this pencil.	②＿＿＿＿＿＿＿＿＿＿＿＿＿＿＿＿＿＿ （あなたはこの鉛筆を使いますか？）

あなたはバスケットボール（basketball）をしますか？－はい、します。

→ ③_____ you play basketball? – Yes, I ④_____ .

あなたはその公園に行きますか？－いいえ、行きません。

→ ⑤_____ you ⑥_____ to the park? – No, I ⑦_____ .

練習問題

👂 リスニング（選択問題）──────────────── 🎧 2-3-1 練習

音声をよく聞いて、[　]内に入る適切なものを選びましょう。

（1）Do you [play / use / read] the magazine? – [Yes / No], I [do / don't].

（2）Do you [go / use / walk] to school? – [Yes / No], I [do / don't].

（3）Do you [swim / read / have] in the pool? – [Yes / No], we [do / don't].

Point ! （3）応答文の主語が we「私たちは」となっているので、質問文の you は「あなたたちは」という複数形として使われていることがわかります。

👂 リスニング　音声をよく聞いて、英文をすべて書きとりましょう。── 🎧 2-3-2 練習

（4）＿＿＿＿＿＿＿＿＿＿＿＿＿＿＿＿＿＿＿＿＿＿＿＿＿＿＿＿＿＿

（5）＿＿＿＿＿＿＿＿＿＿＿＿＿＿＿＿＿＿＿＿＿＿＿＿＿＿＿＿＿＿

（6）＿＿＿＿＿＿＿＿＿＿＿＿＿＿＿＿＿＿＿＿＿＿＿＿＿＿＿＿＿＿

✏️ 並べかえ問題　[　]内の単語や語句を並べかえて、英文を作りましょう。

（7）私は忙しそうに見えますか？ [look / busy / I / Do]?

＿＿＿＿＿＿＿＿＿＿＿＿＿＿＿＿＿＿＿＿＿＿＿＿＿＿＿＿＿＿ ?

（8）〈（7）に対する応答として〉いいえ、見えません。[you / No, / don't].

＿＿＿＿＿＿＿＿＿＿＿＿＿＿＿＿＿＿＿＿＿＿＿＿＿＿＿＿＿＿ .

（9）あなたはピアノを演奏しますか？ [you / the piano / Do / play]?

＿＿＿＿＿＿＿＿＿＿＿＿＿＿＿＿＿＿＿＿＿＿＿＿＿＿＿＿＿＿ ?

✏️ 英作文　日本語の文を英語の文にしましょう。

（10）あなたはその番組を見ますか？ – はい、見ます。

＿＿＿＿＿＿＿＿＿＿＿＿＿ – ＿＿＿＿＿＿＿＿＿＿＿＿＿

（11）あなたはその机を使いますか？ – いいえ、使いません。

＿＿＿＿＿＿＿＿＿＿＿＿＿ – ＿＿＿＿＿＿＿＿＿＿＿＿＿

（12）あなたたちは私のいとこを知っていますか？ – はい、知っています。

＿＿＿＿＿＿＿＿＿＿＿＿＿ – ＿＿＿＿＿＿＿＿＿＿＿＿＿

左ページ 基礎チェック の解答 ● ① Do you teach English? ② Do you use this pencil? ③ Do ④ do ⑤ Do ⑥ go ⑦ don't　　27

リスニング問題の音声 🎧 2−4_Part 2テスト
トレーニング用の音声 ▶ Part 2−4まとめ

1回目	月	日	／100点
2回目	月	日	／100点
3回目	月	日	／100点

一般動詞 まとめテスト

答えは別冊31ページ

1 🎧 音声をよく聞いて、[ ]内に入る適切なものを選びましょう。

[各2点、計16点]

（1）I [play / use / read] the book.

（2）We [go / use / walk] to the park.

（3）You [swim / read / have] in the sea.　＊sea「海」

（4）I [don't play / don't use / don't read] the book.

（5）We [do not go / do not use / do not walk] to the park.

（6）[Don't swim / Don't read / Don't have] in the sea.

（7）Do you [play / use / read] the book? – [Yes / No], I [do / don't].

（8）Do you [swim / read / have] in the sea? – [Yes / No], we [do / don't].

2 🎧 音声をよく聞いて、英文をすべて書きとりましょう。[各3点、計24点]

（1）_____

（2）_____

（3）_____

（4）_____

（5）_____

（6）_____

（7）_____

（8）_____

3 ✏️ [ ]内の単語や語句を並べかえて、英文を作りましょう。[各3点、計24点]

（1）あなたは暇そうに見えます。[look / free / You].

_____.

（2）私は学校に歩いて行きます。[to school / I / walk].

_____.

（3）あなたは幸せそうには見えません。〔 don't / look / happy / You 〕.

_____ .

（4）私はその店に歩いては行きません。〔 to the store / don't / I / walk 〕.

_____ .

（5）ここでそのドラムを演奏しないでください。〔 the drums / play / here / Don't 〕.

_____ .

（6）私は幸せそうに見えますか？〔 look / happy / I / Do 〕?

_____ ?

（7）〈（6）に対する応答として〉はい、見えます。〔 you / Yes, / do 〕.

_____ .

（8）あなたはドラムを演奏しますか？〔 you / the drums / Do / play 〕?

_____ ?

4 🖊 日本語の文を英語の文にしましょう。［各4点、計36点］

（1）私はテレビ（TV）を見ます。

_____

（2）あなたはそのテーブル（the table）を使います。

_____

（3）私たちはあなたのお姉さんを知っています。

_____

（4）私はテレビを見ません。

_____

（5）そのテーブルを使いなさい。

_____

（6）私たちはあなたのお姉さんを知りません。

_____

（7）あなたはテレビを見ますか？ーはい、見ます。

_____ ー _____

（8）あなたはそのテーブルを使いますか？ーいいえ、使いません。

_____ ー _____

（9）あなたたちは私の姉を知っていますか？ーはい、知っています。

_____ ー _____

Lesson

1 疑問詞を使った疑問文（be動詞）

これだけはおさえよう

☑ 疑問詞を使った疑問文（be 動詞）の受け答えをマスターしよう

Who is the girl? – She is Alexa.

（その少女は誰ですか？ – 彼女はアレクサです）

What is your name? – My name is Hirooki.

（あなたの名前は何ですか？ – 私の名前はヒロオキです）

When is your birthday? – My birthday is February 16.

（あなたの誕生日はいつですか？ – 私の誕生日は2月16日です）

Where is the restaurant? – It is across the street.

（そのレストランはどこですか？ – 〈それは〉通りの向こう側にあります）

Why are you busy? – Because I have a lot of homework.

（なぜあなたは忙しいのですか？ – 〈私には〉たくさん宿題があるからです）

〈疑問詞＋be動詞＋主語...?〉の順序で疑問文を作る

例 その男性は誰ですか？ – 彼はクシダさんです。

→ **Who is the man? – He is Mr. Kushida.**

　疑問詞には **who**「誰」、**what**「何」、**which**「どれ」、**when**「いつ」、**where**「どこ」、**why**「なぜ」、**whose**「誰の」、**how**「どのように」などがあり、「具体的な情報」を相手から得たいときに使われます。

　疑問詞を使った be 動詞の疑問文は、〈疑問詞 ＋ **be 動詞＋主語 ...?**〉の順序に単語をあてはめて作ることができます。また、例文の応答文は He is Mr. Kushida. となっていますが、疑問文の「その男性は」が「彼は」に、「誰」が「クシダさん」になるため、「彼はクシダさんです」→ He is Mr. Kushida. という英文になります。

＊ how は how much「いくら」や〈how many ＋名詞の複数形〉「いくつの〜、何人の〜」、how long「どのくらいの間」のように、後ろにさまざまな単語をともなった「疑問詞を含むカタマリ」としてもよく使われます。

🖐基礎チェック 空いているところに適する英文を入れましょう。

疑問詞を使ったbe動詞の疑問文	英文の意味
① _____	その女性は誰ですか？
What is your name?	あなたの名前は何ですか？
When is your birthday?	あなたの誕生日はいつですか？
② _____	その駅はどこですか？
③ _____	なぜあなたは暇なのですか？

リスニング（選択問題）——————————— 🎧 3-1-1 練習

音声をよく聞いて、[　　]内に入る適切なものを選びましょう。

（1）Who [is / am / are] the woman? – [He / She / It] is Naomi.

（2）[What / Who / When] is your name?

　　　– [My / Your / His] name is Tomoyuki.　　＊ his は「彼の」という意味の代名詞です。

（3）[Where / Which / Why] is the park?

　　　– [This / That / It] is next to the station.　　＊ next to「～の隣に」

リスニング　音声をよく聞いて、英文をすべて書きとりましょう。——— 🎧 3-1-2 練習

（4）＿＿＿＿＿＿＿＿＿＿＿＿＿＿＿＿＿＿＿＿＿＿＿＿＿＿＿＿

（5）＿＿＿＿＿＿＿＿＿＿＿＿＿＿＿＿＿＿＿＿＿＿＿＿＿＿＿＿

（6）＿＿＿＿＿＿＿＿＿＿＿＿＿＿＿＿＿＿＿＿＿＿＿＿＿＿＿＿

並べかえ問題　[　　]内の単語や語句を並べかえて、英文を作りましょう。

（7）あれは何ですか？ [that / What / is]?

＿＿＿＿＿＿＿＿＿＿＿＿＿＿＿＿＿＿＿＿＿＿＿＿＿＿＿＿＿＿？

（8）〈（7）に対する応答として〉それは鉛筆です。 [a pencil / is / It].

＿＿＿＿＿＿＿＿＿＿＿＿＿＿＿＿＿＿＿＿＿＿＿＿＿＿＿＿＿＿．

（9）その野球選手は誰ですか？ [the baseball player / Who / is]?

＿＿＿＿＿＿＿＿＿＿＿＿＿＿＿＿＿＿＿＿＿＿＿＿＿＿＿＿＿＿？

英作文　日本語の文を英語の文にしましょう。

（10）彼の誕生日はいつですか？ – 彼の誕生日は11月13日です。

＿＿＿＿＿＿＿＿＿＿＿＿＿ – ＿＿＿＿＿＿＿＿＿＿＿＿＿

（11）これは何ですか？ – それは私の本です。

＿＿＿＿＿＿＿＿＿＿＿＿＿ – ＿＿＿＿＿＿＿＿＿＿＿＿＿

（12）なぜあなたは忙しいのですか？
　　　– 私には仕事がたくさん（a lot of work）あるからです。

＿＿＿＿＿＿＿＿＿＿＿＿＿ – ＿＿＿＿＿＿＿＿＿＿＿＿＿

Lesson

2 疑問詞を使った疑問文(一般動詞)

これだけはおさえよう

☑ 疑問詞を使った疑問文(一般動詞)の受け答えをマスターしよう

What time do you go to school? – I go to school at 8:00 a.m.

(あなたは何時に学校に行きますか? – 私は午前8時に学校に行きます)

① 語順は 〈疑問詞 + do + 主語 + 動詞 + α ?〉 になる

② What time のように〈疑問詞 + α〉で「疑問詞のカタマリ」となる表現もある

〈疑問詞 + do + 主語 + 動詞 + α ?〉で疑問文を作る

例 あなたは何を持っていますか? – 私はペンを持っています。

→ **What do you have? – I have a pen.**

「あなたはペンを持っていますか?」は Do you have a pen? と表しますが、「あなたは何を持っていますか?」は〈**疑問詞 + do + 主語 + 動詞 + α ?**〉の順序にあてはめて What do you have? と表します。

What do you have? の have の部分を変えると、「**あなたは何を~しますか?**」とたずねるさまざまな文を作ることができます。What do you drink every morning? – I drink coffee.「あなたは毎朝何を飲みますか? – 私はコーヒーを飲みます」といった感じで応用できるようにしていきましょう。

例 あなたは誰に電話をかけますか? – 私はタナハシさんに電話をかけます。

→ **Who do you call? – I call Mr. Tanahashi.** *call は「電話をかける」という意味の動詞です。

例 あなたはどこでその本を読みますか? – 私はそれを公園で読みます。

→ **Where do you read the book? – I read it in the park.** * in the park「公園で」

基礎チェック 空いているところに適する単語を入れましょう。

あなたは毎朝何を食べますか? – 私はパン(bread)を食べます。

→ ①_____ do you eat every morning? – I ②_____ bread.

あなたは暇なときに(in your free time)何をしますか?

– 私はバレーボール(volleyball)をします。

→ ③_____ do you do in your free time? – I ④_____ volleyball.

あなたは毎週日曜日に(every Sunday)どこに行くのですか? – 私は図書館に行きます。

→ ⑤_____ do you go every Sunday? – I ⑥_____ to the library.

リスニング（選択問題） ──────────── 🎧 3-2-1 練習

音声をよく聞いて、[　　] 内に入る適切なものを選びましょう。

（1）[What / Where / Who] do you use? – I use the [pencil / pen / book].

（2）[What / Where / Who] do you go? – I go to the [park / school / station].

（3）[What / Where / Who] do you see? – I see my [father / mother / sister].

リスニング　音声をよく聞いて、英文をすべて書きとりましょう。── 🎧 3-2-2 練習

（4）_____

（5）_____

（6）_____

並べかえ問題　[　　] 内の単語や語句を並べかえて、英文を作りましょう。

（7）あなたは暇なときに何を読みますか？

[read / What / you / do] in your free time?　＊ in your free time「暇なときに」

_____ in your free time?

（8）〈(7) に対する応答として〉私は雑誌を読みます。[a magazine / I / read].

_____ .

（9）あなたは誰と話をしますか？ [talk with / you / do / Who]?　＊ talk with「〜と話をする」

_____ ?

英作文　日本語の文を英語の文にしましょう。

（10）あなたは何がほしい（want）ですか？ – 私は家（a house）がほしいです。

_____ – _____

（11）あなたはどこで晩ごはん（dinner）を食べますか？
　　 – 私は家で（at home）晩ごはんを食べます。

_____ – _____

（12）あなたはたいてい（usually）何時に起きますか？ – 私はたいてい7時に起きます。

_____ – _____

Part 3

リスニング問題の音声 🎧 3-3_Part 3テスト
トレーニング用の音声 ▶ Part 3-3まとめ

1回目	月	日	/100点
2回目	月	日	/100点
3回目	月	日	/100点

疑問詞
まとめテスト

答えは別冊32ページ

1 🎧 音声をよく聞いて、［ ］内に入る適切なものを選びましょう。

[各3点、計18点]

（1）Who [is / am / are] the man? – [He / She / It] is Shinsuke.

（2）[What / Who / Which] is your bag? – [My / Your / This] is mine.

* mine「私のもの」

（3）[Where / Which / Why] is the bus stop?

– [This / That / It] is across the street.   * bus stop「バス停」

（4）[What / Where / Who] do you want? – I want a [guitar / piano / drum].

（5）[What / Where / Who] do you swim? – I swim in the [sea / river / pool].

* sea「海」、river「川」

（6）[What / Where / Who] do you see?

– I see my [student / teacher / doctor].   * doctor「医者」

2 🎧 音声をよく聞いて、英文をすべて書きとりましょう。 [各4点、計24点]

（1）_____

（2）_____

（3）_____

（4）_____

（5）_____

（6）_____

3 ✏️ ［ ］内の単語や語句を並べかえて、英文を作りましょう。[各4点、計28点]

（1）これは何ですか？ [this / What / is]?

_____?

（2）〈(1)に対する応答として〉それは猫です。[a cat / is / It].

_____.

（3）そのサッカー選手は誰ですか？　〔 the soccer player / Who / is 〕？

_____?

（4）あなたは何を使いますか？〔 use / What / you / do 〕？

_____?

（5）〈（4）に対する応答として〉私は辞書を使います。
〔 use / a dictionary / I 〕.

_____.

（6）あなたはどちらの本がほしいですか？　＊ Which book「どちらの本」
〔 want / you / do / Which book 〕？

_____?

（7）あなたは、毎週末どこに行くのですか？
〔 every weekend / go / you / Where / do 〕？

_____?

4 🖊 日本語の文を英語の文にしましょう。[各5点、計30点]

（1）彼女の誕生日はいつですか？－彼女の誕生日は9月23日です。　＊ September「9月」

_____－_____

（2）あれは何ですか？－それは私の車（car）です。

_____－_____

（3）なぜあなたは暇なのですか？－今日（today）は休日（a holiday）だからです。

_____－_____

（4）あなたは何を買いますか？－私はノート（a notebook）を買います。＊ buy「買う」

_____－_____

（5）あなたはどこで朝ごはん（breakfast）を食べますか？
－私はカフェで（at the cafe）朝ごはんを食べます。

_____－_____

（6）あなたは誰を紹介しますか？－私は〈私の〉妹を紹介します。＊ introduce「紹介する」

_____－_____

Lesson
1　3単現の肯定文

これだけはおさえよう

☑ 3単現は「I、we、you 以外の単数が主語の場合に、現在形の文で使う動詞の形」のこと

☑ 3単現の動詞は一般動詞の語尾に s や es をつけて作る

3単現の肯定文は一般動詞にsやesをつける

例 **ナイトウさんはサッカーをします。→ Mr. Naito plays soccer.**

　3人称とは「I でも we でも you でもない人やもの」です。主語が he や she、Mr. Ibushi や Ms. Kubota のような**3人称で単数、**かつ文が現在のことを表す現在形のときに**使う動詞の形を、3人称単数現在形（3単現）**と呼びます。また、**3単現の動詞は一般動詞の語尾に s や es をつけて作ります。**

例 **タナハシさんは学校に行きます。→ Mr. Tanahashi goes to school.**

　動詞の3単現では、s や es を語尾につけるときの一定のルールがあります。この例文では go「行く」という動詞が使われていますが、**o で終わる動詞なので語尾に es がついています。**

例 **彼女は忙しそうに見えます。→ She looks busy.**

　looks の s は［s］（ス）と発音されます。3単現の一般動詞の語尾の s や es は［z］（ズ）、［s］（ス）、［iz］（イズ）のいずれかの発音になります。多くの動詞は語尾に s をつけ、**s、z、x、o、sh、ch で終わる動詞は語尾に es を、〈子音字（a、i、u、e、o 以外）＋ y〉で終わる動詞は y を i に変えて es をつけます。ただし、have は has になります。**

🖐基礎チェック　空いているところに適する文字や単語を入れましょう。

📖✏️ 3単現の語尾　4つのルール

①**多くの動詞は語尾に** ①_____ **をつける**

②**s、z、x、o、sh、ch で終わる動詞は、語尾に** ②_____ **をつける**

③**〈子音字（a、i、u、e、o 以外）＋ y〉で終わる動詞は、** ③_____ **を i に変えて** ④_____ **をつける**

④ **have は** ⑤_____ **になる**

練習問題

👂 **リスニング（選択問題）** 🎧 4-1-1練習

音声をよく聞いて、[　]内に入る適切なものを選びましょう。

（1）She [read / reads] the magazine.

（2）Mr. Kojima [watch / watches] TV every day.

　　　＊ every day は「毎日」という意味の副詞句です。

（3）Hiroyoshi [walks / goes] to the park every morning.

👂 **リスニング**　音声をよく聞いて、英文をすべて書きとりましょう。 🎧 4-1-2練習

（4）_____

（5）_____

（6）_____

✏️ **並べかえ問題**　[　]内の単語や語句を並べかえて、英文を作りましょう。

（7）彼はそのペンを使います。[uses / the pen / He].

　　　_____.

（8）サナダさんは何枚かの絵を描きます。

　　　[draws / Mr. Sanada / some pictures].

　　　_____.

（9）彼女はパンが好きです。[likes / She / bread].

　　　_____.

✏️ **英作文**　日本語の文を英語の文にしましょう。

（10）スズキさん（Mr. Suzuki）はベルト（a belt）を持っています。

　　　_____

（11）バンクスさん（Ms. Banks）はその映画（the movie）を見ます。

　　　_____

（12）ヒロシ（Hiroshi）は手紙（a letter）を書きます。

　　　_____

Lesson
2 3単現の否定文

これだけはおさえよう
☑ 3単現（一般動詞）の否定文は、
　動詞の原形の前に does not（doesn't）を置いて作る

否定文は〈does not（doesn't）+ 一般動詞〉を使って作る

例 ナイトウさんは野球をしません。→ Mr. Naito doesn't play baseball.

　一般動詞を使った3単現の文を否定文にするときは、**動詞の前にdoes not、もしくはdoesn't（does not の短縮形）**を置きます。その際、動詞は原形にします。**動詞の原形**とは「辞書を引いたときに載っている元の形」のことです。たとえば、辞書で「食べる」を探すと「eat」と載っているはずです。このような、語尾や語形が変化していない動詞の元々の形が、原形です。

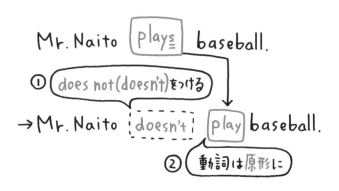

　Mr. Naito plays baseball. のように、3単現の肯定文では一般動詞の語尾に s や es がつきました。これを否定文にする場合、**does not（= doesn't）をその動詞の前に置き、動詞を原形**にします。

基礎チェック 空いているところに適する単語や語句を入れましょう。

3単現・肯定	語句の意味	3単現・否定	語句の意味
① _____	～へ行く	doesn't go to	～へ行かない
comes to	～に来る	doesn't come to	～に来ない
wants	ほしい	④ _____	ほしくない
② _____	教える	doesn't teach	教えない
meets	会う	doesn't meet	会わない
looks at	～を見る	⑤ _____	～を見ない
looks	～に見える	doesn't look	～に見えない
walks	歩く	⑥ _____	歩かない
runs	走る	doesn't run	走らない
③ _____	～に住む	doesn't live in	～に住まない

練習問題

🦻 **リスニング（選択問題）** ────────────── 🎧 4‐2‐1 練習

音声をよく聞いて、[　]内に入る適切なものを選びましょう。

（1）She [don't read / doesn't read] the book.

（2）Mr. Kojima [don't watch / doesn't watch] TV on Thursday.

　　　* on Thursday は「木曜日に」という意味の副詞句です。

（3）Hiroyoshi [don't walk / doesn't go] to the park.

🦻 **リスニング**　音声をよく聞いて、英文をすべて書きとりましょう。── 🎧 4‐2‐2 練習

（4）_____

（5）_____

（6）_____

✏️ **並べかえ問題**　[　]内の単語や語句を並べかえて、英文を作りましょう。

（7）彼女はそのペンを使いません。[use / the pen / She / doesn't].

　　　_____ .

（8）ワタナベさんは絵を全く描きません。

　　　[does not draw / Mr. Watanabe / any pictures].　* not ～ any ... は「…を全く～しない」という意味の表現です。

　　　_____ .

（9）彼はパンが好きではありません。[like / He / doesn't / bread].

　　　_____ .

✏️ **英作文**　日本語の文を英語の文にしましょう。

（10）彼はベルトを持っていません。

　　　_____

（11）アスカ（Asuka）は映画（a movie）を見ません。

　　　_____

（12）ナガタさん（Mr. Nagata）は手紙を書きません。

　　　_____

Lesson

3　3単現の疑問文

これだけはおさえよう
- ☑ 3単現（一般動詞）の疑問文は、肯定文を Does と？で挟み、動詞は原形にする
- ☑ 「はい」の場合は〈Yes, 主語 + does.〉で、
　「いいえ」の場合は〈No, 主語 + doesn't.〉で応答する
- ☑ 疑問文の主語が固有名詞などの場合は、代名詞に言いかえて応答する

疑問文はDoesと？で文を挟み、動詞を原形にする

例 サーシャはバスケットボールをしますか？ － はい、します。/ いいえ、しません。

→ **Does Sasha play basketball? – Yes, she does. / No, she doesn't.**

　3単現（一般動詞）の疑問文は**主語の前に Does を置き、動詞は原形にし、そして文末に？を置いて作ります**。疑問文への答えが「はい」であれば〈Yes, 主語 + does.〉で応答し、「いいえ」であれば〈No, 主語 + doesn't.〉で応答します。

例 ナカニシさんは忙しそうに見えますか？

　－ はい、見えます。/ いいえ、見えません。

　→ **Does Mr. Nakanishi look busy? – Yes, he does. / No, he doesn't.**

　不完全自動詞の疑問文の作りかたも同様です。もし、この疑問文の主語が「ナカニシさんとマリー」（Mr. Nakanishi and Marie）など3人称複数のときは、Do Mr. Nakanishi and Marie look busy? のようになり、**応答文は主語に they（彼らは）を使って Yes, they do. か No, they don't. となります**。

　下の表は肯定文（～します）と疑問文（～しますか）の対比です。比較してパターンを理解しましょう。

🖐**基礎チェック** 空いているところに適する英文を入れましょう。

肯定文（主語＋動詞＋α .）	疑問文（Does＋主語＋動詞＋α ?）
He goes to the park.	③_____
She comes to our house.	Does she come to our house?
①_____	Does Kenny want a pen?
Ms. Rose teaches English.	Does Ms. Rose teach English?
He sees your cousin.	④_____
②_____	Does she look at me?

🦻 **リスニング（選択問題）**─────────── 🎧 4-3-1 練習

音声をよく聞いて、[　]内に入る適切なものを選びましょう。

（1）Does she [read / reads] the book? – Yes, she [do / does].

（2）Does Mr. Kojima [watch / watches] TV on Thursday?

　　　– No, he [does / doesn't].

（3）Does Hiroyoshi [walk / go] to the park? – Yes, [I / he] does.

🦻 **リスニング**　音声をよく聞いて、英文をすべて書きとりましょう。── 🎧 4-3-2 練習

（4）＿＿＿＿＿＿＿＿＿＿＿＿＿＿＿＿＿＿＿＿＿＿＿＿＿＿＿＿＿＿＿＿＿

（5）＿＿＿＿＿＿＿＿＿＿＿＿＿＿＿＿＿＿＿＿＿＿＿＿＿＿＿＿＿＿＿＿＿

（6）＿＿＿＿＿＿＿＿＿＿＿＿＿＿＿＿＿＿＿＿＿＿＿＿＿＿＿＿＿＿＿＿＿

✏️ **並べかえ問題**　[　]内の単語や語句を並べかえて、英文を作りましょう。

（7）彼女はそのペンを使いますか？ [use / the pen / she / Does] ?

＿＿＿＿＿＿＿＿＿＿＿＿＿＿＿＿＿＿＿＿＿＿＿＿＿＿＿＿＿＿＿ ?

（8）〈（7）に対する応答として〉いいえ、使いません。 [she / No, / doesn't] .

＿＿＿＿＿＿＿＿＿＿＿＿＿＿＿＿＿＿＿＿＿＿＿＿＿＿＿＿＿＿＿ .

（9）彼はパンが好きですか？ [like / he / Does / bread] ?

＿＿＿＿＿＿＿＿＿＿＿＿＿＿＿＿＿＿＿＿＿＿＿＿＿＿＿＿＿＿＿ ?

✏️ **英作文**　日本語の文を英語の文にしましょう。

（10）彼はベルトを持っていますか？ – はい、持っています。

＿＿＿＿＿＿＿＿＿＿＿＿＿＿＿＿ – ＿＿＿＿＿＿＿＿＿＿＿＿＿＿＿

（11）エリ（Eri）は映画を見ますか？ – いいえ、見ません。

＿＿＿＿＿＿＿＿＿＿＿＿＿＿＿＿ – ＿＿＿＿＿＿＿＿＿＿＿＿＿＿＿

（12）ナガタさん（Mr. Nagata）は手紙を書きますか？ – はい、書きます。

＿＿＿＿＿＿＿＿＿＿＿＿＿＿＿＿ – ＿＿＿＿＿＿＿＿＿＿＿＿＿＿＿

Part 4

リスニング問題の音声 🎧 4-4_Part 4テスト
トレーニング用の音声 ▶ Part 4-4まとめ

1回目	月	日	／100点
2回目	月	日	／100点
3回目	月	日	／100点

3人称単数現在形
まとめテスト

答えは別冊33ページ

1 🎧 音声をよく聞いて、[　]内に入る適切なものを選びましょう。

[各2点、計16点]

（1）He [read / reads] the newspaper.

（2）Mr. Nakanishi [watch / watches] TV on Sunday.

（3）Ms. Shirai [walks / goes] to the sea on Saturday.

（4）He [don't read / doesn't read] the magazine.

（5）Mr. Yoshihashi [don't watch / doesn't watch] a movie on DVD.　＊on DVD「DVDで」

（6）She [don't walk / doesn't go] to the park.

（7）Does Ms. Satomura [watch / watches] TV on Wednesday?
　　– No, she [does / doesn't].

（8）Does your father [walk / go] to the park every day? – Yes, [I / he] does.

2 🎧 音声をよく聞いて、英文をすべて書きとりましょう。[各3点、計24点]

（1）_____

（2）_____

（3）_____

（4）_____

（5）_____

（6）_____

（7）_____

（8）_____

3 ✏️ [　]内の単語や語句を並べかえて、英文を作りましょう。[各3点、計24点]

（1）彼女はその鉛筆を使います。[uses / the pencil / She].

　　_____.

（2）キダニさんは毎日、何枚かの絵を描きます。

　　[draws / every day / Mr. Kidani / some pictures].

　　_____.

（3）彼はコーヒーが好きです。[likes / He / coffee].

_____ .

（4）彼はそのカバンを使いません。[use / the bag / He / doesn't].

_____ .

（5）キタムラさんは野菜を全く食べません。

[doesn't / eat / Mr. Kitamura / any vegetables].

_____ .

（6）彼はその鉛筆を使いますか？[use / the pencil / he / Does]?

_____ ?

（7）〈(6) に対する応答として〉いいえ、使いません。[he / No, / doesn't].

_____ .

（8）彼女は牛肉が好きですか？[like / she / Does / beef]?

_____ ?

4 ✎ 日本語の文を英語の文にしましょう。[各4点、計36点]

（1）タナハシさん (Mr. Tanahashi) はたくさんのカバン (many bags) を持っています。

_____

（2）イワタニさん（Ms. Iwatani）はその番組（the program）を見ます。

_____

（3）彼はメモ（a memo）を書きます。

_____

（4）ショウ（Sho）はベルト（a belt）を持っていません。

_____

（5）アスカ（Asuka）はカナダ（Canada）には行きません。

_____

（6）彼はそのノートパソコン（the laptop）を使いません。

_____

（7）彼はたくさんのカバンを持っていますか？ － はい、持っています。

_____

（8）彼女は映画（a movie）を見ますか？ － いいえ、見ません。

_____

（9）ヒロム（Hiromu）は猫を飼っていますか？ － はい、飼っています。＊have「飼っている」

_____

Lesson

1 canを使った肯定文

これだけはおさえよう

☑ 助動詞には can「～することができる・～してもよい」や may「～しても よい・～かもしれない」、must「～しなければならない」、will「～する つもりだ・～するでしょう」などがある

☑ 助動詞を使う肯定文は、常に〈主語＋助動詞＋動詞の原形＋α .〉の順序にする

canは動詞の原形とセットで使う

例 私はバスケットボールをすることができます。 → I can play basketball.

　助動詞の can は、動詞の原形とセットで使い「(その動作を) ～することができる・～し てもよい」という話し手の主観（きっとできるだろう、という思い）を表します。

　can run であれば「走ることができる」、can speak Japanese であれば「日本語を話す ことができる」という意味になります。

例 ヤノさんはラジオを聞くことができます。

　→ Mr. Yano can listen to the radio.

　主語が he や she などの３人称単数だとしても、can の文では一般動詞の語尾に s や es をつけるのは間違いです。**助動詞の can は、常に動詞の原形の前に置く**と覚えましょう。

助動詞は主語の人称にかかわらず同じ形になる

例 彼らは、今日はそのレストランに行かなければなりません。

　→ They must go to the restaurant today.

　助動詞には can の他にも **may「～してもよい・～かもしれない」**、**must「～しなければ ならない」**、**will「～するつもりだ・～するでしょう」**などがあります（Part 9・10参照）。 すべて話し手の主観を表し、〈助動詞＋動詞の原形〉の組み合わせで使います。

　can と同じく may も must も will も主語の人称に関係なく常に同じ形で使います。

基礎チェック **空いているところに適する単語を入れましょう。**

助動詞を使った文	英文の意味
You ①_____ watch the program.	あなたはその番組を見ることができます。
You ②_____ watch the program.	あなたはその番組を見てもよいです。
You ③_____ watch the program.	あなたはその番組を見なければなりません。
You ④_____ watch the program.	あなたはその番組を見るでしょう。

練習問題

🔊 **リスニング（選択問題）** ────────── 🎧 5-1-1 練習

音声をよく聞いて、[　]内に入る適切なものを選びましょう。

（1）You [can / may] read the magazine.

（2）Alex [must / will] watch TV today.

（3）Hiroyoshi can [play / plays] the piano very well.

※ very well は「とても上手に」という意味の副詞句です。

🔊 **リスニング**　音声をよく聞いて、英文をすべて書きとりましょう。── 🎧 5-1-2 練習

（4）_____

（5）_____

（6）_____

✏️ **並べかえ問題**　[　]内の単語や語句を並べかえて、英文を作りましょう。

（7）彼はそのペンを使うことができます。[use / the pen / He / can].

_____ .

（8）サナダさんは写真を撮ることができます。

[take / Mr. Sanada / a picture / can].　※ take a picture「写真を撮る」

_____ .

（9）彼女は速く走ることができます。[run / She / can] fast.　※ fast「速く」

_____ fast.

✏️ **英作文**　日本語の文を英語の文にしましょう。

（10）イブシさん（Mr. Ibushi）はとても上手にギターを弾くことができます。

_____

（11）クリス（Kris）は上手に写真を撮ることができます。

_____

（12）あなたは上手に歌を歌う（sing a song）ことができます。

_____

左ページ 基礎チェック の解答 ● ① can ② may（can）③ must ④ will　45

Lesson
2 canを使った否定文

これだけはおさえよう
☑ 助動詞 can の否定文は、動詞の原形の前に cannot（can't）を置いて作る

〈cannot（can't）＋動詞の原形〉を使って否定文を作る

例 私は泳げません。→ I can't swim.

　助動詞 can の否定文（〜することができません）は、**動詞の原形の前に cannot、もしくは can't（cannot の短縮形）を置いて作ります**。助動詞はあくまでも話し手が感じていることを表現するときに使われるので、例文からは実際に「私」が泳げないのかどうかはわかりません。話し手が「この人（主語）は泳げないんだ」と思っているのであれば、cannot や can't を使って表現します。

例 マカベさんはラジオを聞くことができません。
　→ Mr. Makabe can't listen to the radio.

　助動詞の cannot、もしくは can't は常に動詞の原形の前に置き、〈**主語 ＋ cannot（can't）＋動詞の原形 ＋ α.**〉の順序で否定文を作ります。否定の意味合いを強く出すために cannot と表現することがあるのですが、ふつうは cannot や短縮形の can't を使うことが多いです。

can以外の助動詞の否定文も構造は同じ

例 あなたは歌を歌ってはなりません。→ You must not sing a song.

　can 以外の助動詞の否定文の作りかたも can と同様に、〈**主語 ＋ 助動詞 ＋ not ＋ 動詞の原形 ＋ α.**〉の順序で否定文を作ります。may や must、will に関しては、後ほど詳しく取り上げます。

基礎チェック 空いているところに適する単語や語句を入れましょう。

助動詞を使った否定文	英文の意味
You ①＿＿＿＿ watch the program.	あなたはその番組を見ることができません。
You ②＿＿＿＿ watch the program.	あなたはその番組を見てはなりません。
You ③＿＿＿＿ watch the program.	
You ④＿＿＿＿ watch the program.	
You ⑤＿＿＿＿ watch the program.	あなたはその番組を見ないでしょう。

🔊 **リスニング（選択問題）** ━━━━━━━━━━━━━━ 🎧 5-2-1 練習

音声をよく聞いて、[　]内に入る適切なものを選びましょう。

（1）You [cannot / may not] read the magazine.

（2）Mr. Tani [must not / will not] watch TV today.

（3）Yujiro can't [play / plays] the violin very well.

🔊 **リスニング**　音声をよく聞いて、英文をすべて書きとりましょう。━ 🎧 5-2-2 練習

（4）_____

（5）_____

（6）_____

✏️ **並べかえ問題**　[　]内の単語や語句を並べかえて、英文を作りましょう。

（7）彼女はそのペンを使うことができません。[use / the pen / She / can't].

_____.

（8）タカハシさんは写真を撮ることができません。
[take / Mr. Takahashi / a picture / can't].

_____.

（9）彼は速く走ることができません。[run / He / fast / can't].

_____.

✏️ **英作文**　日本語の文を英語の文にしましょう。

（10）私は上手にギターを弾くことができません。

_____

（11）彼は上手に写真を撮ることができません。

_____

（12）ヤノさん（Mr. Yano）は上手に歌を歌うことができません。

_____

Lesson
3 canを使った疑問文

これだけはおさえよう
- ☑ 助動詞の can の疑問文は、文を **Can** と **？** で挟んで作る。動詞は原形にする
- ☑ 「はい」なら〈Yes, 主語 + can.〉で、「いいえ」なら〈No, 主語 + can't.〉で応答する

Canと？で文を挟んで疑問文にする

例 あなたは野球をすることができますか？ーはい、できます。/ いいえ、できません。

→ **Can you play baseball? ー Yes, I can. / No, I can't.**

「〜することができますか？」という意味を持つ助動詞 can の疑問文は、**文を Can と？で挟んで作ります。** can を使っている文では必ず**動詞を原形**にしてください。

Can you ...? と質問された場合、Yes か No で応答します。「はい」であれば **Yes, I(we) can.** で応答し、「いいえ」であれば **No, I(we) can't.** で応答します。

例 エルガンさんはラジオを聞くことができますか？

ーはい、できます。/ いいえ、できません。

→ **Can Mr. Elgin listen to the radio? ー Yes, he can. / No, he can't.**

疑問文の主語は Mr. Elgin という人名を表す固有名詞ですが、**応答文の中では he という代名詞にします。**

can以外の助動詞の疑問文も構造は同じ

can 以外の助動詞を使った疑問文の作りかたも同様で、〈**助動詞 + 主語 + 動詞の原形 + α ？**〉の順序で疑問文を作ります。

基礎チェック 空いているところに適する単語を入れましょう。

助動詞を使った疑問文	英文の意味
① ＿＿＿ you watch the program? ー Yes, I can. / No, I can't.	あなたはその番組を見ることができますか？ ーはい、できます。/ いいえ、できません。
② ＿＿＿ you watch the program? ー Yes, I must. / No, I don't have to.	あなたはその番組を見なければなりませんか？ ーはい、見なければなりません。/ いいえ、見る必要はありません。
③ ＿＿＿ you watch the program? ー Yes, I will. / No, I won't.	あなたはその番組を見るつもりですか？ ーはい、見るつもりです。/ いいえ、見るつもりはありません。

＊ Must you...? に対して No で応答する場合には、「〜する必要はない」という意味の don't have to を使います。
＊ won't は will not の短縮形です。

👂 リスニング（選択問題）————————— 🎧 5-3-1 練習

音声をよく聞いて、［　　］内に入る適切なものを選びましょう。

（1）［ Can / May ］I read the magazine? – Yes, you ［ can / may ］.

（2）［ Must / Will ］Mr. Tani watch TV today? – No, he ［ must not / will not ］.

（3）Can Yujiro ［ play / plays ］the violin very well? – Yes, he ［ can / must ］.

👂 リスニング　音声をよく聞いて、英文をすべて書きとりましょう。——— 🎧 5-3-2 練習

（4）_____

（5）_____

（6）_____

✏️ 並べかえ問題　［　　］内の単語や語句を並べかえて、英文を作りましょう。

（7）彼女はそのペンを使うことができますか？［ use / the pen / she / Can ］?

_____?

（8）〈(7)に対する応答として〉いいえ、使うことができません。
　　　［ she / No, / can't ］.

_____.

（9）彼は速く走ることができますか？［ run / he / fast / Can ］?

_____?

✏️ 英作文　日本語の文を英語の文にしましょう。

（10）あなたは上手にギターを弾くことができますか？ – はい、できます。

_____ – _____

（11）彼は上手に写真を撮ることができますか？ – いいえ、できません。

_____ – _____

（12）ミムラさん（Ms. Mimura）は上手に歌を歌うことができますか？
　　　– はい、できます。

_____ – _____

リスニング問題の音声 🎧 5－4_Part 5テスト
トレーニング用の音声 ▶ Part 5－4まとめ

1回目	月	日	／100点
2回目	月	日	／100点
3回目	月	日	／100点

助動詞のcan
まとめテスト

答えは別冊34ページ

1 🎧 音声をよく聞いて、[ ]内に入る適切なものを選びましょう。

[各2点、計16点]

(1) You [can / may] read the newspaper.

(2) I [must / will] watch TV today.

(3) She [cannot / may not] read the book.

(4) Mr. Naito [must not / will not] watch the program today.

(5) Taka can't [play / plays] the piano very well.

(6) [Can / May] I read the book? – Yes, you [can / may].

(7) [Must / Will] Mr. Umino watch TV today? – No, he [must not / will not].

(8) Can Mr. Kawato [play / plays] the drums very well? – Yes, he [does / can].

2 🎧 音声をよく聞いて、英文をすべて書きとりましょう。 [各3点、計24点]

(1) _____

(2) _____

(3) _____

(4) _____

(5) _____

(6) _____

(7) _____

(8) _____

3 ✏️ [ ]内の単語や語句を並べかえて、英文を作りましょう。[各3点、計24点]

(1) あなたはその辞書（the dictionary）を使うことができます。

[use / the dictionary / You / can].

_____.

(2) 私は写真を撮ることができます。[take / I / a picture / can].

_____.

（3）彼は速く泳ぐことができます。[swim / He / can / fast].

_____ .

（4）彼女はその自転車を使うことができません。
[use / the bike / She / can't].

_____ .

（5）シブサワさんは写真を撮ることができません。
[take / Ms. Shibusawa / a picture / can't].

_____ .

（6）彼はその車を使うことができますか？ [use / the car / he / Can]?

_____ ?

（7）〈（6）に対する応答として〉いいえ、できません。[he / No, / can't].

_____ .

（8）彼女は高くジャンプする（jump high）ことができますか？
[jump high / she / Can]?

_____ ?

4 🖋 日本語の文を英語の文にしましょう。[各4点、計36点]

（1）ゴトウさん（Mr. Goto）はとても上手にピアノを弾くことができます。

_____

（2）彼女はとても上手に写真を撮ることができます。

_____

（3）彼は上手に歌を歌うことができます。

_____

（4）あなたは上手にギターを弾くことができません。

_____

（5）私はあまり上手に写真を撮ることができません。

_____

（6）彼は上手に歌を歌うことができません。

_____

（7）あなたは上手に泳ぐことができますか？ – はい、できます。

_____ – _____

（8）彼女は上手に料理をする（cook）ことができますか？ – いいえ、できません。

_____ – _____

（9）タグチさん（Mr. Taguchi）はとても上手に歌を歌うことができますか？
– はい、できます。

_____ – _____

Lesson

1 現在進行形の肯定文

これだけはおさえよう
- ☑ 現在進行形は「(今まさに) 〜している」ということを表す
- ☑ 現在進行形は〈be 動詞＋動詞の ing 形〉で作る

〈be動詞＋動詞のing形〉で「(今まさに)〜している」を表す

例 私は本を読んでいるところです。 → I am reading a book.

例 クシダさんはラジオを聞いているところです。

　→ Mr. Kushida is listening to the radio.

「(今まさに) 〜している」ということを表すときには、〈be 動詞＋動詞の ing 形〉を使います。

　I read a book. は「私は本を読みます」という意味ですが、これは「現在を中心として、過去も未来も本を読む」という習慣的なことを表しています。

　一方 I am reading a book. は、「今まさに、この瞬間に本を読んでいる」ということを表す表現です。これを**現在進行形**と呼びます。be 動詞は現在形を使うため、is、am、are のいずれかを主語にあわせて選び、している動作の内容は、動詞の語尾に ing をつけた ing 形を使って表します。動詞の ing 形は、**e で終わっている単語は e をとって ing** を、**ie で終わっている単語は ie を y に変えて ing** をつけて作ります。

　また、swimming「泳いでいる」や running「走っている」のように、**単語の最後の文字を重ねてから ing** をつけて作る場合もあります。

動詞の ing 形のルール

①多くの動詞は語尾に ing をつける

②動詞が e で終わっているときは e をとって ing をつける

③動詞が ie で終わっているときは ie を y に変えて ing をつける

④ swimming「泳いでいる」や running「走っている」のように、単語の最後の文字を重ねてから ing をつけて作る場合もある

👆基礎チェック **空いているところに適する単語を入れましょう。**

動詞の原形	動詞のing形
read / watch / speak	①＿＿＿＿ / watching / speaking
write / make / take	writing / making / ②＿＿＿＿
die / lie	dying / ③＿＿＿＿
run / swim / begin	running / ④＿＿＿＿ / beginning

練習問題

🎧 リスニング（選択問題）———————————————— 🎧 6-1-1 練習

音声をよく聞いて、[　　]内に入る適切なものを選びましょう。

（1）You are [read / reading] a magazine.

（2）Ms. Lynch is [watch / watching] TV now.　＊now は「今」という意味の副詞です。

（3）Kota is [plays / playing] the guitar.

🎧 リスニング　音声をよく聞いて、英文をすべて書きとりましょう。 🎧 6-1-2 練習

（4）＿＿＿＿＿＿＿＿＿＿＿＿＿＿＿＿＿＿＿＿＿＿＿＿＿＿＿＿

（5）＿＿＿＿＿＿＿＿＿＿＿＿＿＿＿＿＿＿＿＿＿＿＿＿＿＿＿＿

（6）＿＿＿＿＿＿＿＿＿＿＿＿＿＿＿＿＿＿＿＿＿＿＿＿＿＿＿＿

✏️ 並べかえ問題　[　　]内の単語や語句を並べかえて、英文を作りましょう。

（7）彼はそのペンを使っているところです。[using / the pen / He / is].

＿＿＿＿＿＿＿＿＿＿＿＿＿＿＿＿＿＿＿＿＿＿＿＿＿＿＿＿.

（8）ハラさんは写真を撮っているところです。
　　[taking / Mr. Hara / pictures / is].

＿＿＿＿＿＿＿＿＿＿＿＿＿＿＿＿＿＿＿＿＿＿＿＿＿＿＿＿.

（9）彼女は走っているところです。[running / She / is].

＿＿＿＿＿＿＿＿＿＿＿＿＿＿＿＿＿＿＿＿＿＿＿＿＿＿＿＿.

✏️ 英作文　日本語の文を英語の文にしましょう。

（10）私は今、野球をしているところです。

＿＿＿＿＿＿＿＿＿＿＿＿＿＿＿＿＿＿＿＿＿＿＿＿＿＿＿＿

（11）カーメラさん（Ms. Carmella）はピアノを弾いているところです。

＿＿＿＿＿＿＿＿＿＿＿＿＿＿＿＿＿＿＿＿＿＿＿＿＿＿＿＿

（12）彼らは（They）歌を歌っているところです。

＿＿＿＿＿＿＿＿＿＿＿＿＿＿＿＿＿＿＿＿＿＿＿＿＿＿＿＿

左ページ 基礎チェック の解答 ● ① reading ② taking ③ lying ④ swimming　53

Lesson
2 現在進行形の否定文

これだけはおさえよう
- ☑ 現在進行形の否定文は「〜しているところではない」という意味を表す
- ☑ 現在進行形の否定文は〈be 動詞 + not +動詞の ing 形〉を使って作る

〈be動詞 + not +動詞のing形〉を使うと否定文になる

例 **私はテレビを見ているところではありません。 → I am not watching TV.**

　現在進行形の否定文は〈be 動詞 + not +動詞の ing 形〉を使って表し、「今この瞬間にはそのようなことはやっていない」という意味の文になります。例文は I'm not watching TV. のように短縮形を使って表せます。同様に、主語が You であれば You aren't(You're not) watching TV. に、主語が He であれば He isn't(He's not) watching TV. のように短縮形を使って表すこともできます。

例 **クシダさんはラジオを聞いているところではありません。**

　→ Mr. Kushida is not listening to the radio.

　現在進行形は be 動詞を使う文なので、**否定文を作るときは be 動詞の後ろに not を置きます。** Mr. Kushida isn't（≠）listening to the radio. と考えてください。「クシダさんはラジオを聞いている状態とイコールではない」ということを表しています。

例 **あなたは（あなたたちは）そのテーブルを使っているところではありません。**

　→ You aren't using the table.

　この現在進行形の文を「あなたは（あなたたちは）そのテーブルを使いません」という現在形の文にするときは、〈be 動詞 + not〉を外して代わりに do not(don't) を置き、後ろの動詞を原形にします。主語が 3 人称単数の場合は、don't ではなく doesn't を使います。

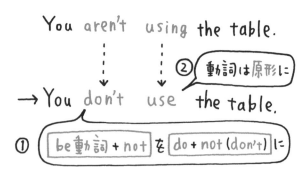

基礎チェック 空いているところに適する単語を入れましょう。

私は歌を歌っているところではありません。→ I'm not ①_____ a song.

彼は今、走っているところではありません。→ He's not ②_____ now.

彼女は昼食を食べているところではありません。→ She's not ③_____ lunch.

🎧 リスニング（選択問題）──────────── 🎧 6-2-1 練習

音声をよく聞いて、[　]内に入る適切なものを選びましょう。

（1）You are not [read / reading] a newspaper.

（2）Mr. Shibata is not [watch / watching] the program now.

（3）Kenny is not [plays / playing] the drums.

🎧 リスニング　音声をよく聞いて、英文をすべて書きとりましょう。── 🎧 6-2-2 練習

（4）_____

（5）_____

（6）_____

✏️ 並べかえ問題　[　]内の単語や語句を並べかえて、英文を作りましょう。

（7）彼女はその鉛筆を使っているところではありません。

[using / the pencil / not / She / is].

_____.

（8）カナザワさんは彼女と話をしているところではありません。

[talking with her / Mr. Kanazawa / isn't].　＊talk with her「彼女と話をする」

_____.

（9）彼は歩いているところではありません。[not / walking / He / is].

_____.

✏️ 英作文　日本語の文を英語の文にしましょう。

（10）彼は今、サッカーをしているところではありません。

_____

（11）ホウジョウさん（Ms. Hojo）は泳いでいるところではありません。

_____

（12）彼らは踊っているところではありません。　＊dance「踊る」

_____

Part 6 現在進行形

Lesson
3 現在進行形の疑問文

これだけはおさえよう
- ☑ 現在進行形の疑問文は「〜しているところですか？」という意味を表す
- ☑ 現在進行形の疑問文は〈be 動詞＋主語＋動詞の ing 形＋α ?〉で作り、
  〈Yes, 主語＋ be 動詞 .〉か〈No, 主語＋ be 動詞＋ not.〉で応答する

〈be動詞＋主語＋動詞のing形＋α？〉で疑問文になる

例 あなたはテレビを見ているところですか？ – はい、そうです。/ いいえ、違います。
  → **Are you watching TV?** – **Yes, I am. / No, I'm not.**

　現在進行形の疑問文は〈**be 動詞＋主語＋動詞の ing 形＋α ?**〉で表し、「（今この瞬間に）〜をしているところですか？」と相手に聞くときに使います。現在進行形は be 動詞を必ず使うので、疑問文の作りかたは be 動詞の疑問文を作るときと同じです。主語と be 動詞の順序を入れかえて文末に？をつければ OK です。

例 クシダさんはラジオを聞いているところですか？
  – はい、そうです。/ いいえ、違います。
  → **Is Mr. Kushida listening to the radio?** – **Yes, he is. / No, he isn't.**

　現在進行形の疑問文に、Yes で答える場合は〈**Yes, 主語＋ be 動詞 .**〉で応答し、No で答える場合は〈**No, 主語＋ be 動詞＋ not.**〉で応答します。

例 あなたはそのテーブルを使っているところですか？
  – はい、そうです。/ いいえ、違います。
  → **Are you using the table?** – **Yes, I am. / No, I'm not.**

　現在進行形の疑問文を一般動詞の疑問文に変えるときは、be 動詞を Do に、動詞の ing 形を原形にし、Do you use the table? という文にします。主語が 3 人称単数の場合は、Do ではなく Does を使います。

基礎チェック 空いているところに適する単語を入れましょう。

あなたは歌を歌っているところですか？ – はい、そうです。
→ Are you ① _____ a song? – Yes, I ② _____ .
彼は今、走っているところですか？ – いいえ、違います。
→ Is he ③ _____ now? – No, he ④ _____ .

練習問題

6-3-1 練習

🎧 リスニング（選択問題）

音声をよく聞いて、[　　]内に入る適切なものを選びましょう。

（1） Is she [read / reading] a book? – Yes, she [is / does].

（2） Is Mr. Naito [watch / watching] TV now? – No, he [isn't / doesn't].

（3） Is Michael [plays / playing] the guitar? – No, he [isn't / doesn't].

🎧 リスニング　音声をよく聞いて、英文をすべて書きとりましょう。

6-3-2 練習

（4） _____

（5） _____

（6） _____

✏️ 並べかえ問題　[　　]内の単語や語句を並べかえて、英文を作りましょう。

（7） 彼はその机を使っているところですか？ [using / the desk / he / Is]?

_____?

（8）〈（7）に対する応答として〉いいえ、違います。[isn't / he / No,].

_____.

（9） 彼女は今、彼と話をしているところですか？

[now / talking with him / Is / she]?

_____?

✏️ 英作文　日本語の文を英語の文にしましょう。

（10）彼女は今、バスケットボールをしているところですか？ – はい、そうです。

_____ – _____

（11）ホウジョウさん（Ms. Hojo）は泳いでいるところですか？ – いいえ、違います。

_____ – _____

（12）あなたは今、踊っているところですか？ – はい、そうです。

_____ – _____

リスニング問題の音声 🎧 6-4_Part 6テスト
トレーニング用の音声 ▶ Part 6-4まとめ

1回目	月	日	/100点
2回目	月	日	/100点
3回目	月	日	/100点

現在進行形
まとめテスト

答えは別冊35ページ

1 🎧 音声をよく聞いて、[ ]内に入る適切なものを選びましょう。

[各2点、計16点]

（1）I am [have / having] dinner now.

（2）Mr. Oka is [play / playing] a video game.

（3）Cathy is [plays / playing] the piano.

（4）I'm not [drink / drinking] coffee.

（5）Katsuyori is not [wash / washing] the dishes.

（6）Are you [read / reading] a book? – Yes, I [am / do].

（7）Is Mr. Sanada [open / opening] the box? – No, he [isn't / doesn't].

（8）Is she [help / helping] you? – No, she [isn't / doesn't].

2 🎧 音声をよく聞いて、英文をすべて書きとりましょう。[各3点、計24点]

（1）_____

（2）_____

（3）_____

（4）_____

（5）_____

（6）_____

（7）_____

（8）_____

3 ✏️ [ ]内の単語や語句を並べかえて、英文を作りましょう。[各3点、計24点]

（1）私はその鉛筆を使っているところです。[using / the pencil / I / am].

_____ .

（2）ピートは今、写真を撮っているところです。[now / taking / Pete / pictures / is].

_____ .

（3）彼はそのノートを使っているところではありません。
[using / the notebook / not / He / is].

_____.

（4）シャーロットは彼と話をしているところではありません。
[talking with him / Charlotte / isn't].

_____.

（5）彼女は英語の勉強をしているところではありません。
[not / studying / She / is / English].

_____.

（6）彼女はそのテーブルを使っているところですか？
[using / the table / she / Is]?

_____?

（7）〈(6)に対する応答として〉いいえ、違います。[isn't / she / No,].

_____.

（8）彼は今、あなたと話をしているところですか？
[now / talking with you / Is / he]?

_____?

4 ✐ 日本語の文を英語の文にしましょう。[各4点、計36点]

（1）私は今、料理をしています。　＊cook「料理をする」

（2）カーメラさん（Ms. Carmella）は今、踊っています。

_____

（3）彼らはお茶を飲んでいます。

_____

（4）彼女はバスケットボールをしているところではありません。

_____

（5）あなたは音楽を聞いているところではありません。

_____

（6）彼は私を（me）手伝っているところではありません。

_____

（7）彼女は今、テニスをしているところですか？－はい、そうです。

_____ － _____

（8）エマ（Emma）は走っているところですか？－いいえ、違います。

_____ － _____

（9）タケダさん（Mr. Takeda）は彼女を待っているところですか？
－はい、そうです。　＊wait for her「彼女を待つ」

_____ － _____

Lesson

1 一般動詞の過去形（肯定文）

これだけはおさえよう

☑ 一般動詞の過去形は過去の動作や状態を表す

☑ 一般動詞には規則動詞と不規則動詞がある

☑ 原則として規則動詞の過去形は語尾に(e)dをつけて作る

一般動詞の過去形は、動詞の語尾に(e)dをつけて作る

例 私は昨日、野球をしました。 → I played baseball yesterday.

一般動詞の過去形は「～した」や「～だった」という、過去に行われた動作や存在した状態を表します。また動詞には、過去形にするときに、helped「助けた」やliked「好きだった」のように、語尾に(e)dをつける規則動詞と、ate「食べた（eatの過去形）」のように形を変化させる不規則動詞の2種類があります。

規則動詞の過去形は、原則として動詞の語尾に(e)dをつけて作ります。日本語でも「私は野球をする」という現在形の文を過去形にするときは「私は野球をした」のように表しますよね。つまり、「する」の部分を「した」にするだけであり、規則動詞を使った過去形の文の作りかたも、これと同様だと考えてください。

また、この例文にはyesterday「昨日」という単語が文末にありますが、過去形の文はyesterday「昨日」やlast week「先週」のような「過去のある時点」を表す表現などをともなったりします。

例 私は先週、その公園に行きました。 → I went to the park last week.

wentはgo「行く」の過去形で「行った」という意味です。過去形にするときに語尾に(e)dをつけるのではなく、全く違う形に変化させる一般動詞を不規則動詞といいます。文末にはlast week「先週」という、動作を行った過去の時点が述べられています。

＊不規則動詞の変化形は174 〜 175ページにあります。

🖐 基礎チェック 空いているところに適する単語を入れましょう。

一般動詞の原形	単語の意味	一般動詞の過去形	単語の意味
play	する・演奏する	① ＿＿＿＿＿＿（規則動詞）	した・演奏した
use	使う	② ＿＿＿＿＿＿（規則動詞）	使った
want	ほしい	wanted（規則動詞）	ほしかった
speak	話す	spoke（不規則動詞）	話した
know	知っている	knew（不規則動詞）	知っていた
have	持っている	③ ＿＿＿＿＿＿（不規則動詞）	持っていた

練習問題

リスニング（選択問題）───────────── 🎧 7-1-1 練習

音声をよく聞いて、[　　]内に入る適切なものを選びましょう。

（1） I [played / used / read] the magazine.

　　＊ read〔ríːd〕「読む」の過去形は read〔réd〕「読んだ」です。

（2） You [went / used / walked] to school.

（3） We [swam / read / had] in the pool.

リスニング　音声をよく聞いて、英文をすべて書きとりましょう。─ 🎧 7-1-2 練習

（4） _____

（5） _____

（6） _____

並べかえ問題　[　　]内の単語や語句を並べかえて、英文を作りましょう。

（7） あなたは、昨日は忙しそうに見えました。[looked / busy / You / yesterday].

　　_____ .

（8） 彼は今朝（this morning）、その公園に歩いて行きました。

　　[this morning / to the park / He / walked].

　　_____ .

（9） 私はピアノを演奏しました。[the piano / I / played].

　　_____ .

英作文　日本語の文を英語の文にしましょう。

（10） 私は昨晩（last night）、その番組（the program）を見ました。

　　_____

（11） あなたは先月（last month）、その机（the desk）を使いました。

　　_____

（12） 私たちはあなたのいとこを知っていました。

　　_____

Lesson

2 一般動詞の過去形（否定文）

これだけはおさえよう
- ☑ 一般動詞の過去形の否定文は動詞の原形の前に did not（didn't）を置いて作る
- ☑ 過去のある時点を表す表現を文末や文頭にともなう場合がある

動詞の原形の前にdid not(didn't)を置いて否定する

例 私は昨日、野球をしませんでした。→ I didn't play baseball yesterday.

　一般動詞の過去形の否定文は、動詞の原形の前に did not、もしくは didn't（did not の短縮形）を置いて作ります。

例 私は先週、その公園に行きませんでした。→ I didn't go to the park last week.

　do、does、did を使っている文では、動詞はすべて原形にします。なぜなら、do、does、did はすべて助動詞で、助動詞を使っている文では動詞が原形になるためです。主語の人称が何であっても、このルールが適用されます。

例 彼女はそのとき、忙しそうには見えませんでした。

　→ She didn't look busy then.

　then「そのとき」は過去のある時点を表し、文末に置きますが、強調するときは文頭に置く場合もあります。

　過去形は「過去のことだけ」を表すので、「現在とは距離のある感じ」のする表現です。She didn't look busy then. は「そのときは忙しそうには見えなかった」という「過去の事実」を伝えているだけで、「今の彼女の状況」には何の関係もありません。

基礎チェック 空いているところに適する語句を入れましょう。

一般動詞の過去形・肯定	語句の意味	一般動詞の過去形・否定	語句の意味
went to	〜に行った	①_____	〜に行かなかった
taught	教えた	②_____	教えなかった
met	会った	didn't meet	会わなかった
ran	走った	③_____	走らなかった
lived in	〜に住んでいた	didn't live in	〜に住んでいなかった

リスニング（選択問題）——————— 🎧 7-2-1 練習

音声をよく聞いて、〔　　〕内に入る適切なものを選びましょう。

（1）I〔 didn't play / didn't use / didn't read 〕the magazine.

（2）You〔 did not go / did not use / did not walk 〕to school.

（3）We〔 didn't swim / didn't read / didn't have 〕in the pool.

リスニング　音声をよく聞いて、英文をすべて書きとりましょう。—— 🎧 7-2-2 練習

（4）_____

（5）_____

（6）_____

並べかえ問題　〔　　〕内の単語や語句を並べかえて、英文を作りましょう。

（7）あなたは昨日、忙しそうに見えませんでした。
〔 didn't / look / busy / You / yesterday 〕.

_____.

（8）私は今朝、その公園に歩いては行きませんでした。
〔 this morning / to the park / I / walk / didn't 〕.

_____.

（9）彼女はピアノを弾きませんでした。〔 the piano / She / didn't / play 〕.

_____.

英作文　日本語の文を英語の文にしましょう。

（10）私はその番組を見ませんでした。

_____

（11）あなたはその机を使いませんでした。

_____

（12）私たちはあなたのいとこを知りませんでした。

_____

Lesson

3 一般動詞の過去形（疑問文）

これだけはおさえよう
- ☑ 一般動詞の過去形の疑問文は主語の前に Did を、文末に？を置いて作る
- ☑ 一般動詞の過去形の疑問文や否定文では、主語の人称や数にかかわらず did か didn't を使って文を作り、動詞は必ず原形にする

Did と？で文を挟んで疑問文を作る

例 あなたは昨日、野球をしましたか？ーはい、しました。/ いいえ、しませんでした。

→ **Did you play baseball yesterday? – Yes, I did. / No, I didn't.**

「〜しましたか？」という意味を持つ**一般動詞の過去形の疑問文は、肯定文を Did と？で挟んで作ります**。また、Did you...? で質問された場合、Yes か No で応答することになりますが、「はい」であれば **Yes, I (we) did.** と応答し、「いいえ」であれば **No, I (we) didn't.** と応答します。

例 あなたは先週、その公園に行きましたか？

　ーはい、行きました。/ いいえ、行きませんでした。

→ **Did you go to the park last week? – Yes, I did. / No, I didn't.**

例 彼女はそのとき、忙しそうに見えましたか？

　ーはい、見えました。/ いいえ、見えませんでした。

→ **Did she look busy then? – Yes, she did. / No, she didn't.**

　一般動詞の過去形の疑問文や否定文では、**主語の人称や数にかかわらず did か didn't を使い、動詞を原形にします**。また、疑問文中の主語は応答文の中では代名詞にします。

基礎チェック 空いているところに適する英文を入れましょう。

肯定文（主語＋動詞＋α.）	疑問文（Did＋主語＋動詞＋α?）
You went to school.	Did you go to school?
You wanted a pen.	① _____
You taught English.	② _____
You met my cousin.	Did you meet my cousin?
You looked at the desk.	Did you look at the desk?
You read the book.	③ _____

🎧 **リスニング（選択問題）** ━━━━━━━━━━━━━ 🎧 7-3-1 練習

音声をよく聞いて、[　]内に入る適切なものを選びましょう。

（1）Did you [read / reading] the magazine? – Yes, I [do / did].

（2）Did you [go / went] to school? – No, I [don't / didn't].

（3）Did you [swim / swam] in the pool? – Yes, we [do / did].

🎧 **リスニング**　音声をよく聞いて、英文をすべて書きとりましょう。━ 🎧 7-3-2 練習

（4）＿＿＿＿＿＿＿＿＿＿＿＿＿＿＿＿＿＿＿＿＿＿＿＿＿＿

（5）＿＿＿＿＿＿＿＿＿＿＿＿＿＿＿＿＿＿＿＿＿＿＿＿＿＿

（6）＿＿＿＿＿＿＿＿＿＿＿＿＿＿＿＿＿＿＿＿＿＿＿＿＿＿

✏️ **並べかえ問題**　[　]内の単語や語句を並べかえて、英文を作りましょう。

（7）私は昨日、忙しそうに見えましたか？[Did / look / busy / I / yesterday]?

＿＿＿＿＿＿＿＿＿＿＿＿＿＿＿＿＿＿＿＿＿＿＿＿＿＿？

（8）〈（7）に対する応答として〉いいえ、見えませんでした。
　　[didn't / you / No,].

＿＿＿＿＿＿＿＿＿＿＿＿＿＿＿＿＿＿＿＿＿＿＿＿＿＿．

（9）あなたはピアノを弾きましたか？[the piano / you / Did / play]?

＿＿＿＿＿＿＿＿＿＿＿＿＿＿＿＿＿＿＿＿＿＿＿＿＿＿？

✏️ **英作文**　日本語の文を英語の文にしましょう。

（10）あなたはその番組を見ましたか？ – はい、見ました。

＿＿＿＿＿＿＿＿＿＿＿＿＿ – ＿＿＿＿＿＿＿＿＿＿＿＿＿

（11）あなたはその机を使いましたか？ – いいえ、使いませんでした。

＿＿＿＿＿＿＿＿＿＿＿＿＿ – ＿＿＿＿＿＿＿＿＿＿＿＿＿

（12）あなたたちは私のいとこを知っていましたか？ – いいえ、知りませんでした。

＿＿＿＿＿＿＿＿＿＿＿＿＿ – ＿＿＿＿＿＿＿＿＿＿＿＿＿

Part **7** 一般動詞の過去形

1回目	月 日	／100点
2回目	月 日	／100点
3回目	月 日	／100点

一般動詞の過去形
まとめテスト

答えは別冊36ページ

1 🎧 音声をよく聞いて、[　]内に入る適切なものを選びましょう。

[各2点、計16点]

（1）I [played / used / read] the piano yesterday.

（2）You [went / used / walked] to school last week.

（3）We [swam / read / had] in the sea last month.

（4）I [didn't play / didn't use / didn't read] the desk this morning.

（5）You [did not go / did not use / did not walk] to the station yesterday.

（6）We [didn't swim / didn't read / didn't have] in the river today.

（7）Did you [go / went] to the hospital? – No, I [don't / didn't].　＊hospital「病院」

（8）Did you [swim / swam] in the lake? – Yes, we [do / did].　＊lake「湖」

2 🎧 音声をよく聞いて、英文をすべて書きとりましょう。[各3点、計24点]

（1）_____

（2）_____

（3）_____

（4）_____

（5）_____

（6）_____

（7）_____

（8）_____

3 ✏ [　]内の単語や語句を並べかえて、英文を作りましょう。[各3点、計24点]

（1）彼女は、今朝は忙しそうに見えました。

[looked / busy / She / this morning].

_____.

（2）彼は昨晩、その公園に歩いて行きました。

[last night / to the park / He / walked].

_____.

（3）あなたはギターを演奏しました。［ the guitar / You / played ］.

_____ .

（4）ケニーは、今朝は忙しそうに見えませんでした。
［ didn't / look / busy / Kenny / this morning ］.

_____ .

（5）彼は今朝、その駅に歩いては行きませんでした。
［ this morning / to the station / He / walk / didn't ］.

_____ .

（6）私は先月、ドラムを演奏しませんでした。
［ last month / the drums / I / didn't / play ］.

_____ .

（7）ウライさんは昨日、忙しそうに見えましたか？
［ Did / look / busy / Ms. Urai / yesterday ］?

_____ ?

（8）〈（7）に対する応答として〉いいえ、見えませんでした。［ didn't / she / No, ］.

_____ .

4 ✐ 日本語の文を英語の文にしましょう。[各4点、計36点]

（1）私は今朝、テレビを見ました。

_____

（2）あなたは先月、その机を買いました。　　＊buy「買う」の過去形は bought です。

_____

（3）私たちはあなたのお姉さんを知っていました。

_____

（4）ナイトウさん（Mr. Naito）は、昨晩はテレビを見ませんでした。

_____

（5）あなたはそのテーブルを買いませんでした。

_____

（6）私たちはあなたのお父さん（father）を知りませんでした。

_____

（7）あなたは昨日、テレビを見ましたか？ – はい、見ました。

_____ – _____

（8）あなたはそのイス（the chair）を使いましたか？ – いいえ、使いませんでした。

_____ – _____

（9）あなたたちは私の母（mother）を知っていましたか？ – いいえ、知りませんでした。

_____ – _____

Lesson
1 be動詞の過去形（肯定文）

これだけはおさえよう
- ☑ be 動詞の過去形は was と were の 2 つ
- ☑ be 動詞は「イコール」の意味を表す
- ☑ 過去のある時点で「何かが何かとイコールだった」という状態を表す
- ☑ There be 構文では、be 動詞は There be のすぐ後ろにくる人やものが単数か複数かで決まる。人やものが単数なら is か was、複数なら are か were を使う

be動詞を過去形にする

例 彼女はそのとき、幸せでした。→ She was happy then.

be 動詞の過去形の was は主語が I か 3 人称単数のときに、were は you か複数のときに使います。この例文には過去を表す then「そのとき」がありますが、was や were は「過去のある時点で何かが何かとイコールの状態だった」ことを表します。過去形では現在形の be 動詞の **am と is が was に**、**are が were** になります。

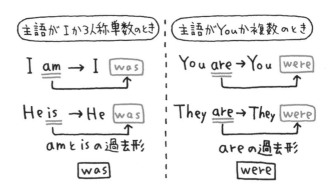

プラスアルファ解説　There be 構文

例 今朝、テーブルの上に数冊の本がありました。

→ There were some books on the table this morning.

ここでは be 動詞を使った新たな表現を解説します。

There be ～ . は「～がいます・あります」という表現で、There be 構文と呼ばれます。この例文では、**There were と過去形の be 動詞を使っているので「～がありました」という意味になります**。後ろに続く some books が「存在したもの」、on the table が「ものが存在していた場所」、this morning が「ものが存在していた過去のある時点」を表しています。

some は「いくつかの」と訳されることが多いですが「はっきりとはわからない、ぼんやりとした数量の」というイメージを持つ単語です。「何冊あるか、はっきりとはわからないけれども本がある」、つまり「数冊の本がある」という意味になります。また、名詞の複数形はふつう books のように語尾に s をつけて作ります。

リスニング（選択問題）

音声をよく聞いて、[　　]内に入る適切なものを選びましょう。

（1）I [was / were] your teacher.

（2）Mr. Kitamura [was / were] strong.

（3）You [was / were] my student.

リスニング　音声をよく聞いて、英文をすべて書きとりましょう。

（4）_____

（5）_____

（6）_____

並べかえ問題　[　　]内の単語を並べかえて、英文を作りましょう。

（7）ヒロシはギタリストでした。[a / was / guitarist / Hiroshi].

_____.

（8）コーディは作家でした。[writer / Cody / was / a].

_____.

（9）ナツミは、今日は忙しかったです。[busy / was / Natsumi / today].

_____.

英作文　日本語の文を英語の文にしましょう。

（10）ジェニー（Jenny）は、昨日は忙しかったです。

_____

（11）ケニー（Kenny）は紳士（gentleman）でした。

_____

（12）リュウスケ（Ryusuke）は歌手でした。

_____

Lesson
2 be動詞の過去形(否定文)

> これだけはおさえよう
> ☑ be 動詞の否定文の 2 つの形をおさえよう
> He **was not** busy last week. (彼は、先週は忙しくなかったです)
> He **wasn't** busy two days ago. (彼は、 2 日前は忙しくなかったです)
> wasn't → **was not** を短縮した形

wasかwereの後ろにnotを置いて否定文にする

例 **彼はそのとき、幸せではありませんでした。→ He was not happy then.**

be 動詞の **was は主語が I か 3 人称単数のときに使い、過去のある時点での「＝」を表します**。was の後ろに not を置いて was not とすると現在形のときと同じように「≠」を表すことができます。過去形の be 動詞には was と were がありますが、**否定文ではそれぞれの後ろに not を置いて使います**。

例 **タグチさんは歌手ではありませんでした。→ Mr. Taguchi wasn't a singer.**

ここでは短縮形の wasn't を使いましたが、Mr. Taguchi was not a singer. と表しても大丈夫です。

例 **ミウラさんは、昨日は忙しくありませんでした。**
　→ 〇 **Ms. Miura wasn't busy yesterday.**
　　× **Ms. Miura weren't busy yesterday.**

be 動詞を使う過去形の否定文では、was not(wasn't) か were not(weren't) のいずれかしか使いません。**主語が単数なのか複数（もしくは you）なのかに注意して使い分けてください**。

プラスアルファ解説　There be 構文の否定文

例 **今朝、テーブルの上には 1 冊の本もありませんでした。**
　→ **There weren't any books on the table this morning.**

There be 構文の否定文は「〜がない」という意味を表します。また、be not any... で「1つの... もない」という「ゼロ」を表す表現になるので、「1 冊の本もなかった」という意味になります。not any は no を使って言いかえられるため、この例文は There were no books on the table this morning. と表現できるということも、おさえておいてください。

🎧 **リスニング（選択問題）** ⸻⸻⸻⸻⸻ 🎧 8-2-1 練習

音声をよく聞いて、[ ]内に入る適切なものを選びましょう。

（1） I [wasn't / weren't] a baseball player.

（2） Mr. Ishimori [wasn't / weren't] tall.　＊tall「背が高い」

（3） You [wasn't / weren't] my classmate.　＊classmate「同級生」

🎧 **リスニング**　音声をよく聞いて、英文をすべて書きとりましょう。⸻ 🎧 8-2-2 練習

（4） _____

（5） _____

（6） _____

✏️ **並べかえ問題**　[ ]内の単語を並べかえて、英文を作りましょう。

（7） ヒロオキはギタリストではありませんでした。

[a / wasn't / guitarist / Hirooki].

_____ .

（8） ニックは作家ではありませんでした。[writer / Nick / wasn't / a].

_____ .

（9） 彼女は、今日は忙しくありませんでした。[busy / wasn't / She / today].

_____ .

✏️ **英作文**　日本語の文を英語の文にしましょう。

（10） ヤノさん（Mr. Yano）は、昨日は忙しくありませんでした。

_____

（11） マット（Matt）は紳士ではありませんでした。

_____

（12） 彼らは歌手ではありませんでした。

_____

Part **8**

be動詞の過去形

71

Lesson
3 be動詞の過去形(疑問文)

これだけはおさえよう
- ☑ be 動詞を使った疑問文は、現在形も過去形も語順は同じになる

主語とbe動詞(過去形)を入れかえて文末に？をつけると疑問文になる

例 彼はそのとき、幸せでしたか？

　－はい、幸せでした。 / いいえ、幸せではありませんでした。

　→ Was he happy then? － Yes, he was. / No, he wasn't.

　He was happy then. は「彼はそのとき、幸せでした」という意味の肯定文です。この文を「彼はそのとき、幸せでしたか？」という疑問文にする場合は、**主語の He と be 動詞の was の順序を入れかえ、文末に？をつけます**。be 動詞の現在形を使った疑問文の作りかたと同じです。

例 タグチさんは歌手でしたか？ －はい、そうでした。 / いいえ、違いました。

　→ Was Mr. Taguchi a singer? – Yes, he was. / No, he wasn't.

　be 動詞の過去形を使った疑問文の答えかたも、現在形と同様です。Yes のときは〈**Yes, 主語 + be 動詞 .**〉で応答し、No のときは〈**No, 主語 + be 動詞 + not.**〉で応答します。

プラスアルファ解説　There be 構文の疑問文

例 今朝、テーブルの上には本がありましたか？

　－はい、ありました。 / いいえ、ありませんでした。

　→ Were there any books on the table this morning?

　　– Yes, there were. / No, there weren't.

　疑問文の any には「何か」という意味があり、**any books には「どんな本でもいいのだけれども」というニュアンスがあります**。「(どんな本でもいいのだけれども、とにかく)テーブルの上に何か本はあったの？」という意味の疑問文なのですが、日本語にする場合には any はとくに訳さなくてもいいです。

基礎チェック 空いているところに適する英文を入れましょう。

肯定文	英文の意味	疑問文	英文の意味
He was happy.	彼は幸せでした。	① _____	彼は幸せでしたか？
She was busy.	彼女は忙しかったです。	② _____	彼女は忙しかったですか？
Mr. Hall was tall.	ホールさんは背が高かったです。	③ _____	ホールさんは背が高かったですか？

練習問題

🦻 **リスニング（選択問題）** ⎯⎯⎯⎯⎯⎯⎯⎯⎯⎯⎯⎯ 🎧 8-3-1 練習

音声をよく聞いて、[　]内に入る適切なものを選びましょう。

（1）[Was / Were] you a basketball player? – Yes, I [was / were].

（2）[Is / Was] Ms. Abe tall? – Yes, she [is / was].

（3）[Is / Was] that bike yours? – No, it [isn't / wasn't]. ＊yours「あなたのもの」

🦻 **リスニング**　音声をよく聞いて、英文をすべて書きとりましょう。⎯ 🎧 8-3-2 練習

（4）＿＿＿＿＿＿＿＿＿＿＿＿＿＿＿＿＿＿＿＿＿＿＿

（5）＿＿＿＿＿＿＿＿＿＿＿＿＿＿＿＿＿＿＿＿＿＿＿

（6）＿＿＿＿＿＿＿＿＿＿＿＿＿＿＿＿＿＿＿＿＿＿＿

✏️ **並べかえ問題**　[　]内の単語を並べかえて、英文を作りましょう。

（7）ヒロオキはギタリストでしたか？ [a / Was / guitarist / Hirooki]?

＿＿＿＿＿＿＿＿＿＿＿＿＿＿＿＿＿＿＿＿＿＿＿＿？

（8）〈(7)に対する応答として〉いいえ、違いました。 [he / No, / wasn't].

＿＿＿＿＿＿＿＿＿＿＿＿＿＿＿＿＿＿＿＿＿＿＿＿．

（9）彼女は、今日は忙しかったですか？ [busy / Was / she / today]?

＿＿＿＿＿＿＿＿＿＿＿＿＿＿＿＿＿＿＿＿＿＿＿＿？

✏️ **英作文**　日本語の文を英語の文にしましょう。

（10）ヤノさん（Mr. Yano）は、昨日は忙しかったですか？
　　　－いいえ、忙しくありませんでした。

＿＿＿＿＿＿＿＿＿＿＿＿＿－＿＿＿＿＿＿＿＿＿＿＿

（11）マット（Matt）は紳士でしたか？ － はい、そうでした。

＿＿＿＿＿＿＿＿＿＿＿＿＿－＿＿＿＿＿＿＿＿＿＿＿

（12）彼は歌手でしたか？ － はい、そうでした。

＿＿＿＿＿＿＿＿＿＿＿＿＿－＿＿＿＿＿＿＿＿＿＿＿

左ページの 基礎チェック の解答 ● ① Was he happy? ② Was she busy? ③ Was Mr. Hall tall?

Part **8**

be動詞の過去形

73

リスニング問題の音声 🎧 8－4_Part 8テスト
トレーニング用の音声 ▶ Part 8－4まとめ

1回目	月	日	／100点
2回目	月	日	／100点
3回目	月	日	／100点

be動詞の過去形
まとめテスト

答えは別冊37ページ

1 🎧 音声をよく聞いて、[ ]内に入る適切なものを選びましょう。

[各2点、計16点]

（1）You [was / were] my teacher.

（2）Mr. Nakanishi [was / were] strong.

（3）You [wasn't / weren't] a soccer player.

（4）David [wasn't / weren't] hungry.

（5）She [wasn't / weren't] my friend.

（6）[Was / Were] you a tennis player? – Yes, I [was / were].

（7）[Is / Was] Ms. Abe angry? – No, she [isn't / wasn't]. ＊angry「怒った」

（8）[Is / Was] that clock yours? – No, it [isn't / wasn't].

2 🎧 音声をよく聞いて、英文をすべて書きとりましょう。[各3点、計24点]

（1）_____

（2）_____

（3）_____

（4）_____

（5）_____

（6）_____

（7）_____

（8）_____

3 ✏️ [ ]内の単語や語句を並べかえて、英文を作りましょう。[各3点、計24点]

（1）ロビンソンはピアニストでした。[a / was / pianist / Robinson].

_____.

（2）オーエンズさんは紳士でした。[gentleman / Mr. Owens / was / a].

_____.

（3）カツヨリは病気ではありませんでした。[wasn't / sick / Katsuyori]. * sick 「病気の」

_____ .

（4）ペイジさんは疲れて（tired）はいませんでした。[tired / Mr. Page / wasn't].

_____ .

（5）あなたは、先週は忙しくありませんでした。[busy / weren't / You / last week].

_____ .

（6）ザックは芸術家（artist）でしたか？[an / Was / artist / Zack]?

_____ ?

（7）〈(6)に対する応答として〉はい、そうでした。[he / Yes, / was].

_____ .

（8）あなたは、3日前は忙しかったですか？[busy / Were / you / three days ago]?

_____ ?

4 🖊 日本語の文を英語の文にしましょう。[各4点、計36点]

（1）マイク（Mike）は、先月（last month）は忙しかったです。

_____

（2）あなたはとても疲れて（very tired）いました。

_____

（3）ミノル（Minoru）は強かったです。

_____

（4）あなたは、昨日は忙しくありませんでした。

_____

（5）彼は紳士ではありませんでした。

_____

（6）彼女は学生（student）ではありませんでした。

_____

（7）あなたは、2日前は忙しかったですか？－いいえ、忙しくありませんでした。

_____ － _____

（8）その猫は利口（clever）でしたか？－はい、利口でした。

_____ － _____

（9）彼は静か（quiet）でしたか？－はい、静かでした。

_____ － _____

Lesson
1 未来を表す肯定文

これだけはおさえよう
- ☑ 未来を表す表現は〈will や be going to ＋動詞の原形〉で表す
- ☑ will は「意志や推測」、be going to は「未来に向けて動きはじめているということ」を表す

willかbe going toで未来を表現する

例 私は明日、その本を買うつもりです。→ I will buy the book tomorrow.

will は「〜するつもりだ」という意志や、「〜するだろう」という推測を表します。この例文は「現時点で明日その本を買うという意志がある」ということを表しています。will は can と同じく助動詞なので話し手の主観（個人的に考えていること）を表し、後ろには動詞の原形を置きます。

例 私は明日、その本を買うつもりです。→ I am going to buy the book tomorrow.

be going to でも未来を表す表現を作ることができます。be going to を使って未来を表す場合には、be動詞は主語にあわせて is か am か are のいずれかを使います。

will との違いは「すでにその動作に向けて主語は動きはじめている」といったニュアンスを含んでいるということです。

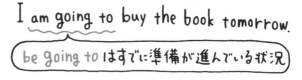

この例文からは「明日のいつ、どの本屋でその本を買うのか、いくらお金を用意すればいいのかなどを決定している」というような、具体的な状況・計画性がうかがえます。will と同じく、be going to の後ろには動詞の原形を置きます。

🖐基礎チェック **空いているところに適する英文を入れましょう。**

willを使った肯定文	be going toを使った肯定文	英文の意味
I will go to Sendai.	①	私は仙台に行くつもりです。
②	They are going to come to our house.	彼らは私たちの家に来るつもりです。
She will meet my cousin.	③	彼女は私のいとこに会うつもりです。

🦻 リスニング（選択問題）────────── 🎧 9-1-1 練習

音声をよく聞いて、[　　]内に入る適切なものを選びましょう。

（1）I [read / will read] the magazine.

（2）You [go / are going to go] to school.

（3）We [swim / will swim] in the pool.

🦻 リスニング　音声をよく聞いて、英文をすべて書きとりましょう。── 🎧 9-1-2 練習

（4）_____

（5）_____

（6）_____

✏️ 並べかえ問題　[　　]内の単語や語句を並べかえて、英文を作りましょう。

（7）あなたはその自転車を買うでしょう。[the bike / buy / will / You].

_____.

（8）私はその公園に歩いて行くつもりです。[am going to / to the park / I / walk].

_____.

（9）私はピアノを演奏するつもりです。[will / the piano / I / play].

_____.

✏️ 英作文　日本語の文を英語の文にしましょう。

（10）私はその番組を見るつもりです。

_____

（11）あなたはその机を使うつもりなのですね。

_____

（12）私たちは明日、その公園に行くつもりです。

_____

Part 9 未来を表す表現

Lesson
2 未来を表す否定文

これだけはおさえよう
- ☑ will を使った未来を表す表現の否定文は、動詞の原形の前に will not（won't）を置いて作る
- ☑ be going to を使った未来を表す表現の否定文は、be 動詞の後ろに not を置き、to の後ろに動詞の原形を置いて作る

will not(won't)かbe not going toを使って否定文を作る

例 私はその本を買わないつもりです。

→ I will not buy the book.

I am not going to buy the book.

未来を表す表現の否定文（〜しないつもりだ・〜しないだろう）は、動詞の原形の前に will not、もしくは短縮形の won't を置いて作ります。

be going to の否定文は、be 動詞の後ろに not を置き、to の後ろに動詞の原形を置いて作ります。

肯定文（〜するつもりだ・〜するだろう）と否定文を対比して、以下の表にまとめたので確認しましょう。

基礎チェック 空いているところに適する語句を入れましょう。

未来を表す表現・肯定形	語句の意味	未来を表す表現・否定形	語句の意味
will go to	〜に行くつもりだ	① _____	〜へ行かないつもりだ
be going to come to	〜に来るつもりだ	② _____	〜に来ないつもりだ
will teach	教えるつもりだ	won't teach	教えないつもりだ
be going to meet	会うつもりだ	be not going to meet	会わないつもりだ
will look at	〜を見るつもりだ	③ _____	〜を見ないつもりだ
be going to walk	歩くつもりだ	be not going to walk	歩かないつもりだ
will run	走るつもりだ	won't run	走らないつもりだ
be going to live in	〜に住むつもりだ	④ _____	〜に住まないつもりだ

＊表の否定形では will not を短縮形の won't を使って表しています。

練習問題

🔊 リスニング（選択問題）————————————————— 🎧 9-2-1 練習

音声をよく聞いて、[　　]内に入る適切なものを選びましょう。

（1）I [will / will not] read the magazine.

（2）You [are going to go / aren't going to go] to school.

（3）We [will swim / won't swim] in the pool.

🔊 リスニング　音声をよく聞いて、英文をすべて書きとりましょう。—— 🎧 9-2-2 練習

（4）＿＿＿＿＿＿＿＿＿＿＿＿＿＿＿＿＿＿＿＿＿＿＿

（5）＿＿＿＿＿＿＿＿＿＿＿＿＿＿＿＿＿＿＿＿＿＿＿

（6）＿＿＿＿＿＿＿＿＿＿＿＿＿＿＿＿＿＿＿＿＿＿＿

✏️ 並べかえ問題　[　　]内の単語と語句を並べかえて、英文を作りましょう。

（7）あなたはその自転車を買わないでしょう。
[not / the bike / buy / will / You].

＿＿＿＿＿＿＿＿＿＿＿＿＿＿＿＿＿＿＿＿ .

（8）私はその公園に歩いて行くつもりではありません。
[am not going to / to the park / I / walk].

＿＿＿＿＿＿＿＿＿＿＿＿＿＿＿＿＿＿＿＿ .

（9）私はピアノを演奏しないつもりです。[will / the piano / I / play / not].

＿＿＿＿＿＿＿＿＿＿＿＿＿＿＿＿＿＿＿＿ .

✏️ 英作文　日本語の文を英語の文にしましょう。

（10）私はその番組を見ないつもりです。

（11）あなたはその机を使わないつもりなのですね。

（12）私たちは明日、その公園に行くつもりはありません。

左ページの 基礎チェック の解答 ● ① won't go to ② be not going to come to ③ won't look at ④ be not going to live in

Lesson

3 未来を表す疑問文

これだけはおさえよう
- ☑ will を使う疑問文は、文を Will と ? で挟んで作る
- ☑「はい」なら〈Yes, 主語 + will.〉で応答し、
  「いいえ」なら〈No, 主語 + won't.〉で応答する
- ☑ be going to の疑問文の作りかたと答えかたは be 動詞の疑問文と同じ

主語の前にWillを置いて疑問文を作る

例 **あなたはその本を買うつもりですか？**

　－はい、買うつもりです。/ いいえ、買うつもりではありません。

　→ **Will you buy the book?** － Yes, I will. / No, I won't.

　　Are you going to buy the book? － Yes, I am. / No, I'm not.

　will の疑問文は、**文を Will と ? で挟んで作ります**。will を使っている文では**必ず動詞を原形にします**。また、Will you ...? で質問された場合、Yes か No で応答しますが、「はい」であれば **Yes, I (we) will.** で、「いいえ」であれば **No, I (we) won't.** で応答します。be going to の疑問文は、**主語と be 動詞の順序を入れかえて作ります**。

例 **ヒロムは、その公園に行くつもりですか？**

　－はい、行くつもりです。/ いいえ、行かないつもりです。

　→ **Will Hiromu go to the park?** － Yes, he will. / No, he won't.

　　Is Hiromu going to go to the park? － Yes, he is. / No, he isn't.

　2 つめの例文では be going to の後ろに動詞の原形である go があります。これは「**go する状況**」に going「**向かっている**」ということなので正しい表現です。

基礎チェック 空いているところに適する英文を入れましょう。

未来を表す肯定文	未来を表す疑問文	応答のしかた
You will go to Fukuoka.	①_____	Yes, I will. / No, I won't.
You are going to come to my house.	Are you going to come to my house?	②_____ / No, I'm not.
Mr. Omega will buy the pen.	Will Mr. Omega buy the pen?	Yes, he will. / No, he won't.
Ms. Bliss is going to teach English.	③_____	Yes, she is. / No, she isn't.
He will meet my cousin.	Will he meet my cousin?	Yes, he will. / ④_____

練習問題

9-3-1 練習

リスニング（選択問題）

音声をよく聞いて、[　]内に入る適切なものを選びましょう。

（1）[Will / Are]you read the magazine? － Yes, I[will / am].

（2）[Are / Will]you[going to go / go]to school? － No, I[am not / won't].

（3）[Will / Are]you swim in the pool? － No, we[won't / aren't].

リスニング　音声をよく聞いて、英文をすべて書きとりましょう。9-3-2 練習

（4）＿＿＿＿＿＿＿＿＿＿＿＿＿＿＿＿＿＿＿＿＿＿＿＿＿＿＿

（5）＿＿＿＿＿＿＿＿＿＿＿＿＿＿＿＿＿＿＿＿＿＿＿＿＿＿＿

（6）＿＿＿＿＿＿＿＿＿＿＿＿＿＿＿＿＿＿＿＿＿＿＿＿＿＿＿

並べかえ問題　[　]内の単語や語句を並べかえて、英文を作りましょう。

（7）あなたはその自転車を買うつもりですか？[the bike / buy / Will / you]?

＿＿＿＿＿＿＿＿＿＿＿＿＿＿＿＿＿＿＿＿＿＿＿＿＿＿＿＿？

（8）あなたはその公園に歩いて行くつもりですか？
　　[going to / you / to the park / Are / walk]?

＿＿＿＿＿＿＿＿＿＿＿＿＿＿＿＿＿＿＿＿＿＿＿＿＿＿＿＿？

（9）彼女はピアノを演奏するつもりですか？[Will / the piano / she / play]?

＿＿＿＿＿＿＿＿＿＿＿＿＿＿＿＿＿＿＿＿＿＿＿＿＿＿＿＿？

英作文　日本語の文を英語の文にしましょう。

（10）あなたはその番組を見るつもりですか？－いいえ、見ないつもりです。

＿＿＿＿＿＿＿＿＿＿＿＿－＿＿＿＿＿＿＿＿＿＿＿＿

（11）あなたはその机を使うつもりですか？－はい、使うつもりです。

＿＿＿＿＿＿＿＿＿＿＿＿－＿＿＿＿＿＿＿＿＿＿＿＿

（12）あなたたちは明日、その公園に行くつもりですか？
　　　－いいえ、行かないつもりです。

＿＿＿＿＿＿＿＿＿＿＿＿－＿＿＿＿＿＿＿＿＿＿＿＿

Part
9
未来を表す表現

未来を表す表現
まとめテスト

答えは別冊38ページ

1 🦻 音声をよく聞いて、[ ] 内に入る適切なものを選びましょう。

[各2点、計16点]

（1）I [buy / will buy] the shoes.　＊shoes「靴」

（2）You [go / will go] to the museum tomorrow.　＊museum「博物館」

（3）I [will / will not] wear the hat.　＊wear「着用する」 hat「帽子」

（4）We [are going to go / aren't going to go] to the factory.　＊factory「工場」

（5）He [will swim / won't swim] in the river.

（6）[Will / Are] you read the book? − Yes, we [will / are].

（7）[Are / Will] you [going to go / go] to the building? − No, I [am not / won't].
　　　＊building「建物」

（8）[Will / Is] Mr. Naito play baseball tomorrow? − Yes, he [will / is].

2 🦻 音声をよく聞いて、英文をすべて書きとりましょう。[各3点、計24点]

（1）_____

（2）_____

（3）_____

（4）_____

（5）_____

（6）_____

（7）_____

（8）_____

3 ✏️ [ ] 内の単語や語句を並べかえて、英文を作りましょう。[各3点、計24点]

（1）あなたはそのコート（the coat）を買うでしょう。[the coat / buy / will / You].

_____.

（2）私は大学に歩いて行くつもりです。

　　　[am going to / to college / I / walk].

_____.

（3）私はドラムを演奏するつもりです。[will / the drums / I / play].

_____.

（4）彼女はその辞書を買わないつもりです。

[not / the dictionary / buy / will / She].

_____.

（5）私は海に歩いて行くつもりではありません。

[am not going to / to the sea / I / walk].

_____.

（6）私はギターを弾かないつもりです。[will / the guitar / I / play / not].

_____.

（7）あなたはその車を買うつもりですか？[the car / buy / Will / you]?

_____?

（8）あなたは歴史（history）の勉強をするつもりですか？

[going to / you / history / Are / study]?

_____?

4 🖊 日本語の文を英語の文にしましょう。[各4点、計36点]

（1）私はラジオを聞くつもりです。

_____

（2）あなたはその車を使うつもりなのですね。

_____

（3）私たちは明日、その博物館（the museum）に行くつもりです。

_____

（4）私たちはその歌を歌わないつもりです。

_____

（5）ケニー（Kenny）はその机を使わないつもりです。

_____

（6）私たちは明日、その工場（the factory）に行くつもりはありません。

_____

（7）あなたはそのショー（the show）を見る（watch）つもりですか？
　　－いいえ、見ないつもりです。

_____ － _____

（8）あなたは写真を撮る（take a picture）つもりですか？
　　－はい、撮るつもりです。

_____ － _____

（9）あなたたちは明日、大学（college）に行くつもりですか？
　　－いいえ、行かないつもりです。

_____ － _____

Lesson

1 mustやmayを使った肯定文

これだけはおさえよう
- ☑ must は「～しなければならない」、may は「～してもよい・～するかも しれない」という意味の助動詞で、後ろに動詞の原形を置く
- ☑ must は have to もしくは has to（過去形では had to）に言いかえること ができ、may には（少し意味を弱めた形の）might という変化形がある

動詞の原形とセットで話し手の気持ちを伝える

例 私は、今日は数学の勉強をしなければなりません。→ I must study math today.

　must は助動詞で、「～しなければならない」という「話し手の考えていること（主観）」を表します。この例文では実際にしなければならないのかどうかはともかく、話し手は「しなければならない」と思っている、ということを表しています。

　mustは現在形の文で使い、**主語がどの人称であってもmustの後ろは動詞の原形がきます。**

例 私は、今日は数学の勉強をしなければなりません。

　→ I have to study math today.

　must は have to（3単現では has to）で言いかえられます。この場合、主観ではなく「その状況では必要だからする」というニュアンスを表します。must には過去形がないので、**「～しなければならなかった」という文を作るには、have to の過去形の had to を用います。**

例 あなたはラジオを聞いてもよいです。→ You may listen to the radio.

　may には「～してもよい」という「許可」を表す意味と、「～するかもしれない」という「推量」を表す意味があります。

例 明日は、雨が降るかもしれません。→ It may rain tomorrow.

　この may は「～するかもしれない」
という「推量」を表しています。might
という may が変化した助動詞もあるの
ですが、こちらにも「～かもしれない」
という意味があります。may は**50% 程
度の確率でそのことが起こるかもしれな
い**、というイメージですが、might はも
う少し低く、**30 ～ 40% 程度の確率でそ
のことが起こるかもしれないと話し手が**
考えていると思っておいてください。

| may | might |
| 50％程度の確率 | 30～40%程度の確率 |

リスニング（選択問題） ────────────────── 🎧 10-1-1 練習

音声をよく聞いて、[　]内に入る適切なものを選びましょう。

（1） I [read / must read] the textbook. ＊textbook「教科書」

（2） You [go / have to go] to school today.

（3） We [swim / may swim] in the sea.

リスニング　音声をよく聞いて、英文をすべて書きとりましょう。🎧 10-1-2 練習

（4） _____

（5） _____

（6） _____

並べかえ問題　[　]内の単語や語句を並べかえて、英文を作りましょう。

（7） 私はその机を使わなければなりません。[the desk / use / must / I].

　　 _____ .

（8） あなたは、今日はその公園に歩いて行かなければなりません。
　　 [today / have to / to the park / You / walk].

　　 _____ .

（9） あなたはピアノを演奏してもよいです。[may / the piano / You / play].

　　 _____ .

英作文　日本語の文を英語の文にしましょう。

（10） 私はその映画を見なければなりません。

　　 _____

（11） ミチコ（Michiko）はその机を使ってもよいです。

　　 _____

（12） 今日は晴れるかもしれません。　＊fine「晴天の、晴れた」

　　 _____

Lesson
2 mustやmayを使った否定文

これだけはおさえよう
- ☑ 助動詞 must や may の否定文は、動詞の原形の前に must not（mustn't）、may not を置いて作る
- ☑ must not（mustn't）は「〜してはならない」という「強い禁止」を表し、may not はそれより少し弱めの「〜してはならない」という「不許可」を表す
- ☑ don't have to は「〜する必要はない」という「不必要」を表す

〈must not(mustn't) ＋動詞の原形〉で否定文を作る

例 あなたはこのコーヒーを飲んではなりません。→ You mustn't drink this coffee.

　助動詞 must の否定文は**動詞の原形の前に must not や mustn't（must not の短縮形で〈マスントゥ〉のように発音します）を置いて作ります**。must not は「強い禁止」を表します。

例 あなたは、今日は学校に行く必要はありません。
　　→ You don't have to go to school today.

　must の言いかえの have to を使った否定文は、「**〜する必要はない」という「不必要」を表します**。must not の「強い禁止」とは、だいぶニュアンスが異なるので注意が必要です。

例 あなたは、昨日は学校に行く必要はありませんでした。
　　→ You didn't have to go to school yesterday.

　must には過去形がないので、過去形の**肯定文では had to を、否定文では didn't have to を使って表現します**。have to の have は一般動詞なので、過去形の否定文を作るときは have to の前に did not（didn't）を置きます。had to は「〜しなければならなかった」、didn't have to は「〜する必要がなかった」という意味です。must を使わない時点で「禁止」から「不必要」になり、少しマイルドな表現になります。

例 あなたはラジオを聞いてはなりません。→ You may not listen to the radio.

　may not は must not ほど強くはありませんが、「**〜してはならない」という「不許可」を表します**。なお、「推量」を表す may を使った may not は、「**〜しないかもしれない**」を表します。

must not ---→ 強い禁止 絶対ダメ！

don't have to --→ 不必要 いらない

may not ---→ 不許可 してはならない

🔊 リスニング（選択問題） ──────────────── 🎧 10-2-1 練習

音声をよく聞いて、[　]内に入る適切なものを選びましょう。

（1）You [must / mustn't] read the magazine.

（2）You [have to / don't have to] go to school.

（3）We [may / may not] swim in the pool.

🔊 リスニング　音声をよく聞いて、英文をすべて書きとりましょう。🎧 10-2-2 練習

（4）_____

（5）_____

（6）_____

✏️ 並べかえ問題　[　]内の単語や語句を並べかえて、英文を作りましょう。

（7）あなたはその自転車に乗ってはなりません。

[not / the bike / ride / must / You].　＊ride「乗る」

_____.

（8）あなたはその駅に行く必要はありません。

[don't have to / to the station / You / go].

_____.

（9）あなたはピアノを演奏してはなりません。

[may / the piano / You / play / not].

_____.

✏️ 英作文　日本語の文を英語の文にしましょう。

（10）あなたはその番組を見てはなりません。

_____

（11）あなたはその机を買う必要はありません。

_____

（12）あなたたちは明日、その公園に行ってはなりません。

_____

Lesson
3 mustやmayを使った疑問文

これだけはおさえよう
- ☑ 助動詞の must や may の疑問文は、文を助動詞と？で挟み、動詞は原形にする
- ☑ must や may の疑問文への応答は他の助動詞とは違うパターンになる

MustやMayと？で文を挟んで疑問文にする

例 あなたはそこに行かなければなりませんか？

　－はい、行かなければなりません。／ いいえ、行く必要はありません。

　→ **Must you go there? – Yes, I must. / No, I don't have to.**

「～しなければなりませんか？」という意味を持つ助動詞mustの疑問文は、**文を Must と？で挟んで作ります。**must を使う文では必ず**動詞を原形**にしてください。

　Must you ...? と質問された場合、Yes か No で応答します。「はい」であれば**Yes, I (we) must.** で応答し、「いいえ」であれば **No, I (we) don't have to.** で応答します。今までの助動詞の疑問文のパターンだと、No, I mustn't. になりそうですが、must not（mustn't）は「～してはならない」という禁止を表すので「～しなければなりませんか？」に対する否定の応答としては不適切です。そのため、**否定の応答は don't have to を使って「～する必要はない」**とすればいいのです。

例 今、ラジオを聞いてもいいですか？

　→ **May I listen to the radio now?**

　Yes のとき　　はい、もちろんです。／ もちろん。

　　　　　　　　　　Yes, of course. / Sure.

　No のとき　　申し訳ありませんが、だめです。

　　　　　　　　　　I'm afraid you can't. / I'm sorry, you can't.

　May I ...? は**「～してもいいですか？」という許可を求める表現**です。これに Yes, you may. や No, you may not. で応答すると、きつい印象を与えてしまうため、上記のようなマイルドな表現で応答するのがふつうです。

例 あなたは歴史の勉強をする必要はありますか？

　→ **Will you have to study history?**

　未来の義務を表すには will have to を使います。will have to は「（未来に）～する必要がある」ことを表し、will は助動詞なので**疑問文を作るときは文を助動詞と？で挟みます。**この文には Yes, I will. か No, I won't. で応答します。

練習問題

リスニング（選択問題） ────────────── 🎧 10-3-1 練習

音声をよく聞いて、[　]内に入る適切なものを選びましょう。

（1）［ Must / May ］I read the magazine? － Yes, ［ of course / you can't ］.

（2）［ Must / May ］you go to school? － No, I ［ don't have to / may not ］.

（3）［ Must / May ］I sit here? － I'm sorry, you ［ mustn't / can't ］. ＊sit「座る」

リスニング　音声をよく聞いて、英文をすべて書きとりましょう。🎧 10-3-2 練習

（4）_____

（5）_____

（6）_____

並べかえ問題　[　]内の単語や語句を並べかえて、英文を作りましょう。

（7）その自転車を使ってもいいですか？［ the bike / use / May / I ］?

_____?

（8）あなたはその公園に歩いて行かなければなりませんか？

［ you / to the park / Must / walk ］?

_____?

（9）ピアノを演奏してもいいですか？［ May / the piano / I / play ］?

_____?

英作文　日本語の文を英語の文にしましょう。

（10）その番組を見てもいいですか？ － 申し訳ありませんが、だめです。

_____ － _____

（11）あなたはその本を読まなければなりませんか？
　　　 － いいえ、読む必要はありません。

_____ － _____

（12）明日その車を使ってもいいですか？ － はい、もちろんです。

_____ － _____

Part 10

リスニング問題の音声 🎧 10-4_Part 10テスト
トレーニング用の音声 ▶ Part 10-4まとめ

1回目	月	日	／100点
2回目	月	日	／100点
3回目	月	日	／100点

助動詞のmustやmay まとめテスト

答えは別冊39ページ

1 🎧 音声をよく聞いて、[ ]内に入る適切なものを選びましょう。

[各2点、計16点]

(1) I [use / must use] the eraser.   * eraser「消しゴム」

(2) You [walk / have to walk] to the station today.

(3) He [swims / may swim] in the river.

(4) You [have to / don't have to] go there today.

(5) They [may / may not] swim in the sea today.

(6) [Must / May] I read the memo? − Yes, of course.

(7) [Must / May] you go to college today? − No, I [don't have to / may not].

(8) [Must / May] I sit next to you? − I'm afraid you [mustn't / can't].   * next to 「〜の隣に」

2 🎧 音声をよく聞いて、英文をすべて書きとりましょう。[各3点、計24点]

(1) _____

(2) _____

(3) _____

(4) _____

(5) _____

(6) _____

(7) _____

(8) _____

3 ✏️ [ ]内の単語や語句を並べかえて、英文を作りましょう。[各3点、計24点]

(1) 彼女はそのカバンを買わなければなりません。[the bag / buy / must / She].

_____.

(2) あなたは、今日はその駅に行かなければなりません。

[today / have to / to the station / You / go].

_____.

（3） あなたはここでギターを演奏してもよいです。

[here / may / the guitar / You / play].

_____ .

（4） あなたはそのバスに乗ってはなりません。[not / the bus / ride / must / You].

_____ .

（5） あなたは、今日はその駅に行く必要はありません。

[don't have to / to the station / You / today / go].

_____ .

（6） あなたはそこでバイオリンを演奏してはなりません。

[may / the violin / You / play / not / there].

_____ .

（7） その辞書を使ってもいいですか？[the dictionary / use / May / I]？

_____ ？

（8） あなたは学校に歩いて行かなければなりませんか？

[you / to school / Must / walk]？

_____ ？

4 🖊 日本語の文を英語の文にしましょう。[各4点、計36点]

（1） 私はその本を読まなければなりません。

_____

（2） シンスケ（Shinsuke）はそのテーブルを使ってもよいです。

_____

（3） 今日は曇りかもしれません。　　＊cloudy「曇った」

_____

（4） あなたはその雑誌を読んではなりません。

_____

（5） あなたはそのペンを買う必要はありません。

_____

（6） あなたたちは私の家に来てはなりません。

_____

（7） その新聞を読んでもいいですか？ － 申し訳ありませんが、だめです。

－_____

（8） あなたはその腕時計を買わなければなりませんか？
　　－いいえ、買う必要はありません。

－_____

（9） 明日そのカメラ（the camera）を使ってもいいですか？ － はい、もちろんです。

－_____

Lesson
1 原級の比較

これだけはおさえよう
- ☑ 〈as ＋形容詞もしくは副詞＋ as ＋比較の対象〉で、「〜と同じくらい…」という意味になる
- ☑ 〈as ＋形容詞＋名詞＋ as ＋比較の対象〉という語順でも原級の比較を表すことができる
- ☑ 原級の比較の否定文は「〜と同じくらい…なわけではない」、つまり「〜ほど…ではない」という意味になる

「〜と同じくらい…」は〈as ＋形容詞もしくは副詞＋ as ＋比較の対象〉を使う

例 テツヤはケニーと同じくらい強いです。→ Tetsuya is as strong as Kenny.

　元の英文は Tetsuya is strong.「テツヤは強い」だと考えてください。strong「強い」は形容詞で、この部分を〈as ＋形容詞＋ as ＋比較の対象〉の語順にすると「〜と同じくらい…だ」という意味になります。

例 テツヤはケニーと同じくらい速く走ります。→ Tetsuya runs as fast as Kenny.

　Tetsuya runs fast.「テツヤは速く走る」が元の英文です。fast「速く」は副詞で、〈一般動詞＋ as ＋副詞＋ as ＋比較の対象〉の語順で「〜と同じくらい…に—する」という意味になります。

例 私はあなたと同じくらいたくさんの本を持っています。
　→ I have as many books as you.
　〈as ＋形容詞＋名詞＋ as ＋比較の対象〉という語順で「〜と同じくらい…な—（名詞）」という表現になります。

例 ヒロシはカズチカほど背が高くはありません。
　→ Hiroshi isn't as tall as Kazuchika.

例 ヒロシはカズチカほど速くは走りません。
　→ Hiroshi doesn't run as fast as Kazuchika.

　原級の比較の否定文は「〜ほど…ではない」という意味になります。not は後ろに続く内容を否定する単語なので、not as tall as Kazuchika は「カズチカと同じくらい背が高いわけではない」→「カズチカほど背が高くはない」という意味になります。同様に not run as fast as Kazuchika も「カズチカと同じくらい速く走るわけではない」→「カズチカほど速くは走らない」という意味になるのです。

🦻 リスニング（選択問題） ━━━━━━━━━━━━━━━━ 🎧 11-1-1 練習

音声をよく聞いて、[　]内に入る適切なものを選びましょう。

（1）I am [tall / as tall as] Natsumi.

（2）You can run [fast / as fast as] Kenny.

（3）Was Hiroshi [tired / as tired as] Tetsuya? – No, he wasn't.

🦻 リスニング　音声をよく聞いて、英文をすべて書きとりましょう。🎧 11-1-2 練習

（4）＿＿＿＿＿＿＿＿＿＿＿＿＿＿＿＿＿＿＿＿＿＿＿＿＿＿＿

（5）＿＿＿＿＿＿＿＿＿＿＿＿＿＿＿＿＿＿＿＿＿＿＿＿＿＿＿

（6）＿＿＿＿＿＿＿＿＿＿＿＿＿＿＿＿＿＿＿＿＿＿＿＿＿＿＿

✏️ 並べかえ問題　[　]内の単語や語句を並べかえて、英文を作りましょう。

（7）彼女はヒロシと同じくらい忙しいです。[as busy as / is / She / Hiroshi].

＿＿＿＿＿＿＿＿＿＿＿＿＿＿＿＿＿＿＿＿＿＿＿＿＿＿＿＿ .

（8）彼女はクリスティと同じくらい美しいですか？ – はい、美しいです。

[Cristy / she / as beautiful as / Is]? – Yes, she is.

＿＿＿＿＿＿＿＿＿＿＿＿＿＿＿＿＿＿＿＿＿＿＿＿＿＿＿＿ ?

（9）私はヨウコと同じくらいたくさんの犬を飼っています。

[as many dogs as / I / Yoko / have].

＿＿＿＿＿＿＿＿＿＿＿＿＿＿＿＿＿＿＿＿＿＿＿＿＿＿＿＿ .

✏️ 英作文　日本語の文を英語の文にしましょう。

（10）彼はヒロム（Hiromu）と同じくらい速く泳ぎますか？ – はい、泳ぎます。

＿＿＿＿＿＿＿＿＿＿＿＿＿＿ – ＿＿＿＿＿＿＿＿＿＿＿＿

（11）私はナイトウさん（Mr. Naito）ほど忙しくはありません。

＿＿＿＿＿＿＿＿＿＿＿＿＿＿＿＿＿＿＿＿＿＿＿＿＿＿＿＿

（12）彼女はアリシア（Alicia）ほどたくさんのカバンを持ってはいません。

＿＿＿＿＿＿＿＿＿＿＿＿＿＿＿＿＿＿＿＿＿＿＿＿＿＿＿＿

Part
11

比
較

Lesson

2 比較級の比較

> これだけはおさえよう
> ☑ 〈語尾に er をつけた形容詞・副詞 + than +比較の対象〉で「〜よりも…」という意味になる
> ☑ 形容詞・副詞のつづりが比較的長めの場合には、〈more +原級（元の形の形容詞・副詞） + than +比較の対象〉で「〜よりも…」という意味になる
> ☑ 比較級の作りかたにはいくつかのパターンがある

「〜よりも…」の文では形容詞または副詞の語尾にerをつけるか、前にmoreを置く

例 オカダさんはシバタさんよりも若いです。 → **Mr. Okada is younger than Mr. Shibata.**

元の英文は Mr. Okada is young.「オカダさんは若い」です。形容詞 young の**語尾にer をつけて、後ろに〈than +比較の対象〉を並べると「〜よりも若い」という意味になります。**

例 彼女のカバンは私のカバンよりも値段が高いです。

→ **Her bag is more expensive than mine.**

expensive「値段が高い」のように、**比較的つづりが長めの形容詞・副詞は、前に more を置いて比較級**（「〜よりも…」の文で使う形）を作ります。

例 あなたは猫よりも犬のほうが好きですか？ – はい、犬のほうが好きです。

→ **Do you like dogs better than cats? – Yes, I do.**

better は**形容詞の good「よい」や副詞の well「上手に」・very much「とても」の比較級**で「よりよい」「より上手に」「より」という意味を持ちます。不規則変化をする比較級には他に、many・much「たくさんの」の比較級である more「よりたくさんの」などがあります。

元の単語(原級)	比較級	作りかた
small	small<u>er</u>	語尾にerをつける
nice	nic<u>er</u>	eで終わる単語は語尾にrをつける
happy	happ<u>ier</u>	〈子音字＋y〉で終わる単語はyをiに変えてerをつける
hot	hot<u>ter</u>	〈短母音＋子音字〉で終わる単語は子音字を重ねてerをつける
beautiful	<u>more</u> beautiful	比較的長めの単語は前にmoreをつける
good・well・very much	<u>better</u>	不規則変化
many・much	<u>more</u>	不規則変化
little「少ない」	<u>less</u>「より少ない」	不規則変化

＊子音は母音（ア・イ・ウ・エ・オ）以外の音のことです。
＊短母音は hot「ホット」の発音に含まれる「(オ)ッ」のように、「短い音」になっている母音のことです。

リスニング（選択問題） ────────────── 🎧 11-2-1 練習

音声をよく聞いて、[　]内に入る適切なものを選びましょう。

（1）I am [tall / as tall as / taller than] Hiromu.

（2）Can you run [fast / as fast as / faster than] Natsumi? – No, I can't.

（3）Hiroshi was [tired / as tired as / more tired than] Tetsuya.

リスニング　音声をよく聞いて、英文をすべて書きとりましょう。🎧 11-2-2 練習

（4）_____

（5）_____

（6）_____

並べかえ問題　[　]内の単語や語句を並べかえて、英文を作りましょう。

（7）彼女はヒロシよりも忙しいです。[busier / is / She / Hiroshi / than].

_____ .

（8）彼女はクリスティよりも美しいですか？－はい、美しいです。
　　[Cristy / she / more beautiful / Is / than]? – Yes, she is.

_____ ?

（9）私はジュンよりもたくさんの犬を飼っています。
　　[more dogs / I / Jun / have / than].

_____ .

英作文　日本語の文を英語の文にしましょう。

（10）ヒロム（Hiromu）はエマ（Emma）よりも速く泳ぎますか？－いいえ、泳ぎません。

_____ － _____

（11）私はナイトウさん（Mr. Naito）よりも忙しいです。

_____

（12）彼女はアリシア（Alicia）よりもたくさんのカバンを持っています。

_____

Part 11
比較

Lesson
3 最上級の比較

これだけはおさえよう
- ☑ 〈the ＋ 語尾に est をつけた形容詞・副詞 ＋ of もしくは in 〜〉で「〜の中で一番…」という意味になる
- ☑ 形容詞・副詞のつづりが比較的長めの場合には、〈the most ＋ 原級 ＋ of もしくは in 〜〉で「〜の中で一番…」という意味になる
- ☑ 最上級の作りかたにはいくつかのパターンがある

〈the ＋ …estかmost … ＋ ofもしくはin〜〉で「〜の中で一番…」を表す

例 テツヤは20人の中で一番強いです。 → Tetsuya is the strongest of the twenty.

　元の英文は Tetsuya is strong.「テツヤは強い」です。形容詞 strong の語尾に est をつけ、その前に the を、後ろに〈of ＋ 複数名詞〉（この場合の the twenty は〈ある特定の20人〉を指します）を置くことによって「〜の中で一番強い」という意味になります。of の後ろには、「主語と同じ仲間や種類」を表すものがきます。

例 こちらはこの地域で一番有名なレストランです。
　→ This is the most famous restaurant in this area.

　famous「有名だ」のように、比較的つづりが長めの形容詞・副詞は、前に most を置いて最上級（「〜の中で一番…」の文で使う形）を作ります。また「どこの範囲で一番なのか」を表すときには、in を使います。

例 彼女は世界で一番上手な歌手ですか？ − いいえ、違います。
　→ Is she the best singer in the world? − No, she isn't.

　best は形容詞の good「よい」や副詞の well「上手に」・very much「とても」の最上級で「一番よい」「一番上手に」「最も」という意味を持つ単語です。

元の単語(原級)	最上級	作りかた
small	smallest	語尾にestをつける
nice	nicest	eで終わる単語は語尾にstをつける
happy	happiest	〈子音字＋y〉で終わる単語はyをiに変えてestをつける
hot	hottest	〈短母音＋子音字〉で終わる単語は子音字を重ねてestをつける
beautiful	most beautiful	比較的長めの単語は前にmostをつける
good・well・very much	best	不規則変化
many・much	most	不規則変化
little「少ない」	least「一番少ない」	不規則変化

🎧 **リスニング（選択問題）** ━━━━━━━━━━━━━ 🎧 11 - 3 - 1 練習

音声をよく聞いて、[　]内に入る適切なものを選びましょう。

（1）I am [tall / as tall as / the tallest] in this class.

（2）Can you run [fast / faster than / the fastest] of the three? – Yes, I can.

（3）Hiroshi can jump [high / higher / the highest] in the team. ＊ jump 「ジャンプする」

🎧 **リスニング**　音声をよく聞いて、英文をすべて書きとりましょう。🎧 11 - 3 - 2 練習

（4）_____

（5）_____

（6）_____

✏️ **並べかえ問題**　[　]内の単語や語句を並べかえて、英文を作りましょう。

（7）彼は5人の中で一番お金持ちです。[the richest / is / He / of / the five].
　　＊ rich 「お金持ちの」

_____ .

（8）彼女はそのクラスの中で一番美しいです。

　　[in the class / She / the most beautiful / is].

_____ .

（9）あの本は3冊の中で一番高いですか？ – いいえ、違います。

　　[the most expensive / Is / that book / of the three]? – No, it isn't.

_____ ?

✏️ **英作文**　日本語の文を英語の文にしましょう。

（10）マツモトさん（Mr. Matsumoto）はそのクラスの中で一番速く泳ぐことができます。

_____

（11）ナイトウさん（Mr. Naito）は5人の中で一番年上ですか？
　　 – はい、そうです。　＊ old 「年をとった」

_____ – _____

（12）アイリ（Airi）は7人の中で一番上手に歌を歌います。

_____

Part 11

比較

Part 11

リスニング問題の音声 🎧 11−4_Part 11テスト
トレーニング用の音声 ▶ Part 11−4まとめ

1回目	月	日	／100点
2回目	月	日	／100点
3回目	月	日	／100点

比較
まとめテスト

答えは別冊40ページ

1 🦻 音声をよく聞いて、[　]内に入る適切なものを選びましょう。

[各2点、計16点]

（1）I am [happy / as happy as] you.

（2）Can you dance [well / better than] Adam? – No, I can't.

（3）Hiroshi is [nice / as nice as] Tetsuya.

（4）Can this car run [as fast as / faster than] that one? – Yes, it can.

（5）This box is [as small as / smaller than] that one.

（6）She is [as beautiful as / the most beautiful] in this class.

（7）You can swim [faster than / the fastest] of the four.

（8）Can Mr. Taguchi sing a song [better / the best] of the three? – Yes, he can.

2 🦻 音声をよく聞いて、英文をすべて書きとりましょう。[各3点、計24点]

（1）_____

（2）_____

（3）_____

（4）_____

（5）_____

（6）_____

（7）_____

（8）_____

3 ✏️ [　]内の単語や語句を並べかえて、英文を作りましょう。[各3点、計24点]

（1）あの猫は私の猫と同じくらい大きいです。[my cat / That cat / as big as / is].

_____ .

（2）彼女はアスカと同じくらいたくさんのペンを持っていますか？ – はい、持っています。

[Does / as many pens as / she / Asuka / have]? – Yes, she does.

_____ ?

（3）この問題はあの問題よりも難しいです。

[more difficult / is / This question / that one / than].　＊question「問題」

_____ .

（4）ダリルはあの猫よりもかわいいですか？ － はい、かわいいです。

[Daryl / that cat / cuter / Is / than]? – Yes, it is.　＊cute「かわいい」

_____ ?

（5）彼は彼の友達よりもたくさんの車を持っています。

[more cars / He / his friends / has / than].

_____ .

（6）シミズさんはそのチームの中で一番お金持ちです。

[the richest / is / Mr. Shimizu / in the team].

_____ .

（7）その花はこの公園で一番美しいです。

[in this park / The flower / the most beautiful / is].

_____ .

（8）あの車（car）はこのお店の中で一番高いですか？ － はい、そうです。

[the most expensive / Is / that car / in this store]? – Yes, it is.

_____ ?

4　✐　日本語の文を英語の文にしましょう。[各4点、計36点]

（1）私はモエ（Moe）と同い年です。

_____

（2）あなたはナイトウさん（Mr. Naito）ほど疲れてはいません。（原級を使って）

_____

（3）彼女はウキョウ（Ukyo）と同じくらいたくさんのTシャツ（T-shirts）を
持っていますか？（原級を使って）－はい、持っています。

_____ － _____

（4）ヒロム（Hiromu）はナミ（Nami）よりも速く走りますか？ － はい、走ります。

_____ － _____

（5）ワタナベさん（Mr. Watanabe）はナツキ（Natsuki）ほど忙しくはありません。
（原級を使って）

_____

（6）私はエマ（Emma）ほどたくさんの靴（shoes）を持ってはいません。（原級を使って）

_____

（7）彼女はそのクラスの中で一番上手に踊ることができますか？ － はい、できます。

_____ － _____

（8）私は5人の中で一番年上です。

_____

（9）イブシさん（Mr. Ibushi）は3人の中で一番上手にギターを弾きます。

_____

Lesson
1 to不定詞の名詞的用法

これだけはおさえよう
- ☑ to 不定詞は〈to ＋動詞の原形〉の形であり、「〜すること」という意味になる
- ☑ to 不定詞は文の中で主語や目的語、補語になる

to不定詞は主語にも目的語にも補語にもなる

例 タナハシさんは野球をすることが好きです。

　→ **Mr. Tanahashi likes to play baseball.**

　to 不定詞とは、〈**to ＋動詞の原形**〉のことで、英文の中では主語や目的語、補語になります。例文の to play は「すること」という意味の to 不定詞ですが、**to play baseball** だと「野球をすること」という意味の名詞のカタマリになります。また、この部分は likes の目的語となっています。

Mr. Tanahashi likes baseball.
→ Mr. Tanahashi likes to play baseball.
to不定詞で情報を追加
タナハシさんは 野球をすること が 好きです。

例 バンクスさんの計画は、明日その湖に行くことです。

　→ **Ms. Banks' plan is to go to the lake tomorrow.**

　to 不定詞を含む to go to the lake tomorrow は「明日その湖に行くこと」という意味で、**主語である Ms. Banks' plan と be 動詞の is を挟んで「＝」（イコール）の関係になります。**つまり、to go to the lake tomorrow が Ms. Banks' plan の補語になっているのです。

＊ Banks' は「バンクスさんの」という意味で、〈人やもの＋ 's〉で「〜の」という所有を表すことができます。ただし、s で終わる語は '（アポストロフィー）だけをつけます。

例 その問題に答えることはかんたんです。 → **It is easy to answer the question.**

　前半で It is easy「それはかんたんです」と述べ、次に「何がかんたんかというと、**to answer the question『その問題に答えること』がかんたんです**」という情報を、**to 不定詞で補足しています。**この文では to answer the question が It の内容を表しています。

例 私はその問題に答えることはかんたんだとわかりました。

　→ **I found it easy to answer the question.**

　found は find の過去形で、I found it easy は「私はそれがかんたんだとわかりました」という意味です（find は find A B の語順で「A が B だとわかる」という意味になります）。次に「何がかんたんかというと、**to answer the question『その問題に答えること』がかんたんです**」という情報を、to 不定詞で補足しています。

練習問題

🎧 リスニング（選択問題）

音声をよく聞いて、［　］内に入る適切なものを選びましょう。

（1）I like [sing / to sing] a song.

（2）My plan is [climb / to climb] Mt. Fuji.　＊climb「登る」、Mt.「～山」（Mount の略）

（3）Hiroshi found it difficult [read / to read] the book.

🎧 リスニング　音声をよく聞いて、英文をすべて書きとりましょう。

（4）_____

（5）_____

（6）_____

✏️ 並べかえ問題　［　］内の単語や語句を並べかえて、英文を作りましょう。

（7）ナイトウさんは野球をすることが好きでした。

　　[to play / Mr. Naito / liked / baseball].

　　_____.

（8）アベさんの計画は、来週福岡に行くことです。

　　[to go / Ms. Abe's plan / to Fukuoka / is / next week].

　　_____.

（9）その本を読むことはかんたんです。[to read / easy / It / the book / is].

　　_____.

✏️ 英作文　日本語の文を英語の文にしましょう。

（10）彼女は本を読むことが好きです。

　　_____

（11）ワタナベさん（Mr. Watanabe）の計画は、来月両国（Ryogoku）に行くことです。

　　_____

（12）私は、明日そこに行くことは難しいとわかりました。

　　_____

Part
12

to
不
定
詞

Part 12 to不定詞

2 to不定詞の形容詞的用法

これだけはおさえよう
☑ to 不定詞の形容詞的用法は「〜するための」「〜するべき」という意味で、名詞や代名詞の直後からその名詞や代名詞を修飾し「足りない情報を補足する」役割を果たす

名詞(代名詞)の後ろのto不定詞は、その名詞や代名詞を修飾する

例 **私にはやるべき宿題がたくさんあります。→ I have a lot of homework to do.**

a lot of は「たくさんの」、homework は「宿題」という意味です。この a lot of homework「たくさんの宿題」という名詞のカタマリに、「どんな宿題かというと、to do『やるべき』たくさんの宿題です」という情報を、to 不定詞で補足しています。直訳すると「私はやるべきたくさんの宿題を持っている」となりますが、「やるべき宿題がたくさんある」のようにわかりやすい日本語にして理解するとよいでしょう。

例 **私は、今日はあなたに会う時間がありません。**

→ I have no time to see you today.

have no time は「ない時間を持っている」、つまり「時間がない」という意味の表現です。「私は時間がない」に、「何の時間がないのかというと、to see you『あなたに会うための』時間がないです」という情報を、to 不定詞で補足しています。

例 **彼女にはあなたに何か話すべきことがありました。→ She had something to tell you.**

had something は「何かを持っていた」という意味で、something は代名詞です。「どんな何かなのかというと、to tell you『あなたに話すべき』何かです」という情報を、to 不定詞で補足しています。直訳すると「彼女はあなたに話すべき何かを持っていた」となりますが、要は「彼女にはあなたに何か話すべきことがあった」という意味になります。文の内容によって、something 以外にも anything や nothing が使われることもあります。

例 **彼女はそこを訪れた最初の女性でした。**

→ She was the first woman to visit there.

She was the first woman は「彼女は最初の女性でした」という意味です。「何において最初の女性だったのかというと、to visit there『そこを訪れた』最初の女性でした」という情報を、to 不定詞で補足しています。

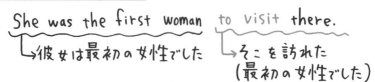

リスニング（選択問題）
🎧 12-2-1 練習

音声をよく聞いて、[　　] 内に入る適切なものを選びましょう。

（1）I had a lot of questions [ask / to ask] her.

（2）She had nothing [eat / to eat].

（3）Mr. Kidani had no time [talk / to talk] with you.

リスニング
音声をよく聞いて、英文をすべて書きとりましょう。🎧 12-2-2 練習

（4）_____

（5）_____

（6）_____

並べかえ問題
[　　] 内の単語や語句を並べかえて、英文を作りましょう。

（7）私には書くべき本がたくさんあります。[to write / have / a lot of / I / books].

_____.

（8）クリスティは、今日はそこに行く時間がありません。

[Cristy / go there / to / today / has / no time].

_____.

（9）彼はここに来た最初の男性でした。

[the first man / here / He / come / was / to].

_____.

英作文
日本語の文を英語の文にしましょう。

（10）私にはやるべき仕事がたくさんあります。　＊job「仕事」

_____

（11）オカダさん（Mr. Okada）にはあなたに何か話すべきことがあります。

_____

（12）彼女は、今日はお昼ごはんを食べる時間がありませんでした。

_____

Part
12
to
不定詞

Lesson
3 to不定詞の副詞的用法

これだけはおさえよう
☑ to 不定詞の副詞的用法は「〜するために」「〜して」のような意味になり、
名詞以外の語句や文に対して「足りない情報を補足する」役割を果たす

to不定詞は名詞以外の語句や文も修飾する

例 **ナイトウさんは野球の試合を見るために広島に行きます。**

→ **Mr. Naito goes to Hiroshima to watch a baseball game.**

前半の Mr. Naito goes to Hiroshima だけで、「ナイトウさんは広島に行きます」という英文が完成しています。この英文に「なぜ広島に行くかというと、to watch a baseball game『野球の試合を見るために』行くのです」という情報が補足されています。つまり、**to watch a baseball game が Mr. Naito goes to Hiroshima の説明をしているのです。**

例 **ナカムラさんは成長してスーパースターになりました。**

→ **Mr. Nakamura grew up to be a superstar.**

Mr. Nakamura grew up は「ナカムラさんは成長しました」という意味です。この英文に「成長してどうなったかというと、**to be a superstar『スーパースターになった』』という情報が補足されています**。grew は grow の過去形で、grow up で「成長する」という意味です。to be の be には「〜になる」という意味があります。

例 **彼のお母さんはその知らせを聞いて幸せでした。**

→ **His mother was happy to hear the news.**

His mother was happy は「彼のお母さんは幸せでした」という意味です。この英文に「なぜ幸せだったかというと、**to hear the news『その知らせを聞いて』幸せな気分になったのだ」という情報が補足されています。**

例 **カバンをなくすなんて、サナダさんは不注意でした。**

→ **Mr. Sanada was careless to lose his bag.**

Mr. Sanada was careless は「サナダさんは不注意でした」という意味です。「なぜ彼は不注意だったと言われてしまうのかというと、**to lose his bag『彼のカバンをなくした』からです」という情報が補足されています。**careless は「不注意だ」という意味の形容詞、lose は「なくす」という意味の動詞です。

ここまでの例文では、to 不定詞はすべて「肯定」の意味でしたが、「否定」の意味を to 不定詞に加える場合には、**to 不定詞の前に not をつけます。**たとえば、I'm sorry not to see you today. は、「私は今日、あなたに会えなくて残念です」という意味になります。

練習問題

🦻 リスニング（選択問題） ────────────── 🎧 12 - 3 - 1 練習

音声をよく聞いて、[　　]内に入る適切なものを選びましょう。

（1）Mr. Kushida went to the convenience store [buy / to buy] a magazine.
＊ convenience store「コンビニ」

（2）I was very glad [hear / to hear] from a friend of mine.
＊ hear from「～から連絡をもらう」 a friend of mine「私の友達の中の1人」

（3）She was very surprised [hear / to hear] the news.
＊ be surprised to do「～して驚く」

🦻 リスニング　音声をよく聞いて、英文をすべて書きとりましょう。🎧 12 - 3 - 2 練習

（4）_____

（5）_____

（6）_____

✏️ 並べかえ問題　[　　]内の単語や語句を並べかえて、英文を作りましょう。

（7）タナハシさんはそのお店にコーヒーを買いに行きました。

[some coffee / went to / Mr. Tanahashi / the store / to buy].

_____.

（8）彼はあなたに会えなくてとても残念がっていました。

[not to see / He / was / you / very sorry].　＊ be sorry to do「～して残念だ」
not to see「会えなくて」

_____.

（9）彼は成長して、有名な俳優になりました。

[grew up / a famous actor / He / to be].　＊ famous「有名な」 actor「俳優」

_____.

✏️ 英作文　日本語の文を英語の文にしましょう。

（10）彼女は昨日、あなたに会うためにその駅に行きました。

_____

（11）私はその番組を見ることができなくてとても悲しかったです。
＊ be sad to do「～して悲しい」 not to watch「見ることができなくて」

_____

（12）私は先週、彼女に会えてとてもうれしかったです。　＊ be glad to do「～してうれしい」

_____

normalPart
12

to
不定詞

リスニング問題の音声 🎧 12−4_Part 12テスト
トレーニング用の音声 ▶ Part 12−4まとめ

1回目	月	日	／100点	
2回目	月	日	／100点	
3回目	月	日	／100点	

to不定詞
まとめテスト

答えは別冊41ページ

1 🎧 音声をよく聞いて、[ ] 内に入る適切なものを選びましょう。

[各2点、計16点]

（1）I like [read / to read] books.

（2）My dream is [be / to be] a nurse. ＊nurse「看護師」

（3）Hiroshi found it difficult [go / to go] to Gifu today.

（4）I had a lot of things [do / to do] yesterday. ＊thing「こと、もの」

（5）He had nothing [drink / to drink].

（6）Mr. Okamoto had no time [eat / to eat] in the restaurant.

（7）She went to the station [see / to see] her friend.

（8）We were very surprised [hear / to hear] that. ＊ここでのthatは「その話」という
意味で使われています。

2 🎧 音声をよく聞いて、英文をすべて書きとりましょう。[各3点、計24点]

（1）＿＿＿＿＿＿＿＿＿＿＿＿＿＿＿＿＿＿＿＿＿＿＿＿＿＿＿＿＿

（2）＿＿＿＿＿＿＿＿＿＿＿＿＿＿＿＿＿＿＿＿＿＿＿＿＿＿＿＿＿

（3）＿＿＿＿＿＿＿＿＿＿＿＿＿＿＿＿＿＿＿＿＿＿＿＿＿＿＿＿＿

（4）＿＿＿＿＿＿＿＿＿＿＿＿＿＿＿＿＿＿＿＿＿＿＿＿＿＿＿＿＿

（5）＿＿＿＿＿＿＿＿＿＿＿＿＿＿＿＿＿＿＿＿＿＿＿＿＿＿＿＿＿

（6）＿＿＿＿＿＿＿＿＿＿＿＿＿＿＿＿＿＿＿＿＿＿＿＿＿＿＿＿＿

（7）＿＿＿＿＿＿＿＿＿＿＿＿＿＿＿＿＿＿＿＿＿＿＿＿＿＿＿＿＿

（8）＿＿＿＿＿＿＿＿＿＿＿＿＿＿＿＿＿＿＿＿＿＿＿＿＿＿＿＿＿

3 ✏️ [ ] 内の単語や語句を並べかえて、英文を作りましょう。[各3点、計24点]

（1）野球をすることは、私にとっておもしろいです。

[To play / baseball / fun / is] for me. ＊fun「おもしろいこと」

＿＿＿＿＿＿＿＿＿＿＿＿＿＿＿＿＿＿＿＿＿＿ for me.

（2）スズキさんの計画は、来月アメリカに行くことです。

[to go / Mr. Suzuki's plan / to the U.S. / is / next month]. ＊the U.S.「アメリカ」

＿＿＿＿＿＿＿＿＿＿＿＿＿＿＿＿＿＿＿＿＿＿＿ .

（3）彼女には、今日するべき仕事がたくさんあります。
［ today / to do / has / a lot of / She / jobs ］.

_____.

（4）アダムは、今日はそのお店に行く時間がありません。
［ Adam / to go / today / has / no time / to the store ］.

_____.

（5）私はそのレストランに行った最初の人でした。
［ the first person / to the restaurant / I / to go / was ］.

_____.

（6）オカダさんはそのお店に T シャツを買いに行きました。
［ a T-shirt / went to / Mr. Okada / the shop / to buy ］.

_____.

（7）彼女は彼女のお姉さんに会えなくてとても残念がっていました。
［ not to see / She / was / her sister / very sorry ］.

_____.

（8）あの子役（child actor）は成長して、有名な俳優になりました。
［ grew up / a famous actor / That child actor / to be ］.

_____.

4 ✎ 日本語の文を英語の文にしましょう。［各4点、計36点］

（1）彼は車を運転する（drive a car）ことが好きです。

_____

（2）アキト（Akito）の夢（dream）は、いつか（someday）東京ドーム（Tokyo Dome）に行くことです。

_____

（3）彼女は、来月沖縄に行くことは難しいとわかりました。

_____

（4）あなたには読むべき書類がたくさんあります。　＊ document「書類」

_____

（5）コウタ（Kota）にはケニー（Kenny）に何か話すべきことがあります。

_____

（6）ナミ（Nami）は、今日は朝ごはん（breakfast）を食べる時間がありませんでした。

_____

（7）私は今日、あなたに会うために、そのお店に行くつもりです。（will を使って）

_____

（8）彼はその試合（the game）を見ることができなくてとても残念がっていました。

_____

（9）彼女は今日、彼に会えてとてもよろこんでいました。

_____

Lesson

1 過去進行形の肯定文

> これだけはおさえよう
> ☑ 過去進行形は「(過去のある時点で) 〜していた」ということを表す
> ☑ 過去進行形は〈be 動詞の was か were ＋動詞の ing 形＋α .〉で作る

〈be動詞の過去形＋動詞のing形＋α.〉で表す

例 **私はそのときサッカーをしていました。→ I was playing soccer then.**

「(過去のある時点で)〜していた」ことを表すには、〈**be 動詞の過去形である was もしくは were ＋動詞の ing 形＋α .**〉を使います。I was playing soccer then. は、「そのとき（＝過去のある時点）、その瞬間にサッカーをしていた」とい

うことを表す表現です。これを**過去進行形**と呼びます。be 動詞は過去形を使うため、was か were のいずれかを主語にあわせて使うことになります。

　過去進行形では then「そのとき」や、at that time「その時点で」のような、過去の一時点を表す表現を一緒に使うことがあります。

例 **あなたはその自転車に乗っていました。→ You were riding the bike.**

　この過去進行形の文を「あなたはその自転車に乗りました」という過去形の文にするときは、**be 動詞を外して動詞の ing 形を過去形にします**。

　were riding を rode「乗った」にすると、You rode the bike. という英文になります。過去形の動詞は主語の人称などに左右されないので、常に 1 つのカタチに決まります。

プラスアルファ解説　〈過去進行形＋接続詞when〉の文

例 **私がユウジロウを訪ねたとき、彼は英語の勉強をしていました。**

　→ **Yujiro was studying English when I visited him.**

　when は「〜するとき」という意味の接続詞です。**接続詞は〈主語＋動詞＋α〉のカタマリ（＝節と呼びます）をつなげる役割を果たします**。この例文では Yujiro was studying English. という文（＝節）と I visited him. という文（＝節）を when がつないでいます。when はその後ろに続く文にかかるので、when I visited him は「私が彼を訪ねたとき」という意味になります。when を使って 2 つの節をつないでいる文は、when 以下の英文を先に訳し、「〜する（した）とき…していた」とするといいでしょう。

🎧 **リスニング（選択問題）** ーーーーーーーーーーーーーー 🎧 13-1-1 練習

音声をよく聞いて、[　]内に入る適切なものを選びましょう。

（1）I [sang / was singing] a song then.　＊ sang「歌った」

（2）You [went / were going] to the hospital.　＊ hospital「病院」

（3）Chelsea [came / was coming] to my house at that time.　＊ came「来た」

🎧 **リスニング**　音声をよく聞いて、英文をすべて書きとりましょう。🎧 13-1-2 練習

（4）＿＿＿＿＿＿＿＿＿＿＿＿＿＿＿＿＿＿＿＿＿＿＿＿＿＿＿＿＿

（5）＿＿＿＿＿＿＿＿＿＿＿＿＿＿＿＿＿＿＿＿＿＿＿＿＿＿＿＿＿

（6）＿＿＿＿＿＿＿＿＿＿＿＿＿＿＿＿＿＿＿＿＿＿＿＿＿＿＿＿＿

✏️ **並べかえ問題**　[　]内の単語や語句を並べかえて、英文を作りましょう。

（7）ケニーはそのペンを使っていました。[using / Kenny / was / the pen].

＿＿＿＿＿＿＿＿＿＿＿＿＿＿＿＿＿＿＿＿＿＿＿＿＿＿＿＿＿ .

（8）ナガタさんはそのとき、千葉に向かっていました。
[going / Mr. Nagata / to Chiba / was / at that time].

＿＿＿＿＿＿＿＿＿＿＿＿＿＿＿＿＿＿＿＿＿＿＿＿＿＿＿＿＿ .

（9）私が彼女に電話したとき、彼女は本を読んでいました。
[was reading / called / She / a book / when / I / her].

＿＿＿＿＿＿＿＿＿＿＿＿＿＿＿＿＿＿＿＿＿＿＿＿＿＿＿＿＿ .

✏️ **英作文**　日本語の文を英語の文にしましょう。

（10）彼はそのとき（then）、ピアノを弾いていました。

＿＿＿＿＿＿＿＿＿＿＿＿＿＿＿＿＿＿＿＿＿＿＿＿＿＿＿＿＿

（11）ザック（Zack）はその公園を走っていました。

＿＿＿＿＿＿＿＿＿＿＿＿＿＿＿＿＿＿＿＿＿＿＿＿＿＿＿＿＿

（12）私がヒロシ（Hiroshi）を見かけた（saw）とき、彼はジム（the gym）に
向かっていました。

＿＿＿＿＿＿＿＿＿＿＿＿＿＿＿＿＿＿＿＿＿＿＿＿＿＿＿＿＿

Part
13

過去進行形

Lesson

2 過去進行形の否定文

これだけはおさえよう
- ☑ 過去進行形の否定文は「〜しているところではなかった」という意味を表す
- ☑ 過去進行形の否定文は〈was もしくは were + not +動詞の ing 形+α.〉を使って作る

〈be動詞の過去形 + not +動詞のing形 + α.〉を使って否定文を作る

例 私はそのとき、バスケットボールをしていませんでした。

→ I was not playing basketball then.

過去進行形の否定文は〈was もしくは were + not +動詞の ing 形+α.〉を使って作り、「過去のある時点でそのようなことはやっていなかった」ということを表します。

この例文は I wasn't playing basketball then. のように短縮形を使って表すこともできますし、主語が You であれば You were not（weren't）playing basketball then. に、主語が She であれば She was not（wasn't）playing basketball then. になります。

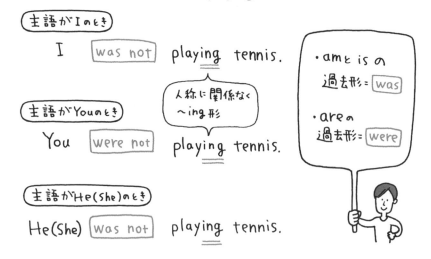

例 彼女はそのとき、ラジオを聞いていませんでした。

→ She wasn't listening to the radio at that time.

過去進行形は be 動詞を使う文なので、**否定文を作るときは〈was か were + not〉を使います**。be 動詞を使う文は、肯定文、否定文、そして疑問文のいずれを作る場合も、文の構成要素を並べるパターンは同じです。

過去進行形は、過去のある時点で行われていた動作を表します。I played baseball yesterday. は、単に「昨日野球をした」という事実を伝えているだけですが、I was playing baseball then. になると、「そのとき野球をしていた」と、過去の一時点に動きがあったことを感じられる文になります。

リスニング（選択問題）──────────────────── 🎧 13 - 2 - 1 練習

音声をよく聞いて、[　]内に入る適切なものを選びましょう。

（1）I [didn't sing / wasn't singing] a song then.

（2）I [didn't go / wasn't going] to the hospital.

（3）Chelsea [didn't come / wasn't coming] to your house at that time.

リスニング　音声をよく聞いて、英文をすべて書きとりましょう。🎧 13 - 2 - 2 練習

（4）＿＿＿＿＿＿＿＿＿＿＿＿＿＿＿＿＿＿＿＿＿＿＿＿

（5）＿＿＿＿＿＿＿＿＿＿＿＿＿＿＿＿＿＿＿＿＿＿＿＿

（6）＿＿＿＿＿＿＿＿＿＿＿＿＿＿＿＿＿＿＿＿＿＿＿＿

並べかえ問題　[　]内の単語や語句を並べかえて、英文を作りましょう。

（7）ケニーはその机を使っていませんでした。[using / Kenny / wasn't / the desk].

＿＿＿＿＿＿＿＿＿＿＿＿＿＿＿＿＿＿＿＿＿＿＿＿＿.

（8）ナカニシさんはそのとき、千葉に向かっていませんでした。

[going / Mr. Nakanishi / to Chiba / wasn't / at that time].

＿＿＿＿＿＿＿＿＿＿＿＿＿＿＿＿＿＿＿＿＿＿＿＿＿.

（9）私がヨウコに電話したとき、彼女は雑誌を読んでいませんでした。

[wasn't reading / called / Yoko / a magazine / when / I / her].

＿＿＿＿＿＿＿＿＿＿＿＿＿＿＿＿＿＿＿＿＿＿＿＿＿.

英作文　日本語の文を英語の文にしましょう。

（10）あなたはそのとき（then）、バイオリンを弾いているところではありませんでした。

（11）ジョーンズさん（Mr. Jones）はその公園を走っているところではありませんでした。

（12）私がテツヤ（Tetsuya）を見かけたとき、彼はジムに向かっているところではありませんでした。

＿＿＿＿＿＿＿＿＿＿＿＿＿＿＿＿＿＿＿＿＿＿＿＿＿

Lesson
3 過去進行形の疑問文

これだけはおさえよう
☑ 過去進行形の疑問文は「〜しているところでしたか？」という意味になる
☑ 過去進行形の疑問文は〈Was もしくは Were ＋主語＋動詞の ing 形＋α ?〉で作り、〈Yes, 主語 ＋ was もしくは were.〉か〈No, 主語 ＋ was もしくは were ＋ not.〉で応答する

〈be動詞の過去形 ＋ 主語 ＋ 動詞のing形＋ α ?〉で疑問文を作る

例 あなたはそのとき、野球をしていましたか？

　－はい、していました。／いいえ、していませんでした。

　→ Were you playing baseball then? － Yes, I was. / No, I wasn't.

　過去進行形の疑問文は〈Was もしくは Were ＋主語＋動詞の ing 形＋α ?〉を使って表し、「（過去のある時点で）〜しているところでしたか？」ということを相手にたずねる文です。過去進行形は be 動詞を必ず使うので、**疑問文の作りかたは be 動詞の疑問文の作りかたと同じです。**

例 シライさんはラジオを聞いているところでしたか？

　－はい、そうでした。／いいえ、違いました。

　→ Was Ms. Shirai listening to the radio? － Yes, she was. ／ No, she wasn't.

　過去進行形の疑問文には、〈Yes, 主語 ＋ was もしくは were.〉か〈No, 主語 ＋ was もしくは were ＋ not.〉で応答します。

例 私がコウタに電話をかけたとき、彼はギターを弾いているところでしたか？

　－はい、そうでした。／いいえ、違いました。

　→ Was Kota playing the guitar when I called him?

　　－ Yes, he was. / No, he wasn't.

　接続詞の when「〜するとき」からはじまる節が「過去のある時点」を表していて、その時点で「〜をしていたのか」をもう１つの節でたずねるパターンです。この場合は**疑問文の節を先にして、when からはじまる節は後ろに続くようにすると、自然な感じになります。**

練習問題

音声をよく聞いて、[　] 内に入る適切なものを選びましょう。

（1）Were you [sang / singing] a song then? – Yes, I [did / was].

（2）Were you [went / going] to the hospital? – No, I [didn't / wasn't].

（3）Was Chelsea [came / coming] to your house at that time?
　　– Yes, she [did / was].

リスニング　音声をよく聞いて、英文をすべて書きとりましょう。　13-3-2 練習

（4）_____

（5）_____

（6）_____

並べかえ問題　[　] 内の単語や語句を並べかえて、英文を作りましょう。

（7）ケニーはその机を使っているところでしたか？ – はい、そうでした。
　　[using / Kenny / Was / the desk]? – Yes, he was.

　　_____ ?

（8）ナガタさんはそのとき、千葉に向かっているところでしたか？ – はい、そうでした。
　　[going / Mr. Nagata / to Chiba / Was / at that time]? – Yes, he was.

　　_____ ?

（9）私が彼女に電話したとき、彼女は何を読んでいるところでしたか？
　　– 彼女は雑誌を読んでいるところでした。
　　[was / reading / called / she / What / when / I / her]?
　　– She was reading a magazine.

　　_____ ?

英作文　日本語の文を英語の文にしましょう。

（10）彼はそのとき（then）、ピアノを弾いているところでしたか？
　　　– いいえ、違いました。

　　_____ –

（11）私がヒロシ（Hiroshi）を見かけたとき、彼はジムに向かっているところでしたか？
　　　– はい、そうでした。

　　_____ –

（12）彼女はその公園を走っているところでしたか？ – はい、そうでした。

　　_____ –

Part
13

過去進行形

Part 13

リスニング問題の音声 🎧 13 - 4_Part 13テスト
トレーニング用の音声 ▶ Part 13 - 4まとめ

1回目	月	日	／100点
2回目	月	日	／100点
3回目	月	日	／100点

過去進行形
まとめテスト

答えは別冊42ページ

1 🎧 音声をよく聞いて、[　]内に入る適切なものを選びましょう。

[各2点、計16点]

（1）I [used / was using] the dictionary then.

（2）Alexa [came / was coming] here at that time.

（3）I [didn't drive / wasn't driving] the car then.　＊drive「運転する」

（4）You [didn't go / weren't going] there when I saw you.

（5）Cathy [didn't climb / wasn't climbing] the mountain at that time.

（6）Were you [cleaned / cleaning] the room then? – Yes, I [did / was].

（7）Was Shinsuke [went / going] to Osaka when I saw him? – Yes, he [did / was].

（8）Was she [came / coming] to the restaurant at that time? – No, she [didn't / wasn't].

2 🎧 音声をよく聞いて、英文をすべて書きとりましょう。[各3点、計24点]

（1）_____

（2）_____

（3）_____

（4）_____

（5）_____

（6）_____

（7）_____

（8）_____

3 ✏️ [　]内の単語や語句を並べかえて、英文を作りましょう。[各3点、計24点]

（1）私はそのとき、その本を読んでいました。[reading / I / was / the book / then].

_____.

（2）彼女はそのとき、仙台に向かっていました。
　　[going / She / to Sendai / was / at that time].

_____.

（3）彼がエマに電話したとき、彼女は音楽を聞いていました。

[was listening / called / Emma / to music / when / he / her].

_____.

（4）レスナーさんはその消しゴムを使っていませんでした。

[using / Mr. Lesnar / wasn't / the eraser].

_____.

（5）クシダさんはそのとき、日本に向かっていませんでした。

[going / Mr. Kushida / to Japan / wasn't / then].

_____.

（6）彼が私に電話したとき、私はテレビを見ていませんでした。

[wasn't watching / called / I / TV / when / me / he].

_____.

（7）ヤノさんはそのイスを使っていましたか？ － はい、使っていました。

[using / Mr. Yano / Was / the chair]? – Yes, he was.

_____?

（8）あなたはそのとき、札幌に向かっているところでしたか？ － はい、そうでした。

[going / you / to Sapporo / Were / at that time]? – Yes, I was.

_____?

4 ✏️ 日本語の文を英語の文にしましょう。[各4点、計36点]

（1）彼女はそのとき（then）、テニスをしていました。

（2）私はそのレストランに向かっていました。

（3）私が駅で（at the station）彼女を見かけたとき、
　　　彼女は名古屋に向かっていました。

（4）彼女はそのとき（then）、バイオリンを弾いていませんでした。

（5）彼女はその公園を歩いていませんでした。

（6）私が彼を見かけたとき、彼は学校に向かっているところではありませんでした。

（7）彼女はそのとき（then）、バイオリンを弾いていましたか？
　　　－ はい、弾いていました。

（8）あなたは湖で泳いでいるところでしたか？ － いいえ、違いました。

（9）あなたが電車の中で（in the train）彼を見かけたとき、
　　　彼は広島に向かっているところでしたか？ － はい、そうでした。

Part 14 受動態

Lesson 1 受動態の肯定文

> これだけはおさえよう
> ☑ 受動態は〈be 動詞＋過去分詞〉で表し、「～される」という意味になる
> ☑ 過去形は be 動詞を was か were にすればよい
> ☑ look at や speak to などのカタマリは、
>   be looked at by や be spoken to by のようにして受動態を作る

〈be動詞＋過去分詞〉で受動態の文を作る

受動態の文は〈be動詞＋過去分詞〉を使って表され、「(主語が)～される」という意味になります。

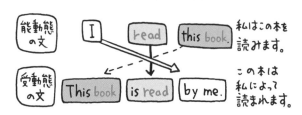

これまで学んできた I read this book.「私はこの本を読みます」といった文は、能動態の文と呼ばれます。能動態の文は、〈主語＋動詞＋目的語＋α.〉の順序で英文を作りますが、受動態の文では、主語と目的語の立場を入れかえ、**動詞の部分を〈be 動詞＋過去分詞（動詞が変化した形の１つ）〉を使って表します**。

例 この自転車はヒロシによって使われます。→ This bike is used by Hiroshi.

be 動詞の後ろにある過去分詞は**「～される・された」という意味**です。また、この文は This bike ＝ used by Hiroshi ということを表していますが、**be used by で「～によって使われる」**と覚えてもいいです。

例 この自転車はヒロシによって使われました。→ This bike was used by Hiroshi.

受動態の過去形は、**be 動詞を was もしくは were にするだけで完成します**。

例 私は先週、ナイトウさんに話しかけられました。

→ I was spoken to by Mr. Naito last week.

speak to「～に話しかける」など前置詞とセットで使う表現を受動態にする場合、**be spoken to のようなカタマリになり、その後ろに〈by ＋動作主〉を置きます**。

＊過去分詞のほとんどは、過去形と同じ形ですが、不規則に変化するものもあります（174 ～ 175ページ参照）。

👆基礎チェック 空いているところに適する単語を入れましょう。

過去分詞	単語の意味	過去分詞	単語の意味
①	される(た)・演奏される(た)	④	研究される(た)
②	使われる(た)	⑤	読まれる(た)
spoken	話される(た)	⑥	書かれる(た)
③	知られる(た)	seen	見られる(た)

練習問題

🎧 14-1-1 練習

🎧 リスニング（選択問題）

音声をよく聞いて、[　　]内に入る適切なものを選びましょう。

（1）The guitar [played / is played] by Kota.

（2）The map [found / was found] by her.

（3）She [spoke / was spoken] to by Mr. Okada at that time.

🎧 リスニング　音声をよく聞いて、英文をすべて書きとりましょう。🎧 14-1-2 練習

（4）_____

（5）_____

（6）_____

✏️ 並べかえ問題　[　　]内の単語や語句を並べかえて、英文を作りましょう。

（7）その車はカズチカによって使われています。

[used / Kazuchika / is / by / The car].

_____.

（8）この部屋は昨日スガバヤシさんによって掃除されました。

[cleaned / Mr. Sugabayashi / This room / was / yesterday / by].

_____.

（9）彼女は先週ホンマさんに話しかけられました。

[last week / spoken to / was / She / Mr. Homma / by].

_____.

✏️ 英作文　日本語の文を英語の文にしましょう。

（10）その猫はヒロム（Hiromu）によって飼われています。　　＊ kept「飼われる」
（keep の過去分詞）

_____

（11）ヒロシ（Hiroshi）は数名の女性（some women）に話しかけられました。

_____

（12）その財布（the wallet）は彼女によって見つけられました。

_____

Part
14
受動態

Lesson
2 受動態の否定文

これだけはおさえよう

☑ 受動態の否定文は〈be 動詞 + not +過去分詞〉を使って表し、「～されない」という意味になる

☑ 受動態の過去形の否定文は be 動詞を wasn't もしくは weren't にすればよい

☑ 助動詞のある受動態の文は、〈助動詞 + be +過去分詞〉を使って作る

〈主語＋be動詞＋not＋過去分詞＋α.〉で否定文を作る

例 この自転車は、ヒロシは使いません。→ This bike isn't used by Hiroshi.

　受動態の否定文は、〈主語 + be 動詞 + not +過去分詞 + α.〉の順序で作ります。日本語に直訳すると「この自転車はヒロシによっては使われません」となりますが、上にある訳のような、わかりやすい表現に置きかえて理解するといいです。

例 この自転車は、ヒロシには使われませんでした。

　→ This bike wasn't used by Hiroshi.

　受動態の過去形の否定文も、be 動詞を wasn't もしくは weren't にするだけで完成します。

例 私はそのパーティーで、ナイトウさんに話しかけられませんでした。

　→ I wasn't spoken to by Mr. Naito at the party.

　speak to「～に話しかける」などの前置詞とセットで使う動詞のカタマリは、カタマリのままで受動態を作ります。そのため be spoken to by のように前置詞が 2 つ連続しますが、これは文法的に正しいので安心してください。

例 あの本を彼女から借りることはできません。

　→ That book can't be borrowed from her.

　助動詞を含む受動態の文は、〈主語 + 助動詞 + be +過去分詞 + α.〉の順序で作ります。この例文は否定文なので、助動詞に not をつけた can't を使っています。また、助動詞の直後の動詞は原形になるので、be 動詞は常に原形の be を使います。

　borrow は「借りる」、from は「～から」という意味です。この例文からわかるように、動作主を表す前置詞の by が必ず〈be 動詞＋過去分詞〉の後ろに置かれるわけではありません。「～によって」の部分である by 以下のない受動態の文もありますし、他の前置詞を使うものもあります。

🎧 リスニング（選択問題）——————————————— 🎧 14-2-1 練習

音声をよく聞いて、[　]内に入る適切なものを選びましょう。

（1）The song [didn't sing / wasn't sung] by Kota.

（2）The map [didn't find / wasn't found] by her.

（3）She [didn't speak / wasn't spoken] to by Mr. Okada at that time.

🎧 リスニング　音声をよく聞いて、英文をすべて書きとりましょう。🎧 14-2-2 練習

（4）_____

（5）_____

（6）_____

✏️ 並べかえ問題　[　]内の単語や語句を並べかえて、英文を作りましょう。

（7）その車は、カズチカは使いません。

[used / Kazuchika / isn't / by / The car].

_____.

（8）この部屋は昨日、スガバヤシさんによって掃除されませんでした。

[cleaned / Mr. Sugabayashi / This room / wasn't / yesterday / by].

_____.

（9）彼女は先週、ホンマさんに話しかけられませんでした。

[last week / spoken to / wasn't / She / Mr. Homma / by].

_____.

✏️ 英作文　日本語の文を英語の文にしましょう。

（10）その猫はヒロム（Hiromu）によって飼われているのではありません。

_____

（11）ヒロシ（Hiroshi）は一人の女性にも（any women）話しかけられませんでした。

_____

（12）その財布は彼女によって見つけられたのではありません。

_____

Part
14

受動態

119

Lesson

3 受動態の疑問文

これだけはおさえよう

☑ 受動態の疑問文は〈be 動詞 + 主語 + 過去分詞 + α ？〉で表し、「～されますか？」という意味になる

☑ 助動詞のある受動態の疑問文は〈助動詞 + 主語 + be + 過去分詞 + α ？〉で表し、Yes, it can. や No, it can't. のように助動詞を使って応答する

be動詞と主語を入れかえて、文末に?を置いて疑問文にする

例 この自転車はヒロシに使われますか？ – はい、使われます。

→ Is this bike used by Hiroshi? – Yes, it is.

受動態の疑問文は be 動詞と主語を入れかえて、文末に ？ を置けば完成します。

質問には Yes か No で応答し、例文では質問文にある this bike が、応答文の中では代名詞の it になっています。

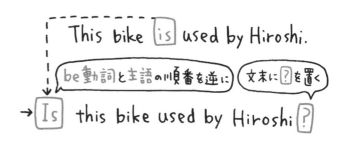

例 この自転車はヒロシに使われましたか？ – いいえ、使われませんでした。

→ Was this bike used by Hiroshi? – No, it wasn't.

受動態の過去形の疑問文も be 動詞を Was もしくは Were にして、後ろに〈主語 + 過去分詞 + α ?〉の順序で続けます。

例 あなたはそのパーティーでナイトウさんに話しかけられましたか？

– はい、話しかけられました。

→ Were you spoken to by Mr. Naito at the party? – Yes, I was.

疑問文を作る場合でも、speak to「～に話しかける」など前置詞とセットで使う動詞のカタマリは、カタマリのまま離さずに受動態を作ります。

例 あの本を彼女から借りることはできますか？ – いいえ、できません。

→ Can that book be borrowed from her? – No, it can't.

助動詞を含む受動態の疑問文は、〈助動詞 + 主語 + be + 過去分詞 + α ?〉の順序で作ります。応答文中の代名詞 it は、質問文の that book を指しています。

練習問題

音声をよく聞いて、[　] 内に入る適切なものを選びましょう。

（1）[Did / Was] the song sung by Kota? – Yes, it [did / was].

（2）[Did / Was] the map found by her? – No, it [didn't / wasn't].

（3）[Did / Was] she spoken to by Mr. Okada at that time? – Yes, she was.

リスニング　音声をよく聞いて、英文をすべて書きとりましょう。🎧 14-3-2 練習

（4）_____

（5）_____

（6）_____

並べかえ問題　[　] 内の単語や語句を並べかえて、英文を作りましょう。

（7）その車はカズチカに使われましたか？ – はい、使われました。

[used / Kazuchika / Was / by / the car]? – Yes, it was.

_____ ?

（8）この部屋は昨日、スガバヤシさんによって掃除されましたか？
　　– いいえ、されませんでした。

[cleaned / Mr. Sugabayashi / this room / Was / yesterday / by]?
– No, it wasn't.

_____ ?

（9）彼女は先週、ホンマさんに話しかけられましたか？ – はい、話しかけられました。

[last week / spoken to / Was / she / Mr. Homma / by]? – Yes, she was.

_____ ?

英作文　日本語の文を英語の文にしましょう。

（10）その猫はヒロム（Hiromu）によって飼われていますか？ – はい、飼われています。

_____ – _____

（11）ヒロシ（Hiroshi）は何人かの女性（any women）に話しかけられましたか？
　　– はい、話しかけられました。

_____ – _____

（12）その財布は彼女によって見つけられたのですか？ – いいえ、違います。

_____ – _____

Part
14
受動態

受動態 まとめテスト

答えは別冊43ページ

1 🔊 音声をよく聞いて、[ ]内に入る適切なものを選びましょう。

[各2点、計16点]

（1）The door [opened / was opened] by her.

（2）The cup [bought / was bought] by my sister.   ＊bought は buy「買う」の
過去形・過去分詞です。

（3）I [spoke / was spoken] to by Mr. Nogami then.

（4）The window [didn't open / wasn't opened] by him.   ＊window「窓」

（5）The map [didn't find / wasn't found] by her.

（6）[Did / Was] the letter written by Kenny? – Yes, it [did / was].

（7）[Do / Is] the dog kept by her? – No, it [doesn't / isn't].

（8）[Did / Were] you laughed at by Taichi? – Yes, I was.   ＊laugh at「〜のことを笑う」

2 🔊 音声をよく聞いて、英文をすべて書きとりましょう。[各3点、計24点]

（1）_____

（2）_____

（3）_____

（4）_____

（5）_____

（6）_____

（7）_____

（8）_____

3 ✏️ [ ]内の単語や語句を並べかえて、英文を作りましょう。[各3点、計24点]

（1）そのバスはイノウエさんによって運転されています。   ＊driven は drive「運転する」の
過去分詞です。
[driven / Mr. Inoue / is / by / The bus].

_____ .

（2）この木は昨日、エルガンさんによって切られました。
[cut / Mr. Elgin / This tree / was / yesterday / by].

_____ .

（３）彼は先月、駅でナカムラさんに話しかけられました。

[last month / spoken to / was / He / Mr. Nakamura / by / at the station].

_____.

（４）そのポット（the pot）は彼女によって使われていません。

[used / her / isn't / by / The pot].

_____.

（５）この台所は昨日、キタムラさんによって掃除されませんでした。

[cleaned / Mr. Kitamura / This kitchen / wasn't / yesterday / by].

_____.

（６）私は今日、ジョーンズさんに話しかけられませんでした。

[today / spoken to / wasn't / I / Mr. Jones / by].

_____.

（７）そのカバンはゴトウさんに使われましたか？ – いいえ、使われませんでした。

[used / Mr. Goto / Was / by / the bag]? – No, it wasn't.

_____?

（８）この建物（this building）は先月、彼らによって掃除されましたか？

[cleaned / them / this building / Was / last month / by]?

_____?

4 🖊 日本語の文を英語の文にしましょう。［各4点、計36点］

（１）その写真は彼女によって撮られました。　　＊「撮る」は take、その過去分詞は taken です。

_____

（２）私は数日前（a few days ago）、数名の人たち（some people）に話しかけられました。

_____

（３）そのラケット（the racket）は彼によって見つけられました。

_____

（４）その鳥（the bird）は彼女によって飼われているのではありません。

_____

（５）彼は昨日、一人の女性にも（any women）話しかけられませんでした。

_____

（６）その本は彼によって見つけられたのではありません。

_____

（７）その鳥はあなたによって飼われていますか？ – いいえ、飼われていません。

_____

（８）あなたは今日、何人かの人たち（any people）に話しかけられましたか？
　　 – はい、話しかけられました。

_____

（９）そのテーブルは彼によって作られたのですか？ – はい、そうです。

　　＊「作る」は make、その過去形と過去分詞は made です。

_____

Lesson

1 完了・結果を表す現在完了形

これだけはおさえよう

☑ 現在完了形は〈have もしくは has ＋過去分詞〉を使って表し、「完了・結果」を表すときは「〜してしまった」や「〜したところだ」という意味になる

☑ 否定文は〈主語＋ haven't（hasn't）＋過去分詞＋α .〉で表す

☑ 疑問文は〈Have（Has）＋主語＋過去分詞＋α ?〉で表す

☑ 現在完了形（完了・結果）では、already「もう・すでに」、just「ちょうど」、yet「まだ・もう」などの副詞が一緒に用いられることが多い

現在完了形は「過去からつながる今の状態」を表す

例 私はすでにその本を読んでしまいました。→ I have already read the book.

have read は「読んでしまった」という意味の現在完了形です。過去形の read は、「読んだ」という過去のある時点における事実を表しますが、have read とすると「過去に読みはじめた本が今の時点で読み終わっている」という、**過去のある時点〜現時点」という2つの時点をつなぐ表現**になります。現在完了形には、「完了・結果」「経験」「継続」を表す用法があり、場面にあわせて使い分けられます。

この文では「その本は（現時点で）読み終わっているから貸してあげてもいい」、「読み終わっているから内容がわかる」などのニュアンスを伝えています。

また、already は「すでに」という意味の副詞で、have read を説明しています。**already を置く位置は have（主語が3人称単数の場合は has）と過去分詞の間になります。**

例 ヒロシはちょうどその仕事を終えたところです。

→ **Hiroshi has just finished the job.**

just は「ちょうど」という意味の副詞です。**この文は「ちょうど仕事を終えたから現時点では時間があります」などのニュアンスを伝えています。**

例 私はまだその仕事を終えていません。→ I haven't finished the job yet.

現在完了形の否定文は、〈have（has）not ＋過去分詞〉を使って表します。have（has）not の部分は haven't（hasn't）という短縮形で表すこともできます。文末にある yet は、否定文では「まだ」、疑問文では「もう」という意味になる副詞です。

例 あなたはもうその仕事を終えましたか？

－はい、終えました。／いいえ、終えていません。

→ **Have you finished the job yet? － Yes, I have. / No, I haven't.**

現在完了形の疑問文は、〈**Have（Has）＋主語＋過去分詞＋α ?**〉の順序で作り、〈**Yes, 主語＋ have（has）.**〉か〈**No, 主語＋ haven't（hasn't）.**〉で応答します。

🎧 **リスニング（選択問題）**━━━━━━━━━━━━━━ 🎧 15-1-1 練習

音声をよく聞いて、[　]内に入る適切なものを選びましょう。

（1）They [already spent / have already spent] all their money.

（2）They [didn't spend / haven't spent] all their money yet.

（3）Have they [spend / spent] all their money yet? – Yes, they [do / have].

🎧 **リスニング**　音声をよく聞いて、英文をすべて書きとりましょう。🎧 15-1-2 練習

（4）_____

（5）_____

（6）_____

✏️ **並べかえ問題**　[　]内の単語や語句を並べかえて、英文を作りましょう。

（7）彼女は宿題をすでに終えてしまいました。

[finished / She / has / her homework / already].

_____ .

（8）彼女はまだ宿題を終えていません。

[finished / She / hasn't / her homework / yet].

_____ .

（9）彼女はもう宿題を終えましたか？ – いいえ、まだ終えていません。

[finished / she / Has / her homework / yet]? – No, she hasn't.

_____ ?

✏️ **英作文**　日本語の文を英語の文にしましょう。

（10）ナカニシさん（Mr. Nakanishi）はすでに朝食を食べました。

_____

（11）ナカニシさんはまだ朝食を食べていません。

_____

（12）ナカニシさんはもう朝食を食べましたか？ – はい、食べました。

_____ – _____

Lesson

2 経験を表す現在完了形

これだけはおさえよう

☑ 「経験」を表す現在完了形は「～したことがある」という意味を持つ

☑ 否定文は〈主語＋ have（has）＋ never ＋過去分詞＋ α .〉で表し、
疑問文は〈Have（Has）＋主語＋過去分詞＋ α ?〉で表す

☑ once や never のような、回数や頻度などを表す副詞を一緒に使うことが多い

「～したことがある」と伝えたいときに使う現在完了形

例 私は札幌を１回訪れたことがあります。→ I have visited Sapporo once.

have visited で「訪れたことがある」という意味になります。文末の once は「１回」という意味の副詞です。**現在完了形の「経験」を表す文では、以下のような「回数や頻度などを表す副詞」を一緒に使うことが多いです。**

語句	語句の意味	語句	語句の意味
once	１回	before	以前に
twice	２回	ever	今までに
three times	３回	never	１度もない
many times	何回も	often	しばしば

例 あなたは今までに札幌を訪れたことがありますか？

－はい、あります。／いいえ、ありません。

→ **Have you ever visited Sapporo? － Yes, I have. / No, I haven't.**

ever は疑問文中で過去分詞の前に置かれ、「今までに」という意味を文に添えています。

例 私は札幌を訪れたことが１度もありません。→ I have never visited Sapporo.

現在完了形の「経験」を表す文を否定文にするときは、notの代わりにneverを置いて「１度もない」という内容にします。

例 私は札幌に何回も行ったことがあります。

→ **I have been to Sapporo many times.**

例 彼は札幌に行ってしまいました。→ **He has gone to Sapporo.**

have been to は「～に行ったことがある」という「経験」を表し、have visited とほぼ同じような意味になります。一方 have gone to は「～に行ってしまった（今、ここにはいない）」という「完了・結果」を表します。

🎧 リスニング（選択問題）──────────────── 🎧 15-2-1 練習

音声をよく聞いて、[　]内に入る適切なものを選びましょう。

（1）Mr. Naito [visits / has visited] Spain many times.

（2）Has Mr. Naito [visit / visited] Spain many times? – Yes, he [does / has].

（3）Mr. Naito [doesn't visit / has never visited] Canada.

🎧 リスニング　音声をよく聞いて、英文をすべて書きとりましょう。🎧 15-2-2 練習

（4）_____

（5）_____

（6）_____

✏️ 並べかえ問題　[　]内の単語や語句を並べかえて、英文を作りましょう。

（7）私はその本を以前読んだことがあります。[read / I / have / before / the book].

_____.

（8）私はその本を1度も読んだことがありません。

[read / I / have / never / the book].

_____.

（9）あなたはその本を以前読んだことがありますか？
　　　－はい、3回読んだことがあります。

[read / you / Have / ever / before / the book]?

－Yes, I have read it three times.

_____?

✏️ 英作文　日本語の文を英語の文にしましょう。

（10）私はそこに何回も行ったことがあります。

_____

（11）彼女は彼に以前会ったことがあります。

_____

（12）あなたは今までにその国を訪れたことがありますか？ －はい、2回あります。

_____ － _____

Lesson
3 継続を表す現在完了形

これだけはおさえよう
- ☑ 「継続」を表す現在完了形は「ずっと〜している」という意味を持つ
- ☑ 否定文は〈主語＋ haven't（hasn't）＋過去分詞＋α .〉で表し、
  疑問文は〈Have（Has）＋主語＋過去分詞＋α ?〉で表す
- ☑ how long や since、for のような期間に関係する表現を一緒に使うことが多い

「ずっと〜している」ことを表す現在完了形

例 私はこのノートパソコンを5年間使っています。

→ **I have used this laptop for five years.**

have used で「ずっと使っている」という意味になります。文末の for five years は「5年の間」という意味です。現在完了形の「継続」を表す文では、for「〜の間」や since「〜（して）以来」などの表現を一緒に使うことが多いです。

例 あなたはこの自転車をどのくらいの間使っていますか？

－私はそれを中学生だったころからずっと使っています。

→ **How long have you used this bike?**

　　－ **I have used it since I was a junior high school student.**

How long は「どのくらいの間」という意味で、疑問文の文頭に置いて期間をたずねるときに使います。応答文にある since「〜（して）以来」は、後ろに「過去のある時点を表す表現」や、〈主語＋動詞（過去形）＋α〉を置くことができます。

例 ナイトウさんは3日間ずっと忙しいです。

→ **Mr. Naito has been busy for three days.**

例 ナイトウさんはメキシコに来て以来ずっと忙しいです。

→ **Mr. Naito has been busy since he came to Mexico.**

be 動詞や know「知っている」、live「住んでいる」などの動詞は、すべて「状態」を表す動詞です。これらを現在完了形にすると、過去のある時点から現在まで「ずっと〜な状態だ」ということを表せます。

例 彼女はずっとあなたに会いたいと思っています。

→ **She has always wanted to see you.**

always「ずっと」も「継続」を表す現在完了形で使う表現です。want to do は「〜したい」という意味の表現で、has always wanted to see は「ずっと会いたいと思っている」という意味になります。

練習問題

🎧 **リスニング（選択問題）** ────────────────── 🎧 15-3-1 練習

音声をよく聞いて、[　]内に入る適切なものを選びましょう。

（1）[Do / Have] you [live / lived] in Tokyo for three years?

（2）I [live / have lived] in Tokyo for ten years.

（3）He has [always / sometimes] wanted to meet your brother.

🎧 **リスニング**　音声をよく聞いて、英文をすべて書きとりましょう。🎧 15-3-2 練習

（4）_____

（5）_____

（6）_____

✏️ **並べかえ問題**　[　]内の単語や語句を並べかえて、英文を作りましょう。

（7）あなたはどのくらいの間この店で働いていますか？
　　－私はここで2年間働いています。

[at this shop / How long / you / have / worked]?
－ I have worked here for two years.

_____?

（8）私はこの本を昨日からずっと読んでいます。

[this book / I / read / have / yesterday / since].

_____.

（9）バンクスさんは東京に来て以来ずっと、とても忙しいです。

[very busy / Tokyo / since / she / Ms. Banks / has been / came to].

_____.

✏️ **英作文**　日本語の文を英語の文にしましょう。

（10）私はこの町に（in this town）3年間住んでいます。

_____

（11）あなたはどのくらいの間イギリス（the U.K.）に滞在していますか？
　　－私はここに1年間滞在しています。　＊stay「滞在する」

_____ － _____

（12）彼女はその猫を高校生だったころからずっと飼っています。

_____

Part
15
現在完了形

Lesson 4 現在完了進行形の肯定文

これだけはおさえよう

☑ 現在完了進行形は〈have(has) + been +動詞の ing 形〉を使って表し、「ずっと～し続けている（している）」という意味を持つ

☑ 継続を表す現在完了形が「状態の継続」を表すのに対し、現在完了進行形は「動作の継続」を表す

「過去から続いている動作」を表す現在完了進行形

例 私は今朝からずっとケンタを待っています。

→ I have been waiting for Kenta since this morning.

have been waiting で「ずっと待っている」という意味になります。現在完了進行形〈have(has) + been +動詞の ing 形〉にすることで、「今朝『待つ』という動作をはじめて、今もまだ続けている」ということを表しています。

「ずっと」とありますが、途中で一時的に休憩を挟むなど、断続的な動作を表すときでも現在完了進行形を使うことができます。

例 私は 2 時間ずっと忙しいです。

→ I have been busy for two hours.

例 私は 2 時間ずっと夕食を作っています。

→ I have been cooking dinner for two hours.

継続を表す現在完了形と現在完了進行形のどちらも「ずっと～している」という意味になりますが、2 つにはちがいがあります。継続を表す現在完了形は、過去から現在まで「ある状態が続いていること」を表しますが、現在完了進行形は、過去から現在まで「ある動作が続いていること」を表します（ただし、長期にわたって続く動作については、継続を表す現在完了形が使われることもあります）。

練習問題

音声をよく聞いて、［　］内に入る適切なものを選びましょう。

（1）Kota ［ has played / has been playing ］ soccer since this morning.

（2）We ［ are studying / have been studying ］ English for four years.

（3）Hiroyoshi ［ has looked for / has been looking for ］ his watch since last night.

🦻 リスニング　音声をよく聞いて、英文をすべて書きとりましょう。🎧 15-4-2 練習

（4）_____

（5）_____

（6）_____

✏️ 並べかえ問題　［　］内の単語や語句を並べかえて、英文を作りましょう。

（7）ナツミは1時間ずっとテレビを見ています。

［ TV / been / Natsumi / watching / for / has ］ an hour.

_____ an hour.

（8）ナカニシさんは10時からずっとテニスを練習しています。

［ tennis / has / practicing / Mr. Nakanishi / been / since ］ ten o'clock.

_____ ten o'clock.

（9）私は3歳のときからずっとピアノを弾いています。

［ have / since / the piano / playing / been / I ］ I was three.

_____ I was three.

✏️ 英作文　日本語の文を英語の文にしましょう。

（10）私たちは2時間ずっと歩いています。（7語で）

_____

（11）アベさん（Ms. Abe）は8時からずっと自分の部屋を掃除しています。（9語で）

_____

（12）ミノル（Minoru）はこのプールに来てからずっと泳いでいます。（10語で）

_____

Part
15

現在完了形

Lesson
5 現在完了進行形の疑問文・「ずっと～していない」を表す文

これだけはおさえよう
- ☑ 現在完了進行形の疑問文は〈Have（Has）＋主語＋ been ＋動詞の ing 形 ＋ α ?〉の形で表す
- ☑ 現在完了進行形の疑問文には〈Yes, ＋主語＋ have（has）.〉か〈No, ＋主語 ＋ haven't（hasn't）.〉で応答する
- ☑「ずっと～していない」という否定の意味は、原則として現在完了形の否定文 で表す

疑問文は主語の前にHave（Has）、文末に？を置く

例 彼らは何時間もテレビゲームをしているのですか？

　－はい、しています。/ いいえ、していません。

　→ Have they been playing video games for hours?

　　－ Yes, they have. / No, they haven't.

「ずっと～しているのですか？」とたずねる現在完了進行形の疑問文は〈Have（Has）＋ 主語＋ been ＋動詞の ing 形＋ α ?〉の形で表します。この疑問文には〈Yes, ＋主語＋ have（has）.〉もしくは〈No, ＋主語＋ haven't（hasn't）.〉で応答します。

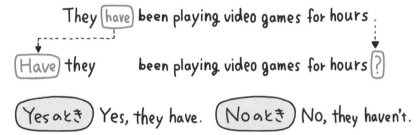

例 彼らはどのくらいの間テレビゲームをしているのですか？－ 3 時間ほどです。

　→ How long have they been playing video games? － For about three hours.
　〈How long ＋ have（has）＋主語＋ been ＋動詞の ing 形＋ α ?〉を使うと「どのくら いの間～していますか？」という意味の文になります。答えるときは、for ～や since ～と いった期間を意味する表現を使います。

例 彼は先月からずっとテレビゲームをしていません。

　→ He hasn't played video games since last month.

「ずっと～している」など、動作の継続を表す場合には現在完了進行形を使いますが、 「ずっと～していない」という否定の意味を表す場合は、原則として現在完了形の否定文で 表します。

🦻 リスニング（選択問題）————————————————— 🎧 15-5-1 練習

音声をよく聞いて、[ ]内に入る適切なものを選びましょう。

（1）[Are / Have] you been working at this library for a long time?
　　– Yes, I [am / have].

（2）How long [is / has] she [talking / been talking] with her friends?
　　– For two hours.

（3）It [hasn't rained / hasn't been raining] since last month.

🦻 リスニング　音声をよく聞いて、英文をすべて書きとりましょう。🎧 15-5-2 練習

（4）_____

（5）_____

（6）_____

✏️ 並べかえ問題　[ ]内の単語や語句を並べかえて、英文を作りましょう。

（7）アスカは２時間ずっとパイを作り続けているのですか？
　　[making / been / a pie / Asuka / for / Has] two hours?

_____ two hours?

（8）バンクスさんはどのくらいの間その映画を見ているのですか？
　　[the movie / has / long / watching / Ms. Banks / been / How]?

_____ ?

（9）私は起きてからずっと何も食べていません。
　　[anything / I / eaten / since / haven't] I got up.

_____ I got up.

✏️ 英作文　日本語の文を英語の文にしましょう。

（10）あなたは今朝（this morning）からずっと写真を撮っているのですか？（8語で）
　　　– いいえ、撮っていません。（3語で）

_____ – _____

（11）エマ（Emma）はどのくらいの間勉強しているのですか？（6語で）– 3時間です。（3語で）

_____ – _____

（12）マイク（Mike）は昨年からずっと野球をしていません。（7語で）

_____

リスニング問題の音声 🎧 15−6_Part 15テスト
トレーニング用の音声 ▶ Part 15−6まとめ

1 回目	月 日	／100点
2 回目	月 日	／100点
3 回目	月 日	／100点

現在完了形 まとめテスト

答えは別冊44ページ

1 🦻 音声をよく聞いて、[ ]内に入る適切なものを選びましょう。

[各2点、計16点]

(1) I [already have / have already had] lunch today.

(2) I [didn't have / haven't had] dinner yet.

(3) Mr. Tanahashi [visits / has visited] the U.S. three times.

(4) Has Mr. Tanahashi [visit / visited] the U.S. many times? – No, he [doesn't / hasn't].

(5) [Do / Have] you [stay / stayed] in Kobe for three days?

(6) I [stay / have stayed] in Kobe for ten days.

(7) They [are watching / have been watching] TV for an hour.

(8) Have you [practiced / been practicing] tennis since this morning?
– Yes, I [do / have].

2 🦻 音声をよく聞いて、英文をすべて書きとりましょう。 [各3点、計24点]

(1) _____

(2) _____

(3) _____

(4) _____

(5) _____

(6) _____

(7) _____

(8) _____

3 ✏️ [ ]内の単語や語句を並べかえて、英文を作りましょう。[各3点、計24点]

(1) 彼はその雑誌をすでに読み終えてしまいました。

[finished reading / He / has / the magazine / already]. 　＊finish reading ～
「～を読み終える」

_____ .

(2) 彼はもうその仕事を終えましたか？ – いいえ、まだ終えていません。

[finished / he / Has / the job / yet]? – No, he hasn't.

_____ ?

（3）彼女はその雑誌を1度も読んだことがありません。

［ read / She / has / never / the magazine ］.

_____.

（4）あなたはその雑誌を以前読んだことがありますか？ – はい、2回あります。

［ read / you / Have / before / the magazine ］? – Yes, I have read it twice.

_____?

（5）私たちは子どものときからずっとここに住んでいます。

［ here / children / have / since / lived / We / we / were ］.

_____.

（6）あなたはどのくらいの間その車を運転していますか？ – 私は5年間運転しています。

［ How long / you / the car / have / driven ］? – I have driven it for five years.

_____?

（7）カイリはラジオを3時間ずっと聞いています。

［ three hours / been / the radio / Kairi / listening to / has / for ］.

_____.

（8）タグチさんはここに来て以来ずっと歌を歌っているのですか？

［ songs / been / here / since / he / singing / Mr. Taguchi / Has / came ］?

_____?

4 ✍ 日本語の文を英語の文にしましょう。[各4点、計36点]

（1）エンドウさん（Mr. Endo）はすでにそこに到着しました。

_____

（2）エンドウさんはまだそこに到着していません。

_____

（3）エンドウさんはもうそこに到着しましたか？ – いいえ、到着していません。

_____ –

（4）あなたは彼女に以前会ったことがあります。

_____

（5）彼女は今までにそこに行ったことがありますか？ – はい、4回あります。

_____ –

（6）私はその犬を中学生だったころからずっと飼っています。（13語で）

_____

（7）あなたはどのくらいの間その村に（in the village）滞在していますか？（8語で）
　　 – 私はそこに6日間滞在しています。（7語で）

_____ –

（8）ベッキー（Becky）は今朝からずっと読書をしています。（7語で）

_____

（9）私たちは5年間ずっとその部屋を使っていません。（8語で）

_____

Lesson

1 現在分詞の後置修飾

これだけはおさえよう
☑ 現在分詞は形容詞の役割を果たし、名詞を前後から修飾する
☑ 現在分詞（〜している）は単独で前から名詞を修飾し、
〈現在分詞＋α〉のカタマリは後ろから名詞を修飾する

現在分詞は名詞を前後から修飾できる

例 眠っている猫がいます。→ **There is a sleeping cat.**

この例文では**現在分詞（動詞の ing 形）の sleeping「眠っている」**が、**cat が「どのような状態なのか」を前から説明しています。**sleeping は現在分詞ですが、名詞の cat を修飾しているので品詞的には形容詞だと考えてください。

例 ベッドの上で眠っている猫がいます。→ **There is a cat sleeping on the bed.**

sleeping on the bed は「ベッドの上で眠っている」という意味です。〈動詞の ing 形＋α〉のカタマリは名詞を後ろから修飾でき、この文では「猫の状態」を説明しています。

例 ケニーと話をしているその男性は誰ですか？

　－ケニーと話をしているその男性は、イブシさんです。

→ **Who is the man talking with Kenny?**

　－ **The man talking with Kenny is Mr. Ibushi.**

問いかけの文である Who is the man「その男性は誰ですか」の後ろに〈動詞の ing 形＋α〉を置いて、**the man の説明をしています。**どんな男性かというと「ケニーと話をしている」（talking with Kenny）男性です。つまり、**the man talking with Kenny は「ケニーと話をしているその男性」**という意味になります。応答の文ではこの部分がそのまま主語（主部＝主語とそれを修飾する語のカタマリ）になっているので、文の意味を理解するのはあまり難しくはないはずです。

例 公園を歩いているその女性は、ツユキさんです。

　→ **The woman walking in the park is Ms. Tsuyuki.**

英文では「動詞の前までが主語（主部）」なので、ここでは The woman walking in the park までが主語（主部）です。主部は The woman と、それを説明する walking in the park「公園を歩いている」でできていて、「**公園を歩いているその女性は**」という意味になります。それが、is（＝）Ms. Tsuyuki だということです。

練習問題

リスニング（選択問題）

音声をよく聞いて、[　]内に入る適切なものを選びましょう。

（1）Who is the man [read / reading] a newspaper over there?　＊ over there「向こうで」

（2）The man [read / reading] a newspaper over there is Mr. Nagata.

（3）There is a dog [sit / sitting] on the bench.

リスニング　音声をよく聞いて、英文をすべて書きとりましょう。

（4）_____

（5）_____

（6）_____

並べかえ問題　[　]内の単語や語句を並べかえて、英文を作りましょう。

（7）公園で走っている何人かの子どもたちがいました。

[running / There were / in the park / some children].

_____.

（8）そこで眠っている猫が数匹いました。

[sleeping / some cats / there / There were].

_____.

（9）その眠っている猫はダリルです。[sleeping / The / Daryl / is / cat].

_____.

英作文　日本語の文を英語の文にしましょう。

（10）彼女と話をしているその男性は誰ですか？

_____

（11）彼女と話をしているその男性は、ミノル（Minoru）です。

_____

（12）向こうを走っているその女の子は、ミチコ（Michiko）です。

_____

Part
16
後置修飾

Lesson
2 過去分詞の後置修飾

これだけはおさえよう
☑ 過去分詞は形容詞の役割を果たし、**名詞を前後から修飾する**
☑ 過去分詞（〜される〈た〉）は**単独で前から名詞を修飾し、**
〈**過去分詞＋α**〉のカタマリは後ろから名詞を修飾する

過去分詞も形容詞のように名詞を修飾できる

例 これは壊れたドアです。 → This is a broken door.

この例文では**過去分詞の broken「壊された」が、door が「どのような状態なのか」を前から説明しています**。broken は過去分詞ですが、名詞の door を修飾しているので品詞としては形容詞だと考えてください。

例 これはマカベさんによって壊されたドアです。

→ **This is a door broken by Mr. Makabe.**

broken by Mr. Makabe は〈**過去分詞＋α**〉のカタマリで、「マカベさんによって壊された」という意味です。この〈過去分詞＋α〉のカタマリが後ろから「ドアの状態」を説明しています。

例 どれがマツイさんによって書かれた手紙ですか？

－この手紙です。

→ **Which is the letter written by Ms. Matsui?**

－ **This one is.**

問いかけの文である Which is the letter「どれがその手紙ですか」の後ろに〈**過去分詞＋α**〉を置いて、**the letter の説明をしています**。どんな手紙についての話かというと「マツイさんによって書かれた」(written by Ms. Matsui) 手紙です。つまり、**the letter written by Ms. Matsui は「マツイさんによって書かれた手紙」**という意味になります。応答の文ではこの部分がそのまま主語になっており、this one の one は letter のことを表しています。

例 そこでは 3 つの言語が話されています。

→ **There are three languages spoken there.**

There are three languages は「3 つの言語があります」という意味です。spoken there は three languages を説明していて、**「そこで話されている」という意味になります**。英語の語順のままの意味だと「3 つの言語があります→そこで話されている」となり、これをこなれた日本語で表すと上記の訳のようになります。

練習問題

リスニング（選択問題）

音声をよく聞いて、[　]内に入る適切なものを選びましょう。

（1）Can you see the pen [putting / put] on the sofa?　＊sofa「ソファー」

（2）The language [speaking / spoken] there is Spanish.　＊Spanish「スペイン語」

（3）That is a picture [taking / taken] by Ms. Abe.

リスニング　音声をよく聞いて、英文をすべて書きとりましょう。

（4）_____

（5）_____

（6）_____

並べかえ問題　[　]内の単語や語句を並べかえて、英文を作りましょう。

（7）オカさんが買った人形はどれですか？

[the doll / Mr. Oka / bought / Which / is / by]?

_____?

（8）オカさんが買った人形は、あの白い人形です。

[bought / Mr. Oka / The doll / by / is / that white one].

_____.

（9）ここで話されている言語は中国語です。

[Chinese / spoken / here / The language / is].

_____.

英作文　日本語の文を英語の文にしましょう。

（10）テーブルの上に置かれているあの雑誌が見えますか？

_____

（11）キタムラさん（Mr. Kitamura）に飼われている犬はどれですか？

_____

（12）キタムラさんに飼われている犬は、あの大きな犬です。

_____

Part
16

後置修飾

後置修飾 まとめテスト

答えは別冊45ページ

1回目	月	日	/100点
2回目	月	日	/100点
3回目	月	日	/100点

1 👂 音声をよく聞いて、[ ]内に入る適切なものを選びましょう。

[各3点、計18点]

（1） Do you know the woman [buying / bought] a magazine over there?

（2） The girl [walking / walked] across the street is Maria.

＊ walk across the street「通りを歩いて渡る」

（3） There is a cat [sleep / sleeping] under the table.

＊ under「〜の下で」

（4） Do you know the car [buying / bought] by Mr. Naito?

（5） I know the language [speaking / spoken] in Mexico. ＊ Mexico「メキシコ」

（6） This is the dog [keeping / kept] by Hiroshi.

2 👂 音声をよく聞いて、英文をすべて書きとりましょう。[各4点、計24点]

（1） _____

（2） _____

（3） _____

（4） _____

（5） _____

（6） _____

3 ✏ [ ]内の単語や語句を並べかえて、英文を作りましょう。[各4点、計28点]

（1） 電車の中で、泣いている赤ちゃんがいました。

[crying / There was / in the train / a baby].

_____ .

（2） 向こうには何人かの走っている人たちがいます。

[running / some people / over there / There are].

_____ .

（3） 海で泳いでいるその男性は、彼の友達です。

[swimming / The man / his / is / in the sea / friend].

_____.

（4） 駅前に駐車してある車は誰のものですか？　　＊ in front of「〜の前に」 park「駐車する」

[in front of / the car / parked / Whose / is / the station]?

_____?

（5） 駅前に駐車してある車は、私のものです。　　＊ mine「私のもの」

[in front of / The car / parked / mine / is / the station].

_____.

（6） 台湾（Taiwan）で話されている言語は中国語です。

[Chinese / spoken / in Taiwan / The language / is].

_____.

（7） キャロルはイギリスに住んでいる女性です。

[a woman / living / Carol / in / is / the U.K.]

4 ✍ 日本語の文を英語の文にしましょう。[各5点、計30点]

（1） クシダさん（Mr. Kushida）と話をしているその女性は誰ですか？

_____

（2） 彼と話をしているその女性は、ナツミ（Natsumi）です。

_____

（3） 通りを歩いて渡っているその男性は、ワタナベさん（Mr. Watanabe）です。

_____

（4） 机の上に置かれているあのペンは誰のものですか？

_____

（5） 机の上に置かれているそのペンは、彼のものです。

_____

（6） タカハシさん（Mr. Takahashi）に飼われている猫は、
　　 あのかわいい（cute）猫です。

_____

1 関係代名詞のthat

これだけはおさえよう
- ☑ 関係代名詞の that を含む節は、後ろから名詞を説明する
- ☑ 関係代名詞の that は、that を含む節で主語になるなら主格の that、目的語になるなら目的格の that と呼ばれる

関係代名詞は前にある名詞を説明する

例 これはミノルが壊したイスです。→ **This is a chair that Minoru broke.**

「これはイスです」＋ **that**（どんなイスかというと）＋「ミノルが壊した（イスです）」という構成の英文です。関係代名詞の that は「代名詞」なので、1 度登場した名詞を言いかえたものです。ここでは直前にある a chair のことを指しています。

また、that は、**Minoru broke の目的語が前に出たものです。**

Minoru broke a chair. → Minoru broke that. (a chair = that)

→ that Minoru broke ということです。この that は、元々は broke の目的語なので「目的格の that」と呼ばれます。後ろに主語＋動詞が続く場合、that を省略することもできます。

例 **ナイトウさんにはメキシコに住んでいる友人がいます。**

→ **Mr. Naito has a friend that lives in Mexico.**

「ナイトウさんには友人がいます」＋ **that**（どんな友人かというと）＋「メキシコに住んでいる（友人です）」という構成の英文です。この関係代名詞の that は and the friend のことで、lives in Mexico の主語の役割も果たしています。このように that を含む節の中で主語になっているものは「主格の that」と呼ばれます。

例 **シンスケによって描かれた絵はどれですか？**

－**シンスケによって描かれた絵はこの絵です。**

→ **Which is the picture that was painted by Shinsuke?**

－ **The picture that was painted by Shinsuke is this one.**

問いかけの文である Which is the picture「どれがその絵ですか」の後ろに〈主格の that ＋動詞＋α〉を置いて、**the picture の説明をしています。**どんな絵かというと「シンスケによって描かれた」(that was painted by Shinsuke) 絵です。つまり、the picture that was painted by Shinsuke は「シンスケによって描かれた絵」という意味になります。応答の文ではこの部分がそのまま主語（主部）になっています。

また、これらの文では that was を外しても正しい英文（＝過去分詞の後置修飾を使った文）になります。

練習問題

🎧 リスニング（選択問題）

音声をよく聞いて、[　]内に入る適切なものを選びましょう。

（1）Can you see the dog [that is running / is running] over there?

（2）The book [that is writing / that is written] by her is this one.

（3）This is a cat [that is keeping / that is kept] by Hiromu.

🎧 リスニング　音声をよく聞いて、英文をすべて書きとりましょう。

（4）_____

（5）_____

（6）_____

✏️ 並べかえ問題　[　]内の単語や語句を並べかえて、英文を作りましょう。

（7）オカダさんが使う車はあの大きな赤い車です。

[red / that / one / Mr. Okada / The car / uses / is / that big].

_____.

（8）彼女が撮った写真はどれですか？

[the picture / Which / taken / is / by / that / was / her]?

_____?

（9）彼女が撮った写真は机の上に置かれています。

[The picture / put / taken / is / by / that / was / her / on the desk].

_____.

✏️ 英作文　日本語の文を英語の文にしましょう。

（10）机の上に置いてあるその本が見えますか？（関係代名詞の that を使って）

_____

（11）私は机の上に置いてあるその本が見えます。（関係代名詞の that を使って）

_____

（12）向こうを走っているその男性は、私の弟です。（関係代名詞の that を使って）

_____

Lesson
2 関係代名詞のwhoとwhom

これだけはおさえよう
- ☑ 関係代名詞の who と whom を含む節は、後ろから名詞を説明する
- ☑ 関係代名詞の who と whom は、先行詞が人のときにだけ使う
- ☑ 関係代名詞の主格の who は、who を含む節の中に主語がないときに使い、その節の中に目的語がなければ who か whom を使う

先行詞が人のときに使うwhoとwhom

例 私は先生をしている男性を知っています。→ I know a man who is a teacher.

「私は男性を知っています」＋ who（どんな男性なのかというと）＋「先生をしている（男性です）」という構成の英文です。関係代名詞の who は「代名詞」なので1度登場した名詞、ここでは直前の a man を指します。この who は a man is a teacher の主語である a man が置きかわったものと考えてください。この who は「**主格の who**」と呼ばれ、先行詞（2つの文を1つにするとき、後ろの文で説明される名詞）が人のときに使います。

例 私が昨日会った女性はタカハシさんでした。

→ The woman who(whom) I met yesterday was Ms. Takahashi.

関係代名詞のwho(whom)は「人」を表す先行詞（例文ではThe woman）とwho(whom)を含む節をつなぐ接続詞と、who(whom)を含む節の中の目的語を兼ねるはたらきがあります。

＊この Part で扱う who（whom）と whose は、中学校では習いませんが、英検準2級以上や TOEIC L&R テストでは出題されるので、この本でまとめて覚えておくことをおすすめします。

この例文は〈先行詞＋ who(whom) を含む節〉のカタマリが、文全体の主語（主部）になっているパターンです。The woman who(whom) I met yesterday は「その女性」＋ who(whom)（どんな女性なのかというと）＋「私が昨日会った（女性です）」という構成になっていて、意味をまとめると「私が昨日会った女性」となります。ここまでが文全体の主部になり、それが「タカハシさんでした」という動詞以下の述語へとつながっています。

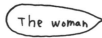

関係代名詞
The woman who (whom) I met yesterday was Ms. Takahashi.
主語のカタマリ
私が昨日会った女性
The woman
述語
タカハシさんでした

練習問題

🗣 **リスニング（選択問題）**

音声をよく聞いて、[　]内に入る適切なものを選びましょう。

（1）Can you see the boy [who is running / is running] over there?

（2）The man [who is talking / who is talked] with Satoshi is Hiroyoshi.

（3）That is a woman [who was playing / that was played] the piano here yesterday.

🗣 **リスニング**　音声をよく聞いて、英文をすべて書きとりましょう。

（4）_____

（5）_____

（6）_____

✏ **並べかえ問題**　[　]内の単語や語句を並べかえて、英文を作りましょう。

（7）オカダさんと話をしている男性は、タカヤマさんです。

[who is / Mr. Okada / The man / talking with / is / Mr. Takayama].

_____ .

（8）彼女が3日前に会った男性はどの人ですか？

[the man / Which / met / is / who / she / three days ago]?

_____ ?

（9）彼女が3日前に会った男性は、ウミノさんです。こちらがその男性です。

[The man / Mr. Umino / met / is / who / she / three days ago].
This is the man.

_____ .

✏ **英作文**　日本語の文を英語の文にしましょう。

（10）私はとても親切な男性を知っています。（関係代名詞の who を使って）

_____

（11）彼女にはメキシコ（Mexico）に住んでいる友人がいます。
（関係代名詞の who を使って）

_____

（12）公園を歩いているあの男性は、私の先生です。（関係代名詞の who を使って）

_____

Lesson

3 関係代名詞のwhich

これだけはおさえよう
- ☑ 関係代名詞の which を含む節は、後ろから名詞を説明する
- ☑ 関係代名詞の which は、先行詞が人以外のときにだけ使う
- ☑ 関係代名詞の which は、which を含む節の主語になるときでも、目的語になるときでも使える

先行詞が人以外のときに使うwhich

例 ヒロムはダリルと呼ばれる猫を飼っています。

→ Hiromu has a cat which is called Daryl.

「ヒロムは猫を飼っています」 + which（どんな猫を飼っているのかというと）+「ダリルと呼ばれる（猫です）」という構成の英文です。which は、ここでは直前にある a cat のことを指しています。この which は a cat is called Daryl の主語である a cat が置きかわったものだと考えてください。この which は「**主格の which**」と呼ばれ、先行詞が人以外のときに使います。

例 彼がおととい買った雑誌はアイアンガイです。

→ The magazine which he bought the day before yesterday is *IRON GUY*.

この英文の which は「人以外」を表す先行詞（The magazine）と which を含む節をつなぐ接続詞と、which を含む節の中の目的語を兼ねるはたらきがあります。

この例文は〈先行詞 + which を含む節〉のカタマリが、文全体の主語になっているパターンです。The magazine which he bought the day before yesterday は「その雑誌」+ which（どの雑誌のことを言っているのかというと）+「彼がおととい買った（雑誌です）」という構成になっていて、意味をまとめると「彼がおととい買った雑誌」となります。ここまでが文全体の主語になり、それが「アイアンガイです」という動詞以下の述語へとつながっています。

なお、書名や曲名、映画のタイトルなどは、英語では上記のようにイタリック体（＝ななめに書いた文字）で表されることがあります。

The magazine 関係代名詞 which he bought the day before yesterday

↳彼がおととい買った雑誌　is *IRON GUY.*

（その雑誌は）アイアンガイです

🎧 **リスニング（選択問題）**───────────────── 🎧 17‐3‐1 練習

音声をよく聞いて、[　　] 内に入る適切なものを選びましょう。

（1）I have a dog [is called / which is called] Sakura.

（2）There is a cat [is sleeping / which is sleeping] under the table.

（3）Do you know the car [was bought / which was bought] by Mr. Naito?

🎧 **リスニング**　音声をよく聞いて、英文をすべて書きとりましょう。🎧 17‐3‐2 練習

（4）_____

（5）_____

（6）_____

✏️ **並べかえ問題**　[　　] 内の単語や語句を並べかえて、英文を作りましょう。

（7）公園に、たくさんの飛んでいる鳥がいました。

[flying / There were / in the park / a lot of / which / were / birds].

_____ .

（8）私の家の前に駐車してあるあの車は誰のものですか？

[which / in front of / that car / parked / Whose / is / my house / is]?

_____ ?

（9）メキシコで話されている主要な言語はスペイン語です。

[is / Spanish / spoken / which / in Mexico / The main language / is].

_____ .

✏️ **英作文**　日本語の文を英語の文にしましょう。

（10）テーブルの上に置かれているあのカバンは、誰のものですか？（which を使って）

_____

（11）テーブルの上に置かれているあのカバンは、私のものです。（which を使って）

_____

（12）タナハシさん（Mr. Tanahashi）に飼われているその犬は、　　＊ name A B
　　　ハナ（Hana）と名づけられています。（which を使って）　　　「A を B と名づける」

_____

Lesson

4 関係代名詞のwhose

これだけはおさえよう
- ☑ 関係代名詞の whose は、先行詞の所有格「〜の」を表す
- ☑ 関係代名詞の whose は、〈先行詞 + whose +名詞+動詞+ α〉の語順で使い、〈whose +名詞+動詞+ α〉が先行詞を説明する
- ☑ 先行詞が人でも、人以外でも関係代名詞の whose を使うことができる

「〜の」を表す関係代名詞のwhose

例 ナイトウさんは、黒いTシャツを着ている男性です。

→ Mr. Naito is the man whose T-shirt is black.

最初の節が「ナイトウさんは男性です」、次に関係代名詞の whose（= the man's）が続き、その次の節は「Tシャツは黒いです」という内容です。英語のままの語順だと「ナイトウさんは男性です、その男性の（whose）Tシャツが黒いです」という訳になりますが、the man whose T-shirt is black の部分を「〈主語+動詞+ α〉→先行詞」の順に訳して、「Tシャツが黒の男性」、つまり「黒いTシャツを着ている男性」とすると自然な日本語になります。ただし、あまりきれいな日本語訳を作ることにこだわる必要はありません。あくまでも「左から右へ」英文を理解できるようになることが大切です。まずは、「ナイトウさんは男性で、Tシャツは黒です」のような感じで、「英語の語順のまま」理解するように努めてください。

例 ヒロムはしっぽが短い猫を飼っています。

→ Hiromu has a cat whose tail is short.

「ヒロムは猫を飼っています」+ whose（それの〜がどんな猫かというと）+「（その猫の）しっぽは短いです」という構成の英文です。関係代名詞の whose は、ここでは直前にある a cat のことを指しています。この whose は a cat's tail is short の a cat's が whose になっていると考えてください。

whose は「所有格の関係代名詞」と呼ばれ、先行詞が人でも人以外でも使えます。

🎧 リスニング（選択問題）────────── 🎧 17 - 4 - 1 練習

音声をよく聞いて、[　　　]内に入る適切なものを選びましょう。

（1）Can you see the dog [which / whose] legs are short?

（2）The car [which / whose] body is red is Mr. Okada's.

（3）I know the man [who / whose] jacket is always very colorful.

＊ colorful「色鮮やかな」

🎧 リスニング　音声をよく聞いて、英文をすべて書きとりましょう。🎧 17 - 4 - 2 練習

（4）_____

（5）_____

（6）_____

✏️ 並べかえ問題　[　　　]内の単語や語句を並べかえて、英文を作りましょう。

（7）私には、父親が先生をしている友人がいます。

[whose / I / a teacher / have / a friend / father / is].

_____.

（8）その青い屋根の家は、ナガタさんによって昨年建てられました。　＊ roof「屋根」

[Mr. Nagata / built by / last year / The house / whose / is / blue / roof / was].

_____.

（9）ダリルという名前の猫がその箱の中で眠っています。

[is sleeping / name / in the box / The cat / is / Daryl / whose].

_____.

✏️ 英作文　日本語の文を英語の文にしましょう。

（10）彼には、娘（daughter）がテニス選手をしている友人がいます。（whose を使って）

_____

（11）あなたは母親が女優（actress）をしているあの女の子を知っていますか？
（whose を使って）

_____

（12）ヒロシ（Hiroshi）はハナ（Hana）という名前の犬を飼っています。（whose を使って）

_____

Part
17
関係代名詞

149

関係代名詞
まとめテスト

答えは別冊46ページ

1 🎧 音声をよく聞いて、[ ] 内に入る適切なものを選びましょう。

[各2点、計16点]

（1）Can you see the bus [that is stopped / stop] at a red light?　＊ red light「赤信号」

（2）The language [that is speaking / that is spoken] here is English.

（3）That is a rabbit [that is keeping / that is kept] by her.　＊ rabbit「ウサギ」

（4）Do you know the girl [who is playing / is playing] the violin?

（5）The teacher [who is teaching / who is taught] us math is Mr. Inaba.

（6）I have a dog [is called / which is called] Maru.

（7）Have you seen the bag [was found / which was found] yesterday?

（8）I know the woman [who / whose] shirt is always black.

2 🎧 音声をよく聞いて、英文をすべて書きとりましょう。[各3点、計24点]

（1）_____

（2）_____

（3）_____

（4）_____

（5）_____

（6）_____

（7）_____

（8）_____

3 ✏️ [ ] 内の単語や語句を並べかえて、英文を作りましょう。[各3点、計24点]

（1）エリコが使うノートパソコンはこの白いものです。　＊ the laptop「ノートパソコン」

[white / that / one / Eriko / The laptop / uses / is / this].

_____ .

（2）彼が昨日そこで撮った写真はどれですか？

[yesterday / the picture / Which / taken / is / by / that / was / him / there]?

_____ ?

（３）彼が昨日撮った写真は、机の上に置かれています。

［ yesterday / The picture / put / taken / is / by / that / was / him / on the desk ］.

_____ .

（４）彼がおとといここで会った女性は、ホウジョウさんです。

［ the day before yesterday / The woman / he / here / met / is / who /
Ms. Hojo ］.

_____ .

（５）そのレストランの前に駐車してある車は誰のものですか？

［ which / in front of / the car / parked / Whose / is / the restaurant / is ］?

_____ ?

（６）そこで話されている言語はドイツ語です。

［ is / German / spoken / which / there / The language / is ］.

_____ .

（７）彼には、母親が看護師をしている友人がいます。

［ whose / He / a nurse / has / a friend / mother / is ］.

_____ .

（８）トモヒロという名前の犬がそのケージ（cage）の中で眠っています。

［ is sleeping / name / in the cage / The dog / is / Tomohiro / whose ］.

_____ .

4 ✎ 日本語の文を英語の文にしましょう。[各4点、計36点]

（１）テーブルの上に置いてあるコップ（the glass）が見えますか？（that を使って）

_____

（２）私は机の上に置いてあるその置時計（the clock）が見えます。（that を使って）

_____

（３）彼女はとても背の高い男性を知っています。（who を使って）

_____

（４）私にはカナダ（Canada）に住んでいる姉がいます。（who を使って）

_____

（５）プールで泳いでいるあの女性は、私の友達です。（who を使って）

_____

（６）机の上に置かれているあのペンは、私のものです。（which を使って）

_____

（７）サナダさん（Mr. Sanada）に飼われているその猫は、
サム（Sam）と名づけられています。（which を使って）

_____

（８）彼女には、息子（son）が野球選手をしている友人がいます。（whose を使って）

_____

（９）あなたは、お兄さんが俳優をしているあの男の子を知っていますか？（whose を使って）

_____

Lesson
1 原形不定詞（使役動詞・知覚動詞）

これだけはおさえよう
- ☑ 〈使役動詞＋目的語＋原形不定詞〉を使って
  「（目的語）に〜させる」を表す
- ☑ 〈知覚動詞＋目的語＋原形不定詞〉を使って
  「（目的語）が〜するのを…する」を表す

原形不定詞とは「動詞の原形」のこと

原形不定詞とは、to がつかない不定詞で、動詞の原形のことをいいます。

原形不定詞は、〈動詞＋目的語＋原形不定詞〉の形で使います。これは、「（目的語）に〜させる」や「（目的語）が〜するのを…する」という意味になります。この文の動詞には主に「使役動詞」や「知覚動詞」が使われます。

使役動詞とは、「（人やものに）〜させる・〜してもらう」というように、**相手に何かをさせることを意味する動詞**です。知覚動詞とは、「〜を見る」や「〜を聞く」というように、知覚・聴覚・触覚といった**五感を必要とする動作を表す動詞**です。

例 **父は私に（強制的に）家にとどまらせました。**

→ **My father made me stay at home.**

ここでの made は「（人やものに）〜させる」という意味の使役動詞 make の過去形で、主語の My father が目的語である me に原形不定詞の内容（stay at home）をさせたということを表しています。

例 **私たちはバンクスさんがそのバスに乗るのを見ました。**

→ **We saw Ms. Banks get on the bus.**

ここでの saw は「（人やものが〜するのを）見る」という意味の知覚動詞 see の過去形で、目的語である Ms. Banks が原形不定詞の内容（get on the bus）をするのを、主語の We が見たということを表しています。

●原形不定詞と一緒に使われる使役動詞・知覚動詞の例

使役動詞	動詞の意味	知覚動詞	動詞の意味
make	（強制的に）〜させる	see	〜を見る（見かける）
let	（許可して）〜させてやる	hear	〜を聞く（〜が聞こえる）
have	（目下の人に）〜させる（仕事として）〜してもらう	feel	〜と感じる
		watch	〜をじっくりと見る
help	〜を手伝う	notice	〜に気がつく

🦻 リスニング（選択問題）—————————— 🎧 18-1-1 練習

音声をよく聞いて、[　]内に入る適切なものを選びましょう。

（1）Mr. Nakamura makes his daughter [read / to read] a newspaper every day.

（2）Kenny heard Hiromu [sing / to sing] an English song.

（3）Manami noticed him [go / to go] into the store.

🦻 リスニング　音声をよく聞いて、英文をすべて書きとりましょう。🎧 18-1-2 練習

（4）_____

（5）_____

（6）_____

✏️ 並べかえ問題　[　]内の単語や語句を並べかえて、英文を作りましょう。

（7）ナガタ先生が私に彼の理科の本を使わせてくれました。

　　[use / Mr. Nagata / me / science book / his / let].

　　_____.

（8）あなたは自分の中で何かが変わるのを感じるでしょう。

　　[will / you / something / You / in / change / feel].

　　_____.

（9）父は私に無理にそのイベントに参加させることはしませんでした。

　　[join / make / the event / me / didn't / My father].

　　_____.

✏️ 英作文　日本語の文を英語の文にしましょう。

（10）ナミ（Nami）は母親が夕食を作るのを手伝いました。

　　_____

（11）私たちはジュン（Jun）が彼の夢について話すのを聞きました。

　　_____

（12）私は彼にこのコンピュータを修理してもらうつもりです。　＊repair「修理する」

　　_____

Part 18 原形不定詞

Lesson

1 「If 〜」を使った仮定法

これだけはおさえよう

- ☑ 仮定法は実際の状況とは異なることや、起こる可能性がないと考えていることについて「もし〜なら…」と仮定するときに使う
- ☑ 仮定法の文の基本形は〈If + 主語 + 動詞の過去形 + α , 主語 + 助動詞の過去形 + 動詞の原形 + α .〉で作る
- ☑ 現実のこと・起こる可能性が十分にあると考えていることについていうときは、仮定法は使わない

事実とは異なることや、起こる可能性がないと考えていることについて仮定する表現

例 もし私に弟がいたら、一緒にサッカーができるのですが。

→ If I had a younger brother, we could play soccer together.

　仮定法とは、実際の状況とは異なることや、起こる可能性がないと考えていることについて仮定するときに使う表現です。「もし〜なら」の部分を〈if + 主語 + 動詞の過去形 + α〉、「…なのに（だろう）」の部分を〈主語 + 助動詞の過去形 + 動詞の原形 + α〉を使って表します。この例文では、「（実際にはいないが）もし弟がいたら」という、実際の状況とは異なることについての仮定を表しています。「もし〜なら」にあたる if 〜が文のはじめにくるとき、〜の終わりにカンマ（,）を入れます。

例 もし私があなたなら、そんなことは言いません。

→ If I were you, I wouldn't say such a thing.

　if 〜の部分の「動詞の過去形」に be 動詞がくる場合、主語が何であっても were を使うことが多いです。

例 （降水確率50%と聞いて）もし明日雨なら、私は家にいようと思います。

→ If it is rainy tomorrow, I will stay at home.

例 （降水確率 0 %と聞いて）もし明日雨なら、私は家にいるのですが。

→ If it were rainy tomorrow, I would stay at home.

　現実のことや、起こる可能性が十分にあると考えていることについていう場合にも if 〜の文を使います。そのとき、If + 主語 + 動詞の現在形 + α, 主語 + 助動詞の will + 動詞の原形 + α. で表します。

👂 **リスニング（選択問題）** ─────────

音声をよく聞いて、[　]内に入る適切なものを選びましょう。

（1）If you [like / liked] sushi, I [will take / would take] you to my favorite restaurant.

（2）If I [can play / could play] tennis well, I [can join / could join] the event.

（3）If I [am / were] a dolphin, I [may enjoy / might enjoy] swimming all day.

＊ swimming「泳ぐこと」

👂 **リスニング**　音声をよく聞いて、英文をすべて書きとりましょう。

（4）_____

（5）_____

（6）_____

✏️ **並べかえ問題**　[　]内の単語や語句を並べかえて、英文を作りましょう。

（7）もし彼がたくさんのお金を持っていたら、レストランを開店するかもしれません。
[he / he / open / If / might / money / had / a lot of / a restaurant / ,].

_____.

（8）もし私が上手に泳げたら、プールに行くのですが。
[well / If / go / swim / I / I / could / would / the pool / to / ,].

_____.

（9）もし私があなたなら、彼に話しかけることができないでしょう。
[you / could / I / I / to / If / not / him / talk / were / ,].

_____.

✏️ **英作文**　日本語の文を英語の文にしましょう。

（10）もし私がカナダに住んでいたら、あなたにかんたんに会えるのですが（住んでいません）。

_____

（11）もし明日暇なら、私は映画館（movie theater）に行くのですが（暇ではありません）。

_____

（12）もし私がもっと上手に歌うことができたら、歌手になるかもしれません（ができません）。

_____

Part **19** 仮定法

Lesson 2 「I wish 〜」を使った仮定法

> これだけはおさえよう
> ☑〈I wish ＋主語＋動詞の過去形（助動詞の過去形＋動詞の原形）＋α.〉を使って実際の状況と異なること・起こる可能性がないことに対する自分の願望を表す
> ☑〈I hope ＋主語＋動詞の現在形（助動詞の現在形＋動詞の原形）＋α.〉を使って起こる可能性が十分にあることに対する自分の願望を表す

〈I wish＋主語＋動詞の過去形（助動詞の過去形＋動詞の原形）＋α.〉で願望を表す

「（実際は違うけれど）〜ならいいのに」と、**実際の状況と異なることや、起こる可能性がないことに対する自分の願望を表す**ときは、I wish 〜 の文を使います。

例 私がパリに住んでいたらいいのですが。

　→ I wish I lived in Paris.

　I wish 〜 の文は〈I wish ＋主語＋動詞の過去形（助動詞の過去形＋動詞の原形）＋α.〉で表します。この例文では、「（実際には住んでいないが）パリに住んでいたらいいのに」という願望を表しています。実際にはパリに住んでいないことを残念に思っている気持ちを表しています。

例 ヒロムがここにいてくれたらいいのですが。

　→ I wish Hiromu were here.

　この例文では、「（実際にはここにいないが）ヒロムがここにいてくれたらいいのに」という願望を表しています。**wish に続く願望の内容を表す部分で be 動詞を使う場合、主語が何であっても were を使うことが多いです。**

例 土曜日にそのパーティーに参加できたらいいなと思っています。

　→ I hope I can join the party on Saturday.

例 土曜日にそのパーティーに参加できたらいいのですが（残念ながらできません）。

　→ I wish I could join the party on Saturday.

　I hope 〜 も願望を表す表現ですが、I wish 〜 とは違い、**起こる可能性が十分にあることに対する自分の願望**を表します。I hope 〜 の文の場合、願望を表す部分が〈**主語＋動詞の現在形（助動詞の現在形＋動詞の原形）＋α**〉の形になります。

19-2-1 練習 リスニング（選択問題）

音声をよく聞いて、[　　]内に入る適切なものを選びましょう。

（1）I [hope / wish] I [can play / could play] the guitar.

（2）I [hope / wish] my room [is / were] larger.

（3）I [hope / wish] my teacher [isn't / weren't] strict.　＊ strict「厳しい」

リスニング　音声をよく聞いて、英文をすべて書きとりましょう。19-2-2 練習

（4）_____

（5）_____

（6）_____

並べかえ問題　[　　]内の単語や語句を並べかえて、英文を作りましょう。

（7）私が彼の名前を知っていたらいいのですが。

[his / knew / I / I / name / wish].

_____.

（8）タツミが私たちのサッカーチームに入ってくれたらいいのですが。

[our / Tatsumi / I / team / would / soccer / wish / join].

_____.

（9）イチカワさんが私の英語の先生ならいいのですが。

[Mr. Ichikawa / teacher / wish / English / I / my / were].

_____.

英作文　日本語の文を英語の文にしましょう。

（10）私が家でその犬を飼えたらいいのですが（無理なのです）。

_____

（11）彼がすぐここに来てくれたらいいのですが（来てくれないでしょう）。

_____

（12）私が野球が得意ならいいのですが（得意ではありません）。　＊ be good at 「〜が得意である」

_____

リスニング問題の音声 🎧 19−3_Part 18−19テスト
トレーニング用の音声 ▶ Part 19−3まとめ

1回目	月	日	／100点
2回目	月	日	／100点
3回目	月	日	／100点

原形不定詞・仮定法
まとめテスト

答えは別冊47ページ

1 🦻 音声をよく聞いて、[　]内に入る適切なものを選びましょう。

[各2点、計16点]

（1） The woman [had / made] her son [go / to go] to the hospital.

（2） I [hope / wish] I [can cook / could cook] better.

（3） I [felt / saw] the house [shake / to shake] at that time.　＊ shake「揺れる」

（4） If I [have / had] a camera, I [could take / can take] a picture.

（5） He doesn't [let / make] me [see / to see] the picture.

（6） I [wish / hope] I [am / were] a little shorter.

（7） I [heard / had] Mr. Naito [sing / to sing] a song.

（8） If this bag [is / were] 2,000 yen, I [will buy / would buy] it.

2 🦻 音声をよく聞いて、英文をすべて書きとりましょう。 [各3点、計24点]

（1） _____

（2） _____

（3） _____

（4） _____

（5） _____

（6） _____

（7） _____

（8） _____

3 ✏️ [　]内の単語や語句を並べかえて、英文を作りましょう。 [各3点、計24点]

（1） その教師は生徒たちに英語で話をさせました。

[had / talk / The teacher / her students / in English].

_____.

（2） 夏休みがもっと長かったらいいのですが。

[the summer vacation / wish / were / I / longer].

_____.

（3）その男の子は私がケーキを作るのをじっと見ました。

[a cake / The boy / me / watched / make].

＿＿＿＿＿＿＿＿＿＿＿＿＿＿＿＿＿＿＿＿＿＿＿＿＿＿ .

（4）もし彼が私たちのチームに入ってくれれば、私たちはもっと強くなるのですが。

[our team / he / be / we / joined / would / stronger / If / ,].

＿＿＿＿＿＿＿＿＿＿＿＿＿＿＿＿＿＿＿＿＿＿＿＿＿＿ .

（5）私はビアンカがその試合のあとに競技場を去るのに気がつきました。

[after / I / leave / the match / the stadium / noticed / Bianca].

＿＿＿＿＿＿＿＿＿＿＿＿＿＿＿＿＿＿＿＿＿＿＿＿＿＿ .

（6）オカさんがギターを弾くのを今までに見たことがありますか？

[Mr. Oka / ever / the guitar / you / seen / play / Have]?

＿＿＿＿＿＿＿＿＿＿＿＿＿＿＿＿＿＿＿＿＿＿＿＿＿＿ ?

（7）もしあなたが私なら、どうしますか？

[me / what / were / would / If / do / you / you / ,]?

＿＿＿＿＿＿＿＿＿＿＿＿＿＿＿＿＿＿＿＿＿＿＿＿＿＿ ?

（8）あなたと夕食に行けたらいいのですが。

[wish / go for dinner / could / you / I / I / with].

＿＿＿＿＿＿＿＿＿＿＿＿＿＿＿＿＿＿＿＿＿＿＿＿＿＿ .

4 ✎ 日本語の文を英語の文にしましょう。 [各4点、計36点]

（1）もし私がその答えを知っていたら、あなたにそれを教えるのですが（知りません）。

＿＿＿＿＿＿＿＿＿＿＿＿＿＿＿＿＿＿＿＿＿＿＿＿＿＿＿＿＿＿＿＿

（2）私は彼がすばらしい英語を話すのを聞きました。

＿＿＿＿＿＿＿＿＿＿＿＿＿＿＿＿＿＿＿＿＿＿＿＿＿＿＿＿＿＿＿＿

（3）私がコンピュータを上手に使えたらいいのですが（使えません）。

＿＿＿＿＿＿＿＿＿＿＿＿＿＿＿＿＿＿＿＿＿＿＿＿＿＿＿＿＿＿＿＿

（4）ホンマさん（Mr. Homma）は娘に（強制的に）家にいさせました。

＿＿＿＿＿＿＿＿＿＿＿＿＿＿＿＿＿＿＿＿＿＿＿＿＿＿＿＿＿＿＿＿

（5）彼らは私が、私の犬を探すのを手伝ってくれました。

＿＿＿＿＿＿＿＿＿＿＿＿＿＿＿＿＿＿＿＿＿＿＿＿＿＿＿＿＿＿＿＿

（6）もし時間があったら、私はそのパーティーに行くかもしれません（が時間がありません）。

＿＿＿＿＿＿＿＿＿＿＿＿＿＿＿＿＿＿＿＿＿＿＿＿＿＿＿＿＿＿＿＿

（7）私はだれかが私に触れるのを感じました。　＊touch「触れる」

＿＿＿＿＿＿＿＿＿＿＿＿＿＿＿＿＿＿＿＿＿＿＿＿＿＿＿＿＿＿＿＿

（8）その学校が自宅の近くにあればいいのですが（ありません）。

＿＿＿＿＿＿＿＿＿＿＿＿＿＿＿＿＿＿＿＿＿＿＿＿＿＿＿＿＿＿＿＿

（9）彼は息子にリビングの掃除をさせました。

＿＿＿＿＿＿＿＿＿＿＿＿＿＿＿＿＿＿＿＿＿＿＿＿＿＿＿＿＿＿＿＿

1 基本文型

英文には以下の5つの文型があり、これらを「基本文型」といいます。

第1文型 主語＋動詞＋α

例 Kenny runs in the park.

訳 ケニーは公園を走ります。

第2文型 主語＋動詞＋補語 ＊主語＝補語の関係が成立します。

例 She looks very young.

訳 彼女はとても若く見えます。

第3文型 主語＋動詞＋目的語

例 I have a big cat.

訳 私は大きな猫を飼っています。

第4文型 主語＋動詞＋目的語(A)＋目的語(B)「〜はAにBを…する」

例 She gave me some pens.

訳 彼女は私に数本のペンをくれました。

　第4文型の動詞は「授与」を表すものが多く、そのあとに〈人＋もの〉が続いて「人にものを〜する」という形になるものがよくあります。

第5文型 主語＋動詞＋目的語＋補語 ＊目的語＝補語の関係が成立します。

例 Mr. Tanahashi found the question very easy.

訳 タナハシさんはその問題がとてもかんたんだとわかりました。

　第5文型で使う主な動詞は、make A B「AをBにする」、find A B「AがBだとわかる」、call A B「AをBと呼ぶ」、name A B「AをBと名づける」、keep A B「AをBのままにする」、leave A B「AをBのままにしておく」などがあります。

空いているところに適する単語を入れましょう。

私は明日、プールで泳ぐつもりです。→ I will ①[　　　] in the pool tomorrow.

ヒロシは、疲れているように見えます。→ Hiroshi ②[　　　] tired.

彼は小さな犬を飼っています。→ He ③[　　　] a small dog.

彼女は私に手紙を書きました。→ She ④[　　　] me a letter.

そのドアを開けたままにしてください。→ Please ⑤[　　　] the door open.

解答 ● ① swim ② looks ③ has(keeps) ④ wrote ⑤ keep(leave)

2 動名詞

名詞のはたらきをする動詞の ing 形のことを、動名詞と呼びます。
動名詞は「～すること」という意味で、名詞の役割を果たします。名詞なので、文の中では主語・補語・動詞の目的語・前置詞の目的語になります。とくに、前置詞の直後に動名詞を置くことができるということをおさえておきましょう。

動名詞が主語になっている文

例 **Talking** with you is a lot of fun for her.

訳 あなたと話をすることは、彼女にとってとても楽しいです。

　動名詞が主語になるときは3人称単数扱いになるので、be 動詞は is を使います。

動名詞がbe動詞の後ろにあり、主語の補語になっている文

例 His hobby is **reading** books.

訳 彼の趣味は本を読むことです。

動名詞が動詞の目的語になっている文

例 Michiko likes **watching** movies.

訳 ミチコは映画を見ることが好きです。

　この watching は to 不定詞の to watch に置きかえることができます。ただし enjoy, finish などは、必ず後ろに動名詞を置き、to 不定詞を置くことはできません。

動名詞が前置詞の後ろにあり、前置詞の目的語になっている文

例 He is good at **playing** the guitar.

訳 彼はギターを弾くのが上手です。

空いているところに適する単語を入れましょう。

本を読むことは、私にとって楽しいです。→ ①[　　　] books is fun for me.

彼の趣味は、歌を歌うことです。→ His hobby is ②[　　　] songs.

3時間前に雨が降りはじめました。→ It began ③[　　　] three hours ago.

彼女は料理をすることが上手です。→ She is good at ④[　　　].

3 命令文

命令文は「〜しなさい」や「〜するな」という意味を表し、動詞の原形もしくは〈Don't ＋動詞の原形〉を使って表します（24ページ参照）。

命令文は Look at the painting.「その絵を見なさい」のように、主語を入れずに動詞の原形からはじめます。be 動詞を使う場合には Be quiet.「静かにしなさい」のように be 動詞の原形を文頭に置いて文を作ります。他にも〈Let's ＋動詞の原形〉で「〜しましょう」のように人を勧誘する命令文もあります。

「〜するな」と禁止する命令文の場合は Don't play soccer here.「ここでサッカーをしないでください」のように動詞の原形の前に Don't を置きます。

一般動詞を使った命令文

例 **Open** the door.

訳 ドアを開けなさい。

be動詞を使った命令文

例 **Be kind** to other people.

訳 他の人たちに親切にしなさい。

　　Please open the door. や Be kind to other people, please. のように、文頭や文末に please をつけると、「〜してください」という、ややていねいな命令文になります。

Let'sを使った命令文

例 **Let's sing** the song. − Yes, let's. / No, let's not.

訳 その歌を歌いましょう。

　　−はい、そうしましょう。／いいえ、やめましょう。

　　〈Let's ＋動詞の原形〉で「〜しましょう」のように、人を勧誘する命令文になります。Let's ではじまる文に応答するときは、Yes や No の後ろに let's または let's not を続けます。

空いているところに適する単語を入れましょう。

窓を開けなさい。 → ① ☐ the window.

窓を開けてはいけません。 → ② ☐ open the window.

ここでは静かにしなさい。 → ③ ☐ quiet here.

公園に行きましょう。 → ④ ☐ go to the park.

　　　　　　　　　　　　　　解答 ● ① Open ② Don't ③ Be ④ Let's

4 接続詞

接続詞は「単語と単語」、「語句と語句」、「節と節」をつなぎます。

and「〜と…」・but「〜だが…」・or「〜か…」

例 He's from the U.K., <u>but</u> she is from the U.S.

訳 彼はイギリス出身ですが、彼女はアメリカ出身です。

when「〜するとき」・though「〜だけれども」・unless「〜しない限り」

例 When she got home, her cat was sleeping.

訳 彼女が家に帰ったとき、彼女の猫は眠っていました。

よく使う接続詞一覧

接続詞	意味	例文と日本語訳
when	〜するとき	It began raining when I got to the park. 私が公園に着いたとき、雨が降りはじめました。
before	〜する前に	Mr. Tanaka finished the job before he went to bed. タナカさんは寝る前に、その仕事を終わらせました。
after	〜したあとで	Mr. Komatsu listened to the radio after he did his homework. コマツさんは宿題をしたあと、ラジオを聞きました。
while	〜している間に	Risa took many pictures while she was in Sendai. リサは仙台にいる間、たくさんの写真を撮りました。
till until	〜するまでずっと	We should wait until she comes here. 彼女がここに来るまで、私たちは待つべきです。
because	〜なので	Mr. Naito went to Hiroshima because he wanted to watch a baseball game. ナイトウさんは野球の試合を見たかったので、広島に行きました。
if	もし〜ならば	If you are very busy now, I will help you. もし、あなたが今とても忙しいのであれば、私はあなたを手伝います。
as	〜のように	As I told you, you should go there today. 私があなたに話したように、あなたは今日そこに行くべきです。

空いているところに適する単語を入れましょう。

あなたと私は友達です。 → You ① _____ I are friends.

オカダさんかワタナベさんがそれを手に入れるでしょう。 → Mr. Okada ② _____ Mr. Watanabe will get it.

もし明日晴れたら、私はハイキングに行きます。 → ③ _____ it's sunny tomorrow, I will go hiking.

コウタは中学生だったとき、いつもギターを弾いていました。

→ Kota always played the guitar ④ _____ he was a junior high school student.

5 thatやwhatなどではじまる節 ▶ ポイント解説5

接続詞の that は「〜ということ」という意味で、that ＋主語＋動詞＋αのカタマリが文の一部になります。

主語＋be動詞＋形容詞＋thatではじまる節

例 I'm sure **that** she'll come home soon.

訳 きっと彼女はすぐに帰宅するでしょう。

例 He was happy **that** he got a new book.

訳 彼は新しい本を手に入れて喜びました。

sure（確信して）・glad（喜んで）・happy（喜んで）・sad（悲しんで）・angry（怒って）・surprised（驚いて）・excited（わくわくして）・sorry（残念に思って）などの「感情・心理」を表す形容詞の後に that ではじまる節を続けると、その感情や心理が何についてのものなのかを表すことができます。この文では、**that は省略することもできます**。

主語＋動詞＋目的語＋thatやwhatなどではじまる節

例 I have told him **that** it'll be sunny tomorrow.

訳 私は彼に明日は晴れるだろうと言いました。

この文は「A に B を〜する」という意味を表す、主語＋動詞＋目的語（A）＋目的語（B）の文で、that ではじまる節の内容（＝明日は晴れるだろうということ）が目的語（B）になっています。この文ではふつう **that は省略しません**。また、目的語（B）を what などではじまる節を使って表すこともできます。**what** 以外にも **when・where・who・how** などが使われます（間接疑問文：166ページ参照）。

例 Please tell me **what** I should study.

訳 何を勉強するべきか私に教えてください。

空いているところに適する単語を入れましょう。

私は彼がフランス語を話せると知って驚きました。

→ I was [①] that he can speak French.

彼は彼女にこのピアニストが1845年に生まれたと教えました。

→ He taught her [②] this pianist was born in 1845.

私たちにあなたがいつアメリカに行くのか教えてください。

→ Please tell us [③] you'll go to America.

　　　　　　　　　　　　　解答 ● ① surprised ② that ③ when

Lesson

6 前置詞

前置詞は名詞の前に置き、〈前置詞＋名詞〉で「時」や「場所・方向」、「方法」など
を表します。

「時」を表す前置詞

at 9:00 a.m.「午前9時に」/ **on** Wednesday「水曜日に」/ **in** summer「夏に」

「場所・方向」を表す前置詞

at the park「公園で」/ **in** the building「その建物で」/ **on** the table「テーブルの上に」
for Nagoya「名古屋へ」/ **to** Australia「オーストラリアへ」

その他の前置詞

by bus「バスで」/ **in** Spanish「スペイン語で」/ **with** her family「彼女の家族と一緒に」
until 7:00 p.m.「午後7時まで（ずっと）」/ **by** 7:00 p.m.「午後7時までに」
since 2013「2013年から」/ **during** winter「冬の間ずっと」

　前置詞は「基本イメージ」を知っておくと、英文をより理解しやすくなります。たとえば、
at の基本のイメージは「点」です。at 7:00 a.m. は「午前7時に」という「時点」を表し、
at the park であれば「公園で」という「地点」を表します。

　例をいくつかあげておくと、in は「中」、on は「接触」、for は「向かう」、to は「到達
点を指し示す」、by は「そば」、with は「つながり」です。

ポイント解説

空いているところに適する単語を入れましょう。

私は午前8時に学校に行きます。→ I go to school ① 8:00 a.m.

彼女は土曜日に、その公園を走ります。→ She runs in the park ② Saturday.

この電車は大阪行きです。→ This train is ③ Osaka.

彼は昨日、その駅に行きました。→ He went ④ the station yesterday.

あなたは飛行機で北海道に行くつもりですか？ → Will you go to Hokkaido ⑤ plane?

私は、昨日は午後7時まで仕事をしました。 → I worked ⑥ 7:00 p.m. yesterday.

あなたは午後7時までに、その本を読み終えなければなりません。
→ You have to finish reading the book ⑦ 7:00 p.m.

7 間接疑問文

間接疑問文は、〈疑問詞＋主語＋動詞〉のカタマリが肯定文の一部になっている英文です。

例 She doesn't know where he is from.

訳 彼女は彼がどこ出身なのかを知りません。

「彼はどこ出身ですか？」は Where is he from? となりますが、文の中に疑問文が入る間接疑問文では〈疑問詞＋主語＋動詞＋α〉の語順である where he is from になります。

例 Do you know when Tetsuya will leave for Hiroshima?

訳 あなたはいつテツヤが広島に向けて出発するのかを知っていますか？

この間接疑問文は大きく分けて4つの部分から成り立っています。

最初にある Do は一般動詞の疑問文を作るときに使う助動詞、you は主語、know は動詞です。when Tetsuya will leave for Hiroshima（いつテツヤが広島に向けて出発するのか）は、〈疑問詞＋主語＋助動詞＋動詞＋α〉でできていますが、このカタマリが動詞の know の目的語になっていると考えてください。

以下の文でも、疑問詞からはじまるカタマリがいずれも直前にある know の目的語になっています。目的語になるということから、〈疑問詞＋主語＋動詞＋α〉のカタマリは「名詞（のカタマリ）」のはたらきをすると言えます。

例 Do you know how much the book is?

訳 あなたはその本がいくらなのか知っていますか？

例 Do you know where she lives?

訳 あなたは彼女がどこに住んでいるのか知っていますか？

空いているところに適する単語を入れましょう。

私は彼女がカバンの中に何を持っているのか知りませんでした。

→ I didn't know ①[   ] she had in her bag.

あなたはいつナイトウさんが家を出発するか知っていますか？

→ Do you know ②[   ] Mr. Naito leaves home?

彼女は彼がどこで晩ごはんを食べるのかを知りたがっていました。

→ She wanted to know ③[   ] he ate dinner.

解答 ● ① what ② when ③ where

8 付加疑問文

付加疑問文は、文末に疑問の形を加えて「相手に念を押したり同意を求めたりする」疑問文です。

例 Mr. Watanabe speaks Spanish, <u>doesn't he</u>?

訳 ワタナベさんはスペイン語を話しますよね？

　肯定文の文末には〈isn't、don't など＋主語（代名詞）?〉を、否定文の文末には〈is、do など＋主語（代名詞）?〉をつけます。

　また、最後を上げ調子で読むと「～でしたっけ？」と確認するニュアンスになり、最後を下げ調子で読むと「～ですよね？」と同意を求めるニュアンスになります。

※このページの音声は語尾を上げ調子で読んだものを収録しています。

例 Kota doesn't speak English, <u>does he</u>?

訳 コウタは英語を話しませんよね？

例 Hiroshi isn't tired, <u>is he</u>?

訳 ヒロシは疲れていませんよね？

例 You were busy, <u>weren't you</u>?

訳 あなたは忙しかったですよね？

例 Daryl loves Carol, <u>doesn't he</u>?

訳 ダリルはキャロルを愛していますよね？

例 She came to your house, <u>didn't she</u>?

訳 彼女はあなたの家に来ましたよね？

例 He can play soccer well, <u>can't he</u>?

訳 彼はサッカーを上手にできますよね？

空いているところに適する単語を入れましょう。

あなたはここに住んでいるんですよね？ → You live here, ① [　　　] you?

あなたはここに住んでいませんよね？ → You don't live here, ② [　　　] you?

ヤノさんはとても親切ですよね？ → Mr. Yano is very kind, ③ [　　　] he?

彼らは静かではありませんよね？ → They aren't quiet, ④ [　　　] they?

解答 ● ① don't ② do ③ isn't ④ are　　**167**

9 否定疑問文

否定疑問文は Don't you...? や Aren't you...? のように「否定表現」ではじまる疑問文で、「～しないのですか？」「～ではないのですか？」という意味を表します。

例 Don't you know his name?

訳 あなたは彼の名前を知らないのですか？

例 — Yes, I do. / No, I don't.

訳 —いいえ、知っています。／ はい、知りません。

　否定疑問文で注意するべきは、応答のしかたです。英語では常に「肯定の内容であればYes」、「否定の内容であればNo」を使って応答します。つまり「彼の名前を知っている」のであればYes, I do. で応答し、「彼の名前を知らない」のであればNo, I don't. で応答するということです。日本語では「知らないのですか？」という問いかけに対しては「はい、知りません」、もしくは「いいえ、知っています」と応答しますよね。この「はい」と「いいえ」に惑わされることなく、「知っている」のであればYesで、「知らない」のであればNoで答える、と覚えておいてください。

例 Isn't she your teacher?

訳 彼女はあなたの先生ではないのですか？

例 — Yes, she is. / No, she isn't.

訳 —いいえ、彼女は私の先生です。／
　　はい、彼女は私の先生ではありません。

空いているところに適する単語を入れましょう。

あなたはあの女性の名前を知らないのですか？ −はい、知りません。

→ Don't you know that woman's name? – No, I ［ ① 　　　 ］.

あなたは私たちの先生ではないのですか？ −いいえ、あなたたちの先生です。

→ Aren't you our teacher? – Yes, I ［ ② 　　　 ］.

これらはあなたの本ではないのですか？ −はい、違います。

→ Aren't these your books? – ［ ③ 　　　 ］, they aren't.

　　　　　　　　　　　　　　　　　　　　解答 ● ① don't ② am ③ No

10 感嘆文

感嘆文は〈How ＋形容詞・副詞＋主語＋動詞！〉か、〈What a（an）＋形容詞＋名詞＋主語＋動詞！〉を使って表し、「なんて〜なのでしょう」という意味を表します。

例 How beautiful this painting is!

訳 この絵はなんて美しいのでしょう！

例 What a beautiful painting this is!

訳 これはなんて美しい絵なのでしょう！

例 How fast Mr. Okada can run!

訳 オカダさんはなんて速く走ることができるのでしょう！

例 How well Mr. Naito can speak Spanish!

訳 ナイトウさんはなんて上手にスペイン語を話すことができるのでしょう！

空いているところに適する単語を入れましょう。

このTシャツはなんて素敵なのでしょう！ → ① 　　　　 nice this T-shirt is!

これはなんて素敵なTシャツなのでしょう！ → ② 　　　　 a nice T-shirt this is!

あの建物はなんて高いのでしょう！ → ③ 　　　　 tall that building is!

あれはなんて高い建物なのでしょう！ → ④ 　　　　 a tall building that is!

11 to不定詞（応用）

100 〜 107ページで学習した to 不定詞について、さまざまな応用パターンを紹介します。

① 〈tell / ask / want ＋ 人 ＋ to do〉「人に〜するように言う・頼む、人に〜してほしい」

例 She told me to read this book.

訳 彼女は私にこの本を読むように言いました。

例 Natsumi asked him to stay there.

訳 ナツミは彼にそこにいるように頼みました。

② 〈疑問詞＋to do〉「疑問詞の意味（誰に・どのようになど）＋〜すればいいのか」

例 He didn't know who to ask.

訳 彼は誰にたずねればいいのかわかりませんでした。

例 Please tell me how to play this video game.

訳 私にこのテレビゲームのやりかたを教えてください。

③ It is A for B to do.「〜することはBにとってAだ」

例 It was easy for me to answer the question.

訳 その問題に答えることは、私にとってかんたんでした。

④ 〈A ＋ be動詞 ＋ too B for C to do.〉「AはCにはBすぎて〜できない」

例 The bag was too heavy for me to carry.

訳 そのカバンは、私には重たすぎて運べませんでした。

空いているところに適する単語を入れましょう。

ケニーはコウタに、そこに行くように言いました。 → Kenny told Kota ① [　　　] go there.

彼は私にどこでその本を買えばいいのか教えてくれました。

→ He told me ② [　　　] to buy the book.

英語を学ぶことは、あなたにとって必要です。＊ necessary「必要な」

→ It is necessary for you ③ [　　　] learn English.

その本は、彼には難しすぎて読めませんでした。 → The book was ④ [　　　] difficult for him to read.

　　　　　　　　　　　　　解答 ● ① to ② where ③ to ④ too

12 代名詞

代名詞は、文の中でのはたらきによって形が変化します。

例 This is <u>her</u> tennis racket.

訳 これは彼女のテニスラケットです。

例 He teaches <u>me</u> English.

訳 彼は私に英語を教えます。

例 Those pens are <u>his</u>.

訳 あれらのペンは彼のものです。

例 Do your homework <u>yourself</u>.

訳 宿題は自分自身でしなさい。

人称と数		主格(〜は)	所有格(〜の)	目的格 (〜を・に)	所有代名詞 (〜のもの)	再帰代名詞 (〜自身)
1人称単数		I	my	me	mine	myself
1人称複数		we	our	us	ours	ourselves
2人称	単数	you	your	you	yours	yourself
	複数					yourselves
3人称単数		he	his	him	his	himself
		she	her	her	hers	herself
		it	its	it	なし	itself
3人称複数		they	their	them	theirs	themselves

空いているところに適する単語を入れましょう。

これらは私たちの犬です。 → These are ① ☐ dogs.

私は彼らに私の家族の写真を見せました。

→ I showed ② ☐ the pictures of my family.

この本は私のものです。 → This book is ③ ☐ .

彼女は自分自身で中国語を勉強しました。 → She studied Chinese ④ ☐ .

形容詞・副詞の比較変化形

❶ -er、-est をつけるもの

単語の意味	原級	比較級	最上級
寒い	cold	colder	coldest
すずしい	cool	cooler	coolest
速い、速く	fast	faster	fastest
すばらしい	great	greater	greatest
難しい	hard	harder	hardest
高い	high	higher	highest
長い	long	longer	longest
近い	near	nearer	nearest
新しい	new	newer	newest
古い	old	older	oldest
短い	short	shorter	shortest
おそい	slow	slower	slowest
小さい	small	smaller	smallest
すぐに	soon	sooner	soonest
強い	strong	stronger	strongest
高い	tall	taller	tallest
暖かい	warm	warmer	warmest

❷ -r、-st をつけるもの

かわいい	cute	cuter	cutest
元気な	fine	finer	finest
大きい	large	larger	largest
おそく	late	later	latest
素敵な	nice	nicer	nicest

❸ y を i に変えて -er, -est をつけるもの

忙しい	busy	busier	busiest
早い、早く	early	earlier	earliest
幸せな	happy	happier	happiest
かわいい	pretty	prettier	prettiest

❹子音字を重ねて -er、-est をつけるもの

単語の意味	原級	比較級	最上級
大きい	big	bigger	biggest
暑い	hot	hotter	hottest

❺ more、most をつけるもの

美しい	beautiful	more beautiful	most beautiful
危険な	dangerous	more dangerous	most dangerous
とてもおいしい	delicious	more delicious	most delicious
難しい	difficult	more difficult	most difficult
容易に	easily	more easily	most easily
わくわくする	excited	more excited	most excited
高い	expensive	more expensive	most expensive
有名な	famous	more famous	most famous
大切な	important	more important	most important
興味深い	interesting	more interesting	most interesting
人気がある	popular	more popular	most popular
ゆっくりと	slowly	more slowly	most slowly
役に立つ	useful	more useful	most useful
すばらしい	wonderful	more wonderful	most wonderful

❻不規則に変化するもの

悪い	bad	worse	worst
よい	good	better	best
上手に	well	better	best
とても	very much	better	best
少ない	little	less	least
多い(数)	many	more	most
多い(量)	much	more	most

*それぞれの発音は、▶形容詞・副詞で確認しましょう。

不規則動詞の変化形

❶過去形と過去分詞が同じパターンの不規則動詞

単語の意味	原形	過去形	過去分詞
持ってくる	bring	brought	brought
建てる	build	built	built
買う	buy	bought	bought
捕まえる	catch	caught	caught
感じる	feel	felt	felt
見つける	find	found	found
得る	get	got	got（gotten）
持っている	have	had	had
聞く	hear	heard	heard
つかむ	hold	held	held
保つ	keep	kept	kept
横たえる	lay	laid	laid
出発する	leave	left	left
貸す	lend	lent	lent
失う	lose	lost	lost
作る	make	made	made
意味する	mean	meant	meant
会う	meet	met	met
言う	say	said	said
探す	seek	sought	sought
売る	sell	sold	sold
送る	send	sent	sent
座る	sit	sat	sat
眠る	sleep	slept	slept
費やす	spend	spent	spent
立つ	stand	stood	stood
教える	teach	taught	taught
話す	tell	told	told
考える	think	thought	thought
理解する	understand	understood	understood

❷原形と過去分詞が同じパターンの不規則動詞

～になる	become	became	become
来る	come	came	come
走る	run	ran	run

❸原形・過去形・過去分詞の、すべてが違うパターンの不規則動詞

単語の意味	原形	過去形	過去分詞
〜である、いる、ある	be（are）	were	been
〜である、いる、ある	be（is、am）	was	been
はじめる	begin	began	begun
壊す	break	broke	broken
する	do	did	done
描く	draw	drew	drawn
飲む	drink	drank	drunk
運転する	drive	drove	driven
食べる	eat	ate	eaten
落ちる	fall	fell	fallen
飛ぶ	fly	flew	flown
忘れる	forget	forgot	forgotten（forgot）
与える	give	gave	given
行く	go	went	gone
成長する	grow	grew	grown
知っている	know	knew	known
横たわる	lie	lay	lain
乗る	ride	rode	ridden
上がる	rise	rose	risen
見る	see	saw	seen
見せる	show	showed	shown（showed）
歌う	sing	sang	sung
話す	speak	spoke	spoken
泳ぐ	swim	swam	swum
取る	take	took	taken
投げる	throw	threw	thrown
書く	write	wrote	written

❹原形・過去形・過去分詞の、すべてが同じパターンの不規則動詞

切る	cut	cut	cut
打つ	hit	hit	hit
置く	put	put	put
読む	read	read	read

＊それぞれの発音は、▶不規則動詞で確認しましょう。

著者紹介

濱﨑　潤之輔 (はまさき・じゅんのすけ)

◉──大学・企業研修講師、書籍編集者。早稲田大学政治経済学部経済学科卒業。

◉──大学卒業後、大手証券会社での勤務を経て、神奈川県にある大手学習塾の専任講師となる。2004年に独立し、自身の塾で小学生や中学生を対象に受験対策の指導経験を積む。苦手意識のある生徒にいかに自信をつけさせるかを第一義に考えた指導を続け、数多くの第一志望合格者を輩出。

◉──これまでにTOEICテスト（現：TOEIC L&Rテスト）990点（満点）を80回以上取得。TOEICテストの受験をはじめてから1年は、「人気の問題集をひたすら買っては解く」勉強法で点数を伸ばしたが、あるとき壁にぶつかり、何度受験しても自己ベストが更新されないようになる。そこで、「問題の正解を求める」ことではなく、「英語の本質を理解できる」ことを重視して基礎から学び直したところ、念願の満点を取れるようになった。本書は、著者の「これから英語力を伸ばしたい人こそ基本に立ち返るべき」という考えのもと、英語力の土台となる中学英語の基礎とポイントをまとめたものである。

◉──現在は、全国の大学で講師を務めるかたわら、ファーストリテイリングや楽天銀行、SCSK（住友商事グループ）、エーザイ、オタフクソースといった大手企業でもTOEIC L&Rテスト対策の研修を行う。主催するTOEIC L&Rテスト対策合宿・セミナーはいつも満席になるほどの人気で、スコアアップしたいだけでなく英語力も身につけたいと考える多くの人たちに支持されている。

◉──著書に、『改訂版 中学校3年間の英語が1冊でしっかりわかる本』（かんき出版）、『TOEIC L&Rテスト990点攻略』（旺文社）や『はじめて受けるTOEICテスト パーフェクト入門』（桐原書店）などがあり、監修した書籍も含めると累計80万部以上の実績を誇る。

◉──本書は、ベストセラーとなった『中学校3年間の英語が1冊でしっかりわかる本』の問題集を2021年度からの新学習指導要領に対応させた改訂版で、英語力の土台となる「聞く」「読む」「話す」「書く」の4つの力をつけるための練習問題を増強したものである。

Twitterアカウント：@HUMMER_TOEIC　　Instagramアカウント：junnosuke_hamasaki

かんき出版 学習参考書のロゴマークができました！

明日を変える。未来が変わる。

マイナス60度にもなる環境を生き抜くために、たくさんの力を蓄えているペンギン。
マナPenくんは、知識と知恵を蓄え、自らのペンの力で未来を切り拓く皆さんを応援します。

マナPenくん®

改訂版 中学校3年間の英語が1冊でしっかりわかる問題集

2017年12月11日	初版	第1刷発行
2020年12月7日	改訂版第1刷発行	
2024年9月9日	改訂版第11刷発行	

著　者──濱﨑　潤之輔
発行者──齊藤　龍男
発行所──株式会社かんき出版
　　　　　東京都千代田区麹町4-1-4 西脇ビル　〒102-0083
　　　　　電話　営業部：03(3262)8011代　編集部：03(3262)8012代
　　　　　FAX　03(3234)4421　　　振替　00100-2-62304
　　　　　https://www.kanki-pub.co.jp/
印刷所──TOPPANクロレ株式会社

・カバーデザイン
　Isshiki

・本文デザイン
　二ノ宮　匡（ニクスインク）

・DTP
　畑山　栄美子（エムアンドケイ）
　茂呂田　剛（エムアンドケイ）

・イラスト
　村山　宇希（ぽるか）

・音声収録
　本郷賢（ティー・オー・シー）
　ELEC

・ナレーション
　メリッサ・マックブライアン　リー・スターク
　Rachel Walzer　吉田　浩二

・編集協力
　広川　千春（マイプラン）
　山本　真梨絵（マイプラン）

※QRコードは㈱デンソーウェーブの登録商標です

中学校3年間の英語が1冊でしっかりわかる問題集

60万人の英語力を伸ばした
プロ英語講師
濵﨑潤之輔

解答と解説

英語力の土台を固めるトレーニング方法

① 本文を読み、問題を解く

- リスニング問題の音声は、🎧マーク以下に記された名前のファイルに入っています。
- 音声は、スマートフォンかパソコンで聞けます（ダウンロード方法は本冊5ページ参照）。

② 別冊（この冊子）を見て、答え合わせをする

別冊

本冊

別冊は取りはずして使えます

- 別冊には、解答だけでなく、つまずきやすいポイントやプラスアルファの知識が載っています。
- わからなかったところは、本冊の説明や別冊の解説を読んで、じっくり理解しましょう。

👂 聞く力のトレーニング

Step1 英文を目で追って読み、すぐに文の意味（日本語訳）を確認する

Step2 音声を聞いて英文を「音」で理解する

Step3 英文を見ながら音声を聞くことを3回繰り返す

📖 読む力のトレーニング

Step1 英文の日本語訳を声に出さずに読んで、意味を確認する

Step2 英文と日本語訳を、交互に声に出して音読する

Step3 英文だけを3回繰り返して読む

🗣 話す力のトレーニング

Step1 英文の音声を聞き、聞き終えたらポーズの状態にする

Step2 すぐに同じ英文を声に出して言う

✏️ 書く力のトレーニング

それぞれのLessonの練習問題や、Partの最後にあるまとめテストで、英作文の問題を解く

- 聞く力、読む力、話す力のトレーニングにはトレーニング用音声（▶マーク）を使います。
- 音声のスピードは、1〜4倍まで変更できます。
- トレーニング方法について詳しくは、本冊6〜7ページを参照してください。

● リスニング（選択問題）

（1）I am your teacher.（私はあなたの先生です）

（2）Mr. Kitamura is strong.（キタムラさんは強いです）

（3）You are my student.（あなたは私の生徒です）

> アドバイス　〈主語＋be 動詞〉の部分は、話し言葉では I'm や You're のような短縮形になることが多いです。

> もっとくわしく　(1) teacher は「可算名詞の単数形」で、前には冠詞（a / the）や代名詞の所有格（〜の）などが置かれます。

● リスニング

（4）I am your friend.
（私はあなたの友達です）

（5）Ms. Abe is free today.
（アベさんは、今日は時間があります）

（6）You are very busy today.
（あなたは、今日はとても忙しいです）

> アドバイス　(6) very は「とても」という意味の副詞で、ここでは busy「忙しい」という形容詞を修飾しています。

> もっとくわしく　(5) 苗字に Mr. や Ms. をつけると、「〜さん」というていねいな表現になります。Mr. は男性、Ms. は女性に使います。

● 並べかえ問題

（7）Hiroshi is a guitarist.
（ヒロシはギタリストです）

（8）I am a writer.
（私は作家です）

（9）Natsumi is busy today.
（ナツミは、今日は忙しいです）

● 英作文

（10）Are you busy?
（あなたは忙しいですか？）

（11）Kenny is my cousin.
（ケニーは私のいとこです）

（12）I'm（I am）in the park.
（私はその公園にいます）

> アドバイス　(12)「〜にいる」は〈be 動詞＋場所を表す語句〉で表します。

● リスニング（選択問題）

（1）I am not your teacher.
（私はあなたの先生ではありません）

（2）Mr. Ichikawa isn't strong.
（イチカワさんは強くありません）

（3）You aren't my student.
（あなたは私の生徒ではありません）

> アドバイス　(1) am not の短縮形はありません。

● リスニング

（4）I am not your friend.
（私はあなたの友達ではありません）

（5）Ms. Abe is not free today.
（アベさんは、今日は時間がありません）

（6）You are not very busy today.
（あなたは、今日はそれほど忙しくはありません）

> もっとくわしく　(6) not は「not の後ろに続く部分全てをまとめて否定する」単語です。very busy today「今日はとても忙しい」を「〜なわけではない」と前から否定していると考えてください。なので「とても忙しいというわけではない」→「それほど忙しくはない」という意味になるのです。

● 並べかえ問題

（7）Kota is not a guitarist.
（コウタはギタリストではありません）

（8）Mr. Fale is not a writer.
（ファレさんは作家ではありません）

（9）I am not free today.
（私は、今日は時間がありません）

> もっとくわしく　(9) は Today, I am not free. のような語順にすることもできます。「時を表す表現」は通常、文末に置かれますがその「時」を強調したい場合にはこのように文頭に置かれます。

● 英作文

（10）You are not（You're not / You aren't）busy.
（あなたは忙しくありません）

（11）Minoru is not（isn't）my cousin.
（ミノルは私のいとこではありません）

（12）I'm（I am）not in the park.
（私は、その公園にはいません）

■ リスニング（選択問題）

（1）<u>Are</u> you my teacher? – Yes, I <u>am</u>.
　　（あなたは私の先生ですか？ – はい、そうです）

（2）<u>Is</u> he strong? – No, he <u>isn't</u>.
　　（彼は強いですか？ – いいえ、強くありません）

（3）<u>Are</u> you her student? – Yes, I <u>am</u>.
　　（あなたは彼女の生徒ですか？ – はい、そうです）

> **もっと
> くわしく**　(1) Yes, I am. は Yes, I am your teacher. の your teacher が省略されているものだと考えてください。

■ リスニング

（4）<u>Is your room clean?</u> – Yes, it is.
　　（あなたの部屋はきれいですか？ – はい、きれいです）

（5）<u>Are you a singer?</u> – No, I'm not.
　　（あなたは歌手ですか？ – いいえ、違います）

（6）<u>Is Mr. Nagata your cousin?</u> – Yes, he is.
　　（ナガタさんはあなたのいとこですか？ – はい、そうです）

■ 並べかえ問題

（7）<u>Is Kota a guitarist?</u> – Yes, he is.
　　（コウタはギタリストですか？ – はい、そうです）

（8）<u>Is Kelly a writer?</u> – No, he isn't.
　　（ケリーは作家ですか？ – いいえ、違います）

（9）<u>Are you free</u> today? – No, I'm not.
　　（あなたは、今日は暇ですか？ – いいえ、暇ではありません）

> **もっと
> くわしく**　(8) Kelly は、男女両方に使われる名前です。女性の場合、応答文は she で答えます。

■ 英作文

（10）<u>Is Mr. Oka busy?</u> – Yes, he is.
　　（オカさんは忙しいですか？ – はい、忙しいです）

（11）<u>Are you Minoru's cousin?</u> – No, I'm（I am） not.
　　（あなたはミノルのいとこですか？ – いいえ、違います）

（12）<u>Is she in the park?</u> – Yes, she is.
　　（彼女はその公園にいますか？ – はい、います）

■ リスニング（選択問題）

（1）I <u>read</u> the magazine.（私はその雑誌を読みます）

（2）You <u>walk</u> to school.（あなたは歩いて学校に行きます）

（3）We <u>swim</u> in the pool.（私たちはそのプールで泳ぎます）

> **アド
> バイス**　(2) walk to はセットで「～に歩いて行く」という意味になると覚えておきましょう。

> **もっと
> くわしく**　(1) the は「その」という意味の「冠詞」です。冠詞には a / an / the がありますが、the には「1つに決まる」というイメージがあるので、「the magazine」は話し手にとっても聞き手にとっても「（同じ）その雑誌」ということを表します。

■ リスニング

（4）<u>You look free today.</u>（あなたは、今日は暇そうに見えます）

（5）<u>I play the guitar.</u>（私はギターを弾きます）

（6）<u>We go to school every day.</u>（私たちは毎日学校に行きます）

> **アド
> バイス**　(5)〈play the ＋楽器〉で「（楽器）を演奏する」という意味になります。

> **もっと
> くわしく**　(6) every day は「毎日」という意味の語句です。1単語ではなく〈every ＋ day〉の2単語からなる表現です。

■ 並べかえ問題

（7）<u>You look busy.</u>
　　（あなたは忙しそうに見えます）

（8）<u>I walk to the park.</u>
　　（私はその公園に歩いて行きます）

（9）<u>I play the piano.</u>
　　（私はピアノを演奏します）

■ 英作文

（10）<u>I watch the program.</u>
　　（私はその番組を見ます）

（11）<u>You use the desk.</u>
　　（あなたはその机を使います）

（12）<u>We know your cousin.</u>
　　（私たちはあなたのいとこを知っています）

● リスニング（選択問題）

（1）I don't read the magazine.
（私はその雑誌を読みません）
（2）You do not walk to school.
（あなたは学校に歩いては行きません）
（3）Don't swim in the pool.
（そのプールで泳がないでください）

> アドバイス
> （1）の read「読む」は他動詞なので目的語（the magazine）をすぐ後ろに置きますが、（2）・（3）の walk「歩いて行く」と swim「泳ぐ」は自動詞なので、後ろは〈前置詞（to, in）＋目的語〉の順序になります。

● リスニング

（4）You don't look free today.
（あなたは、今日は暇そうに見えません）
（5）Play the guitar.
（そのギターを弾きなさい）
（6）We don't go to school every day.
（私たちは毎日学校に行くわけではありません）

> もっとくわしく
> （6）では not 以下の内容を「～するわけではない」と否定していると考えてください。この文は「毎日学校へは行かない」という内容であり「学校に行くのは週に0回だ」という意味ではありません。

● 並べかえ問題

（7）You don't look busy.
（あなたは忙しそうには見えません）
（8）I don't walk to the park.
（私はその公園に歩いては行きません）
（9）Don't play the piano.
（そのピアノを演奏しないでください）

> アドバイス
> （7）look は「～に見える」、look at は「～を見る（～に目を向ける）」です。

● 英作文

（10）I don't（do not）watch the program.
（私はその番組を見ません）
（11）Use the desk.
（その机を使いなさい）
（12）We don't（do not）know your cousin.
（私たちはあなたのいとこを知りません）

> アドバイス
> （10）watch は「（動いているものを）じっと見る・注意して見守る」という意味の単語です。「（テレビを）見る」を表す場合には、この watch が使われます。

● リスニング（選択問題）

（1）Do you read the magazine? － Yes, I do.
（あなたはその雑誌を読みますか？ －はい、読みます）
（2）Do you go to school? － No, I don't.
（あなたは学校に行きますか？ －いいえ、行きません）
（3）Do you swim in the pool? － Yes, we do.
（あなたたちはそのプールで泳ぎますか？ －はい、泳ぎます）

● リスニング

（4）Do you teach math? – Yes, I do.
（あなたは数学を教えますか？ －はい、教えます）
（5）Do you play the violin? – No, I don't.
（あなたはバイオリンを弾きますか？ －いいえ、弾きません）
（6）Do you read the newspaper? – Yes, I do.
（あなたは新聞を読みますか？ －はい、読みます。）

> もっとくわしく
> （4）math は「数学」という意味の単語です。主要5教科のうちの残る4教科を英語にするとき、英語は English、国語は Japanese、理科は science、社会は social studies と表します。技能科目では、音楽は music、美術は art、体育は physical education（PE）、技術・家庭は technology and home economics と表します。

● 並べかえ問題

（7）Do I look busy?
（私は忙しそうに見えますか？）
（8）No, you don't.
（いいえ、見えません）
（9）Do you play the piano?
（あなたはピアノを演奏しますか？）

> もっとくわしく
> （7）Do I～? という表現は「私は～ですか？」という意味なので、あまり使う機会は多くないかと思います。それでも例文のような状況を表すときに使いますので覚えておいてください。応答は Yes, you do. / No, you don't. となります。

● 英作文

（10）Do you watch the program? – Yes, I do.
（あなたはその番組を見ますか？ －はい、見ます）
（11）Do you use the desk? – No, I don't.
（あなたはその机を使いますか？ －いいえ、使いません）
（12）Do you know my cousin? – Yes, we do.
（あなたたちは私のいとこを知っていますか？
－はい、知っています）

■ リスニング（選択問題）

（1）Who is the woman? – She is Naomi.
（その女性は誰ですか？－彼女はナオミです）

（2）What is your name? – My name is Tomoyuki.
（あなたの名前は何ですか？－私の名前はトモユキです）

（3）Where is the park? – It is next to the station.
（その公園はどこですか？－〈それは〉駅の隣にあります）

> **アドバイス** Who is は Who's、What is は What's、Where is は Where's というように、それぞれ短縮形にすることができます。

■ リスニング

（4）What is this? – It is my bag.
（これは何ですか？－それは私のカバンです）

（5）Who is the man by the door? – He is Mr. Naito.
（ドアのそばにいる男性は誰ですか？－彼はナイトウさんです）

（6）When is your birthday? – My birthday is November 6.
（あなたの誕生日はいつですか？－私の誕生日は11月6日です）

> **アドバイス** (6) 応答文の My birthday は、代名詞の It「それは」で表すこともできます。

■ 並べかえ問題

（7）What is that?
（あれは何ですか？）

（8）It is a pencil.
（それは鉛筆です）

（9）Who is the baseball player?
（その野球選手は誰ですか？）

■ 英作文

（10）When is his birthday? – His birthday is November 13.
（彼の誕生日はいつですか？－彼の誕生日は11月13日です）

（11）What is this? – It is my book.
（これは何ですか？－それは私の本です）

（12）Why are you busy? – Because I have a lot of work.
（なぜあなたは忙しいのですか？
　－私には仕事がたくさんあるからです）

■ リスニング（選択問題）

（1）What do you use? – I use the pen.
（あなたは何を使いますか？－私はそのペンを使います）

（2）Where do you go? – I go to the park.
（あなたはどこに行きますか？－私は公園に行きます）

（3）Who do you see? – I see my mother.
（あなたは誰に会いますか？－私は母に会います）

■ リスニング

（4）What do you do every Sunday? – I watch a movie.
（あなたは毎週日曜日に何をしますか？－私は映画を見ます）

（5）Where do you live? – I live in Tokyo. ＊live in「～に住んでいる」
（あなたはどこに住んでいますか？－私は東京に住んでいます）

（6）Who do you like? – I like her.
（あなたは誰が好きですか？－私は彼女が好きです）

> **もっとくわしく** (4) 最初の do は「助動詞」（疑問文を作るために必要）で、2 つめの do は「一般動詞」です。同じ形ですが、はたらきが 違うということをおさえておいてください。
> (6) her は「彼女を」という意味ですが、like her を「彼 女を好きだ」とすると日本語として不自然になってしまう ので、訳は「彼女が好きだ」になっています。

■ 並べかえ問題

（7）What do you read in your free time?
（あなたは暇なときに何を読みますか？）

（8）I read a magazine.
（私は雑誌を読みます）

（9）Who do you talk with?
（あなたは誰と話をしますか？）

■ 英作文

（10）What do you want? – I want a house.
（あなたは何がほしいですか？－私は家がほしいです）

（11）Where do you eat dinner? – I eat dinner at home.
（あなたはどこで晩ごはんを食べますか？
　－私は家で晩ごはんを食べます）

（12）What time do you usually get up?
　– I usually get up at seven.
（あなたはたいてい何時に起きますか？
　－私はたいてい7時に起きます）

> **もっとくわしく** (11)「朝ごはん」は breakfast、「昼ごはん」は lunch、「晩ご はん」は dinner です。他にも「夕食・夜食」を表す supper という単語もあります。

■ リスニング（選択問題）

（1）She <u>reads</u> the magazine.
　　（彼女はその雑誌を読みます）

（2）Mr. Kojima <u>watches</u> TV every day.
　　（コジマさんは毎日、テレビを見ます）

（3）Hiroyoshi <u>walks</u> to the park every morning.
　　（ヒロヨシは毎朝、その公園まで歩きます）

> **もっとくわしく** （2）every の後ろには単数形の名詞が続き、「すべての〜」という表現を作ります。every day は「すべての日」なので、「毎日」という意味になるのです。

■ リスニング

（4）She <u>looks</u> free.
　　（彼女は暇そうに見えます）

（5）Kota <u>knows</u> you.
　　（コウタはあなたのことを知っています）

（6）He <u>studies</u> English.
　　（彼は英語を勉強します）

■ 並べかえ問題

（7）He <u>uses</u> the pen.
　　（彼はそのペンを使います）

（8）Mr. Sanada <u>draws</u> some pictures.
　　（サナダさんは何枚かの絵を描きます）

（9）She <u>likes</u> bread.
　　（彼女はパンが好きです）

> **もっとくわしく** （8）some は「ぼんやりとした数量の」というニュアンスを持つ単語です。そのため、some pictures は「ぼんやりとした・はっきりとはしない数の絵」ということを表し、「何枚かの絵」という意味になります。

■ 英作文

（10）Mr. Suzuki <u>has a belt</u>.
　　（スズキさんはベルトを持っています）

（11）Ms. Banks <u>watches（sees）the movie</u>.
　　（バンクスさんはその映画を見ます）

（12）Hiroshi <u>writes a letter</u>.
　　（ヒロシは手紙を書きます）

> **アドバイス** （10）この文における has は、「手に持っている」という意味ではありません。「その人のところにある」、つまり「所有している」という意味になります。「手に持っている」と言いたい場合は have 〜 in one's hand などと表します。

■ リスニング（選択問題）

（1）She <u>doesn't read</u> the book.
　　（彼女はその本を読みません）

（2）Mr. Kojima <u>doesn't watch</u> TV on Thursday.
　　（コジマさんは、木曜日はテレビを見ません）

（3）Hiroyoshi <u>doesn't go</u> to the park.
　　（ヒロヨシはその公園に行きません）

> **アドバイス** （2）on Thursday は「木曜日に」という意味ですが、「木曜日にテレビを見ません」と訳すと不自然な日本語になります。なので「木曜日は」という訳をつけてあります。

■ リスニング

（4）He <u>doesn't look</u> free.
　　（彼は暇そうには見えません）

（5）Kota <u>doesn't know</u> him.
　　（コウタは彼のことを知りません）

（6）She <u>doesn't study</u> Japanese.
　　（彼女は国語を勉強しません）

■ 並べかえ問題

（7）She <u>doesn't use the pen</u>.
　　（彼女はそのペンを使いません）

（8）Mr. Watanabe <u>does not draw any pictures</u>.
　　（ワタナベさんは絵を全く描きません）

（9）He <u>doesn't like bread</u>.
　　（彼はパンが好きではありません）

> **もっとくわしく** （8）any は否定文では「どんな〜も」という意味の単語です。この英文を直訳すると「ワタナベさんはどの絵も描かない」、つまり「ワタナベさんは全く絵を描かない」という意味になるのです。

■ 英作文

（10）He <u>doesn't（does not）have a belt</u>.
　　（彼はベルトを持っていません）

（11）Asuka <u>doesn't（does not）watch（see）a movie</u>.
　　（アスカは映画を見ません）

（12）Mr. Nagata <u>doesn't（does not）write a letter</u>.
　　（ナガタさんは手紙を書きません）

> **アドバイス** （11）「映画を見る」を表現する場合、動詞には watch も see も使われます。映画館で見る場合には see、家で DVD などを見る場合には watch を使うことが多いです。see は「（意識しなくても）見える」、watch は「（こちらから注意を傾けてじっと）見る」という意味を持っています。

■ リスニング(選択問題)

（1）Does she read the book? – Yes, she does.
（彼女はその本を読みますか？ – はい、読みます）

（2）Does Mr. Kojima watch TV on Thursday? – No, he doesn't.
（コジマさんは、木曜日にテレビを見ますか？ – いいえ、見ません）

（3）Does Hiroyoshi go to the park? – Yes, he does.
（ヒロヨシはその公園に行きますか？ – はい、行きます）

> **もっと くわしく** （2）on Thursday は「木曜日に」という意味ですが、on Thursdays とすると「毎週木曜日に」という意味になり、every Thursday とほぼ同じ表現になります。

■ リスニング

（4）Does he look free? – No, he doesn't.
（彼は暇そうに見えますか？ – いいえ、見えません）

（5）Does Kota know her? – Yes, he does.
（コウタは彼女のことを知っていますか？ – はい、知っています）

（6）Does she study math? – Yes, she does.
（彼女は数学を勉強しますか？ – はい、します）

■ 並べかえ問題

（7）Does she use the pen?
（彼女はそのペンを使いますか？）

（8）No, she doesn't.
（いいえ、使いません）

（9）Does he like bread?
（彼はパンが好きですか？）

> **アド バイス** （9）bread「パン」は不可算名詞なので、複数形はありません。なので、前に a を置いたり語尾に s をつけたりすることはないのです。

■ 英作文

（10）Does he have a belt? – Yes, he does.
（彼はベルトを持っていますか？ – はい、持っています）

（11）Does Eri watch（see）movies? – No, she doesn't.
（エリは映画を見ますか？ – いいえ、見ません）

（12）Does Mr. Nagata write a letter? – Yes, he does.
（ナガタさんは手紙を書きますか？ – はい、書きます）

■ リスニング(選択問題)

（1）You can read the magazine.
（あなたはその雑誌を読むことができます）

（2）Alex will watch TV today.
（アレックスは今日、テレビを見るでしょう）

（3）Hiroyoshi can play the piano very well.
（ヒロヨシはとても上手にピアノを弾くことができます）

> **アド バイス** （3）「上手に」は well を、「とても上手に」は very well を文末に置いて表します。

■ リスニング

（4）I can use the car.
（私はその車を使うことができます）

（5）She can come to my house.
（彼女は私の家に来ることができます）

（6）Ms. Matsui can teach English.
（マツイさんは英語を教えることができます）

■ 並べかえ問題

（7）He can use the pen.
（彼はそのペンを使うことができます）

（8）Mr. Sanada can take a picture.
（サナダさんは写真を撮ることができます）

（9）She can run fast.
（彼女は速く走ることができます）

> **アド バイス** （8）take a picture は take pictures のように picture の複数形を使って表すこともできます。

■ 英作文

（10）Mr. Ibushi can play the guitar very well.
（イブシさんはとても上手にギターを弾くことができます）

（11）Kris can take a picture well.
（クリスは上手に写真を撮ることができます）

（12）You can sing a song well.
（あなたは上手に歌を歌うことができます）

> **アド バイス** （11）take a picture は take pictures と表現することもできます。
> （12）sing a song は sing songs と表現することもできます。

● リスニング（選択問題）

（1）You <u>cannot</u> read the magazine.
　　（あなたはその雑誌を読むことができません）
（2）Mr. Tani <u>will not</u> watch TV today.
　　（タニさんは、今日はテレビを見ないでしょう）
（3）Yujiro can't <u>play</u> the violin very well.
　　（ユウジロウはあまり上手にバイオリンを弾くことができません）

> **もっと
> くわしく**　（3）not 〜 very well は、直訳すると「とても上手に〜する
> わけではない」という意味です。これを言いかえると、上
> にある訳のように「あまり上手に〜しない」となります。

● リスニング

（4）You can't use the car.
　　（あなたはその車を使うことができません）
（5）He can't come to your house.
　　（彼はあなたの家に来ることができません）
（6）Mr. Nakanishi can't teach math.
　　（ナカニシさんは数学を教えることができません）

● 並べかえ問題

（7）She can't use the pen.
　　（彼女はそのペンを使うことができません）
（8）Mr. Takahashi can't take a picture.
　　（タカハシさんは写真を撮ることができません）
（9）He can't run fast.
　　（彼は速く走ることができません）

> **もっと
> くわしく**　（9）fast は「（スピードの点で）速く」、early は「（時間の
> 点で）早く」という意味の単語です。

● 英作文

（10）I can't（cannot）play the guitar well.
　　（私は上手にギターを弾くことができません）
（11）He can't（cannot）take a picture well.
　　（彼は上手に写真を撮ることができません）
（12）Mr. Yano can't（cannot）sing a song well.
　　（ヤノさんは上手に歌を歌うことができません）

● リスニング（選択問題）

（1）<u>May</u> I read the magazine? – Yes, you <u>may</u>.
　　（その雑誌を読んでもいいですか？ – はい、いいです）
（2）<u>Will</u> Mr. Tani watch TV today? – No, he <u>will not</u>.
　　（タニさんは、今日はテレビを見るでしょうか？
　　　－いいえ、見ないでしょう）
（3）Can Yujiro <u>play</u> the violin very well? – Yes, he <u>can</u>.
　　（ユウジロウはとても上手にバイオリンを弾くことができますか？
　　　－はい、できます）

> **アド
> バイス**　（1）May I ...? と質問する場合には、応答文の主語は you に
> なります。Yes, you may. は目上の人が目下の人にいう言いか
> たです。それ以外の場合には相手に対して失礼な表現になる
> ので、注意しましょう。
> （2）No, he will not. は No, he won't. とすることもできます。

● リスニング

（4）Can I use the car? – Yes, you can.
　　（私はその車を使うことができますか？ – はい、できます）
（5）Can he come to your house? – No, he can't.
　　（彼はあなたの家に来ることができますか？－いいえ、できません）
（6）Can Mr. Nakanishi teach math? – No, he can't.
　　（ナカニシさんは数学を教えることができますか？
　　　－いいえ、できません）

> **アド
> バイス**　（6）質問文の主語である Mr. Nakanishi は、応答文の主語
> になるときは代名詞の he「彼は」になります。

● 並べかえ問題

（7）Can she use the pen?
　　（彼女はそのペンを使うことができますか？）
（8）No, she can't.
　　（いいえ、使うことができません）
（9）Can he run fast?
　　（彼は速く走ることができますか？）

● 英作文

（10）Can you play the guitar well? – Yes, I can.
　　（あなたは上手にギターを弾くことができますか？
　　　－はい、できます）
（11）Can he take a picture well? – No, he can't.
　　（彼は上手に写真を撮ることができますか？
　　　－いいえ、できません）
（12）Can Ms. Mimura sing a song well? – Yes, she can.
　　（ミムラさんは上手に歌を歌うことができますか？
　　　－はい、できます）

> **アド
> バイス**　（12）質問文の主語である Ms. Mimura は、応答文の主語に
> なるときは代名詞の she「彼女は」になります。

■ リスニング（選択問題）

（1）You are reading a magazine.
（あなたは雑誌を読んでいるところです）

（2）Ms. Lynch is watching TV now.
（リンチさんは今、テレビを見ているところです）

（3）Kota is playing the guitar.
（コウタはギターを弾いているところです）

 （1）You are は You're と短縮形にすることもできます。

もっと
くわしく （2）時を表す副詞の now「今」はふつう文末に置きますが、「今であることを強調したい場合」には、文頭に置くこともできます。

■ リスニング

（4）I am using a camera.
（私はカメラを使っているところです）

（5）You are playing the violin.
（あなたはバイオリンを弾いているところです）

（6）Mr. Okada is swimming in the pool.
（オカダさんはそのプールで泳いでいるところです）

アド
バイス （6）「プールで」は「プールの中で」ということなので、前置詞の in「〜の中で」を使って表します。

■ 並べかえ問題

（7）He is using the pen.
（彼はそのペンを使っているところです）

（8）Mr. Hara is taking pictures.
（ハラさんは写真を撮っているところです）

（9）She is running.
（彼女は走っているところです）

 （8）a picture ではなく複数形の pictures を使っていることから、ハラさんが今、「何枚も写真を撮っている最中」であることがわかります。

■ 英作文

(10) I am（I'm）playing baseball now.
（私は今、野球をしているところです）

(11) Ms. Carmella is playing the piano.
（カーメラさんはピアノを弾いているところです）

(12) They are（They're）singing a song.
（彼らは歌を歌っているところです）

■ リスニング（選択問題）

（1）You are not reading a newspaper.
（あなたは新聞を読んでいるところではありません）

（2）Mr. Shibata is not watching the program now.
（シバタさんは今、その番組を見ているところではありません）

（3）Kenny is not playing the drums.
（ケニーはドラムを演奏しているところではありません）

■ リスニング

（4）You're not using a laptop.
（あなたはノートパソコンを使っているところではありません）

（5）He's not playing volleyball.
（彼はバレーボールをしているところではありません）

（6）Mr. Tanahashi isn't running in the park.
（タナハシさんはその公園を走っているところではありません）

もっと
くわしく （4）laptop「ノートパソコン」は、正確には laptop computer と言いますが、laptop だけで使われることが多いです。

■ 並べかえ問題

（7）She is not using the pencil.
（彼女はその鉛筆を使っているところではありません）

（8）Mr. Kanazawa isn't talking with her.
（カナザワさんは彼女と話をしているところではありません）

（9）He is not walking.
（彼は歩いているところではありません）

アド
バイス （8）talk with は「（人）と話をする」という意味の表現です。

■ 英作文

(10) He isn't（He's not / He is not）playing soccer now.
（彼は今、サッカーをしているところではありません）

(11) Ms. Hojo isn't（is not）swimming.
（ホウジョウさんは泳いでいるところではありません）

(12) They aren't（They're not / They are not）dancing.
（彼らは踊っているところではありません）

● リスニング（選択問題）

（1）Is she <u>reading</u> a book? – Yes, she <u>is</u>.
　　（彼女は本を読んでいるところですか？ – はい、そうです）

（2）Is Mr. Naito <u>watching</u> TV now? – No, he <u>isn't</u>.
　　（ナイトウさんは今、テレビを見ているところですか？
　　 – いいえ、違います）

（3）Is Michael <u>playing</u> the guitar? – No, he <u>isn't</u>.
　　（マイケルはギターを弾いているところですか？ – いいえ、違います）

● リスニング

（4）<u>Are you using a laptop? – Yes, I am.</u>
　　（あなたはノートパソコンを使っているところですか？
　　 – はい、そうです）

（5）<u>Is he playing volleyball? – No, he isn't.</u>
　　（彼はバレーボールをしているところですか？ – いいえ、違います）

（6）<u>Is Mr. Tanahashi running in the park? – Yes, he is.</u>
　　（タナハシさんはその公園を走っているところですか？
　　 – はい、そうです）

● 並べかえ問題

（7）<u>Is he using the desk?</u>
　　（彼はその机を使っているところですか？）

（8）<u>No, he isn't.</u>
　　（いいえ、違います）

（9）<u>Is she talking with him now?</u>
　　（彼女は今、彼と話をしているところですか？）

> **もっと
> くわしく** （9）talk with は「〜と話をする」、talk to は「〜に話しかける」という意味です。

● 英作文

（10）Is she playing basketball now? – <u>Yes, she is.</u>
　　（彼女は今、バスケットボールをしているところですか？
　　 – はい、そうです）

（11）<u>Is Ms. Hojo swimming?</u>
　　 – No, she isn't（she's not / she is not）.
　　（ホウジョウさんは泳いでいるところですか？ – いいえ、違います）

（12）Are you dancing now? – <u>Yes, I am.</u>
　　（あなたは今、踊っているところですか？ – はい、そうです）

> **もっと
> くわしく** （12）dancing の元の形は dance「踊る」です。

● リスニング（選択問題）

（1）I <u>read</u> the magazine.
　　（私はその雑誌を読みました）

（2）You <u>went</u> to school.
　　（あなたは学校に行きました）

（3）We <u>swam</u> in the pool.
　　（私たちはそのプールで泳ぎました）

> **アド
> バイス** （1）read は過去形になってもつづりは同じです。ただし、発音が [réd]（レッド）に変わるので注意してください。

● リスニング

（4）<u>You looked free today.</u>
　　（あなたは、今日は暇そうに見えました）

（5）<u>I played the guitar.</u>
　　（私はギターを弾きました）

（6）<u>We went to the station yesterday.</u>
　　（私たちは昨日、その駅に行きました）

● 並べかえ問題

（7）<u>You looked busy yesterday.</u>
　　（あなたは、昨日は忙しそうに見えました）

（8）<u>He walked to the park this morning.</u>
　　（彼は今朝、その公園に歩いて行きました）

（9）<u>I played the piano.</u>
　　（私はピアノを演奏しました）

> **もっと
> くわしく** （8）this morning「今朝」は、その日の正午を過ぎると過去を表す表現になるため、過去形の文と一緒に使われることが多いです。

● 英作文

（10）<u>I watched the program last night.</u>
　　（私は昨晩、その番組を見ました）

（11）<u>You used the desk last month.</u>
　　（あなたは先月、その机を使いました）

（12）<u>We knew your cousin.</u>
　　（私たちはあなたのいとこを知っていました）

> **アド
> バイス** （10）の last night と（11）の last month は、文頭にも置けます。

● リスニング（選択問題）

（1）I didn't read the magazine.
（私はその雑誌を読みませんでした）

（2）You did not go to school.
（あなたは学校に行きませんでした）

（3）We didn't swim in the pool.
（私たちはそのプールで泳ぎませんでした）

> アドバイス (2) did not も didn't も意味は「〜しなかった」となり同じですが、did not は not の部分を強く発音します。not という否定の部分を強く発音する（＝そこにアクセントが置かれる）ため、did not のほうが didn't よりも否定の意味合いが少し強くなります。

● リスニング

（4）You didn't look free yesterday.
（あなたは、昨日は暇そうに見えませんでした）

（5）I didn't play the guitar.
（私はギターを弾きませんでした）

（6）We didn't go to the station yesterday.
（私たちは昨日、その駅に行きませんでした）

● 並べかえ問題

（7）You didn't look busy yesterday.
（あなたは昨日、忙しそうに見えませんでした）

（8）I didn't walk to the park this morning.
（私は今朝、その公園に歩いては行きませんでした）

（9）She didn't play the piano.
（彼女はピアノを弾きませんでした）

> アドバイス (8) walk to the park は「その公園まで歩く」という意味ですが、walk in the park だと「その公園（の中）を歩く」という意味になります。前置詞の to は「到達点・方向」、in は「内部」を表します。

● 英作文

(10) I didn't（did not）watch the program.
（私はその番組を見ませんでした）

(11) You didn't（did not）use the desk.
（あなたはその机を使いませんでした）

(12) We didn't（did not）know your cousin.
（私たちはあなたのいとこを知りませんでした）

● リスニング（選択問題）

（1）Did you read the magazine? – Yes, I did.
（あなたはその雑誌を読みましたか？ – はい、読みました）

（2）Did you go to school? – No, I didn't.
（あなたは学校に行きましたか？ – いいえ、行きませんでした）

（3）Did you swim in the pool? – Yes, we did.
（あなたたちはそのプールで泳ぎましたか？ – はい、泳ぎました）

● リスニング

（4）Did I look free yesterday? – Yes, you did.
（私は、昨日は暇そうに見えましたか？ – はい、見えました）

（5）Did you play the guitar? – No, I didn't.
（あなたはギターを弾きましたか？ – いいえ、弾きませんでした）

（6）Did you go to the station yesterday? – Yes, we did.
（あなたたちは昨日、その駅に行きましたか？ – はい、行きました）

> アドバイス (6) you は「あなた」という単数の使いかたと「あなたたち」という複数の使いかたができます。この問題では応答文の主語が we「私たちは」となっているので、「あなたたち」という意味で質問をしていると考えます。

● 並べかえ問題

（7）Did I look busy yesterday?
（私は昨日、忙しそうに見えましたか？）

（8）No, you didn't.
（いいえ、見えませんでした）

（9）Did you play the piano?
（あなたはピアノを弾きましたか？）

> もっとくわしく (7)「昨日」は yesterday ですが、「おととい」は the day before yesterday、もしくは two days ago「2日前」と表すことができます。

● 英作文

(10) Did you watch the program? – Yes, I did.
（あなたはその番組を見ましたか？ – はい、見ました）

(11) Did you use the desk? – No, I didn't.
（あなたはその机を使いましたか？ – いいえ、使いませんでした）

(12) Did you know my cousin? – No, we didn't.
（あなたたちは私のいとこを知っていましたか？
　　　 – いいえ、知りませんでした）

● リスニング（選択問題）

（1）I <u>was</u> your teacher.
（私はあなたの先生でした）

（2）Mr. Kitamura <u>was</u> strong.
（キタムラさんは強かったです）

（3）You <u>were</u> my student.
（あなたは私の生徒でした）

> **もっと くわしく** (2) 過去形は「現在とは関係のない過去のある時点でのこと」を表すので、キタムラさんが現在も強いのかどうかはこの文だけでは判断できません。

● リスニング

（4）<u>I was your friend.</u>
（私はあなたの友達でした）

（5）<u>Ms. Abe was free today.</u>
（アベさんは、今日は時間がありました）

（6）<u>You were very busy today.</u>
（あなたは、今日はとても忙しかったです）

> **アド バイス** (5) today「今日」は現在形の英文の中だけでなく、過去形の英文の中でもこのように使うことができます。

● 並べかえ問題

（7）<u>Hiroshi was a guitarist</u>.
（ヒロシはギタリストでした）

（8）<u>Cody was a writer</u>.
（コーディは作家でした）

（9）<u>Natsumi was busy today</u>.
（ナツミは、今日は忙しかったです）

> **もっと くわしく** (7) guitarist のように、語尾が ist で終わる単語は「人」を表します。その他の例として artist「芸術家」、pianist「ピアニスト」、violinist「バイオリニスト」、scientist「科学者」、journalist「ジャーナリスト」などが挙げられます。

● 英作文

（10）<u>Jenny was busy yesterday.</u>
（ジェニーは、昨日は忙しかったです）

（11）<u>Kenny was a gentleman.</u>
（ケニーは紳士でした）

（12）<u>Ryusuke was a singer.</u>
（リュウスケは歌手でした）

● リスニング（選択問題）

（1）I <u>wasn't</u> a baseball player.
（私は野球選手ではありませんでした）

（2）Mr. Ishimori <u>wasn't</u> tall.
（イシモリさんは背が高くありませんでした）

（3）You <u>weren't</u> my classmate.
（あなたは私の同級生ではありませんでした）

> **アド バイス** (2) tall「背が高い」の反対は short「背が低い」です。

● リスニング

（4）<u>I wasn't your friend.</u>
（私はあなたの友達ではありませんでした）

（5）<u>Sayoko wasn't free today.</u>
（サヨコは、今日は時間がありませんでした）

（6）<u>You weren't very busy today.</u>
（あなたは、今日はそれほど忙しくはありませんでした）

> **もっと くわしく** (6) 〈be 動詞 + not + very 〜〉は「それほど〜ではない」という意味になります。very busy「とても忙しい」を、前から not「〜なわけではない」が打ち消しているため、「とても忙しいというわけではない」、つまり「それほど忙しくはない」という意味になるのです。

● 並べかえ問題

（7）<u>Hirooki wasn't a guitarist</u>.
（ヒロオキはギタリストではありませんでした）

（8）<u>Nick wasn't a writer</u>.
（ニックは作家ではありませんでした）

（9）<u>She wasn't busy today</u>.
（彼女は、今日は忙しくありませんでした）

● 英作文

（10）<u>Mr. Yano wasn't（was not）busy yesterday.</u>
（ヤノさんは、昨日は忙しくありませんでした）

（11）<u>Matt wasn't（was not）a gentleman.</u>
（マットは紳士ではありませんでした）

（12）<u>They weren't（were not）singers.</u>
（彼らは歌手ではありませんでした）

■ リスニング（選択問題）

（1）Were you a basketball player? – Yes, I was.
（あなたはバスケットボールの選手でしたか？
　– はい、そうでした）

（2）Was Ms. Abe tall? – Yes, she was.
（アベさんは背が高かったですか？ – はい、背が高かったです）

（3）Was that bike yours? – No, it wasn't.
（あの自転車はあなたのものでしたか？ – いいえ、違いました）

> **アドバイス** （3）No, it wasn't. の it は、質問文にある that bike を代名詞「それは」にしたものです。

■ リスニング

（4）Were you his friend? – Yes, I was.
（あなたは彼の友達でしたか？ – はい、そうでした）

（5）Was Sayoko free today? – No, she wasn't.
（サヨコは、今日は時間がありましたか？
　– いいえ、ありませんでした）

（6）Were you very busy today? – No, I wasn't.
（あなたは、今日はとても忙しかったですか？
　– いいえ、それほど忙しくはありませんでした）

■ 並べかえ問題

（7）Was Hirooki a guitarist?
（ヒロオキはギタリストでしたか？）

（8）No, he wasn't.
（いいえ、違いました）

（9）Was she busy today?
（彼女は、今日は忙しかったですか？）

■ 英作文

（10）Was Mr. Yano busy yesterday? – No, he wasn't（was not）.
（ヤノさんは、昨日は忙しかったですか？
　– いいえ、忙しくありませんでした）

（11）Was Matt a gentleman? – Yes, he was.
（マットは紳士でしたか？ – はい、そうでした）

（12）Was he a singer? – Yes, he was.
（彼は歌手でしたか？ – はい、そうでした）

> **アドバイス** （10）Mr. Yano「ヤノさんは」は、2回めからは he「彼は」という主格の代名詞に変わります。（11）の Matt「マットは」も同様です。

■ リスニング（選択問題）

（1）I will read the magazine.
（私はその雑誌を読むつもりです）

（2）You are going to go to school.
（あなたは学校に行くつもりなのですね）

（3）We will swim in the pool.
（私たちはそのプールで泳ぐつもりです）

> **アドバイス** I'll、you'll、we'll という短縮形もよく使われます。

■ リスニング

（4）I am going to go to bed early tonight.
（私は、今夜は早く寝るつもりです）

（5）You will play the guitar.
（あなたはギターを弾くでしょう）

（6）We will go to school tomorrow.
（私たちは明日、学校に行くつもりです）

> **アドバイス** （4）going to go のように go が連続することに違和感を持つ人もいるかもしれませんが、これは正しい表現であり、よく使われるものでもあります。

■ 並べかえ問題

（7）You will buy the bike.
（あなたはその自転車を買うでしょう）

（8）I am going to walk to the park.
（私はその公園に歩いて行くつもりです）

（9）I will play the piano.
（私はピアノを演奏するつもりです）

■ 英作文

（10）I will（I'll）watch the program. / I am（I'm）going to watch the program.
（私はその番組を見るつもりです）

（11）You will（You'll）use the desk. / You are（You're）going to use the desk.
（あなたはその机を使うつもりなのですね）

（12）We will（We'll）go to the park tomorrow. / We are（We're）going to go to the park tomorrow.
（私たちは明日、その公園に行くつもりです）

> **もっとくわしく** （10）語数が指定されている英作文であれば、5語なら will を使い、7語なら be going to を使うことになります（4語なら I'll、6語なら I'm を使いましょう）。また、「意志や推測」を表すのであれば will を、「未来に向けて動きはじめていること」を表すのであれば be going to を使います。

■ リスニング（選択問題）

（1）I will not read the magazine.
（私はその雑誌を読まないつもりです）

（2）You aren't going to go to school.
（あなたは学校に行かないつもりなのですね）

（3）We won't swim in the pool.
（私たちはそのプールで泳がないつもりです）

■ リスニング

（4）I am not going to go to bed early tonight.
（私は、今夜は早く寝るつもりではありません）

（5）You will not play the guitar.
（あなたはギターを弾かないでしょう）

（6）We will not go to school tomorrow.
（私たちは明日、学校に行かないつもりです）

> アドバイス（4）否定文は「〜しないつもりです」だけでなく「〜するつもりではありません」と訳すこともあります。go to bed は「ベッドに行く」、つまり「寝る」という意味になります。また、「（速度の点で）速い」は fast、「（時間の点で）早い」は early です。

■ 並べかえ問題

（7）You will not buy the bike.
（あなたはその自転車を買わないでしょう）

（8）I am not going to walk to the park.
（私はその公園に歩いて行くつもりではありません）

（9）I will not play the piano.
（私はピアノを演奏しないつもりです）

■ 英作文

（10）I will not（won't）watch the program. / I am（I'm）not going to watch the program.
（私はその番組を見ないつもりです）

（11）You will not（won't）use the desk. / You are not（You aren't / You're not）going to use the desk.
（あなたはその机を使わないつもりなのですね）

（12）We will not（won't）go to the park tomorrow. / We are not（We aren't / We're not）going to go to the park tomorrow.
（私たちは明日、その公園に行くつもりはありません）

> もっとくわしく（10）will は「意志や推測」を表し、be going to は「未来に向けて動きはじめている」ことを意味します。つまり、will not watch は「見る意志がないこと」、be not going to watch は「見る方向に向けて何かしらのアクションを起こしていないこと」を表します。

■ リスニング（選択問題）

（1）Will you read the magazine? - Yes, I will.
（あなたはその雑誌を読むつもりですか？
－はい、読むつもりです）

（2）Are you going to go to school? - No, I am not.
（あなたは学校に行くつもりですか？
－いいえ、行くつもりではありません）

（3）Will you swim in the pool? - No, we won't.
（あなたたちはそのプールで泳ぐつもりですか？
－いいえ、泳ぐつもりではありません）

■ リスニング

（4）Are you going to go to bed early tonight?
（あなたは、今夜は早く寝るつもりですか？）

（5）Will you play the guitar?
（あなたはギターを弾くつもりですか？）

（6）Will you go to school tomorrow?
（あなたは明日、学校に行くつもりですか？）

> もっとくわしく（4）go to bed の bed には冠詞（a もしくは the）がついていませんが、これは bed が「ベッド」ではなく「寝ること」を表しているからです。「寝ることに向かっていく」、つまり、「寝る」という意味になるわけです。冠詞の the を入れて go to the bed とすると、「（ある特定の）ベッドのところに行く」という意味になり、「寝る」ということを表さなくなります。

■ 並べかえ問題

（7）Will you buy the bike?
（あなたはその自転車を買うつもりですか？）

（8）Are you going to walk to the park?
（あなたはその公園に歩いて行くつもりですか？）

（9）Will she play the piano?
（彼女はピアノを演奏するつもりですか？）

■ 英作文

（10）Will you watch the program? – No, I won't（will not）. / Are you going to watch the program? – No, I'm（I am）not.
（あなたはその番組を見るつもりですか？
－いいえ、見ないつもりです）

（11）Will you use the desk? – Yes, I will. / Are you going to use the desk? – Yes, I am.
（あなたはその机を使うつもりですか？ －はい、使うつもりです）

（12）Will you go to the park tomorrow? – No, we won't（will not）. / Are you going to go to the park tomorrow? – No, we aren't（we're not / we are not）.
（あなたたちは明日、その公園に行くつもりですか？
－いいえ、行かないつもりです）

■ リスニング（選択問題）

（1）I <u>must read</u> the textbook.
（私はその教科書を読まなければなりません）

（2）You <u>have to go</u> to school today.
（あなたは、今日は学校に行かなければなりません）

（3）We <u>may swim</u> in the sea.
（私たちは海で泳ぐかもしれません）

■ リスニング

（4）<u>I must go to bed early today.</u>
（私は、今日は早く寝なければなりません）

（5）<u>You have to play the guitar this evening.</u>
（あなたは今晩、ギターを弾かなければなりません）

（6）<u>You may eat the bread now.</u>
（あなたは今、そのパンを食べてもよいです）

 （5）「今晩」は this evening の他に、tonight とも表されます。

■ 並べかえ問題

（7）<u>I must use the desk</u>.
（私はその机を使わなければなりません）

（8）<u>You have to walk to the park today</u>.
（あなたは、今日はその公園に歩いて行かなければなりません）

（9）<u>You may play the piano</u>.
（あなたはピアノを演奏してもよいです）

 （8）have to と must は、両方とも日本語に訳すと「〜しなければならない」となりますが、have to は「客観的な状況」から「何かをしなければならない」という意味になり、must はその文の話し手が「（主語の人は）〜しなければならない」と考えている、ということを表します。

■ 英作文

（10）I must see（watch）the movie. /
<u>I have to see（watch）the movie.</u>
（私はその映画を見なければなりません）

（11）<u>Michiko may use the desk.</u>
（ミチコはその机を使ってもよいです）

（12）<u>It may（might）be fine today.</u>（今日は晴れるかもしれません）

 （12）「晴れです」は It is fine.、「曇りです」は It is cloudy.、「雨です」は It is rainy. のように表します。これらの文に助動詞の may が入ると、「may は動詞の前に置き、動詞は原形にする」ため、It may be 〜 today. という英文が完成します。

■ リスニング（選択問題）

（1）You <u>mustn't</u> read the magazine.
（あなたはその雑誌を読んではなりません）

（2）You <u>don't have to</u> go to school.
（あなたは学校に行く必要はありません）

（3）We <u>may not</u> swim in the pool.
（私たちはそのプールで泳がないかもしれません）

 （3）may not は「私たちはプールで泳いではならない」のような「不許可」の意味だけでなく、英文の下の訳のように「推量」の意味の否定形として使うこともあります。

■ リスニング

（4）<u>You mustn't read this book.</u>
（あなたはこの本を読んではなりません）

（5）<u>You don't have to come here this evening.</u>
（あなたは今晩、ここに来る必要はありません）

（6）<u>You may not eat the bread now.</u>
（あなたは今、そのパンを食べてはなりません）

 （5）here は「ここに」、there は「そこに」という意味の副詞です。これらの here や there は名詞ではないので、前に前置詞を置く必要はありません。go there「そこに行く」や come here「ここに来る」、live there「そこに住む」のように表します。

■ 並べかえ問題

（7）<u>You must not ride the bike</u>.
（あなたはその自転車に乗ってはなりません）

（8）<u>You don't have to go to the station</u>.
（あなたはその駅に行く必要はありません）

（9）<u>You may not play the piano</u>.
（あなたはピアノを演奏してはなりません）

■ 英作文

（10）You must not（mustn't）watch the program. /
<u>You may not watch the program.</u>
（あなたはその番組を見てはなりません）

（11）<u>You don't（do not）have to buy the desk.</u>
（あなたはその机を買う必要はありません）

（12）You must not（mustn't）go to the park tomorrow. /
<u>You may not go to the park tomorrow.</u>
（あなたたちは明日、その公園に行ってはなりません）

 （10）（12）「〜してはならない」は must not と may not の両方で表せますが、must not は「禁止」、may not は「不許可」なので程度の差があることを覚えておいてください。

● リスニング（選択問題）

（1） May I read the magazine? – Yes, of course.
（その雑誌を読んでもいいですか？ – はい、もちろんです）

（2） Must you go to school? – No, I don't have to.
（あなたは学校に行かなければなりませんか？
– いいえ、行く必要はありません）

（3） May I sit here? – I'm sorry, you can't.
（ここに座ってもいいですか？ – 申し訳ありませんが、だめです）

> **アド バイス** （1）（3） May I ...? の文の主語は I ですが、「私は〜してもいいですか？」のように「私は」の部分を訳す必要はありません。そのほうが自然な日本語になるからです。

● リスニング

（4） Must you study hard today?
（あなたは、今日は一生懸命勉強をしなければなりませんか？）

（5） May I come here this evening?
（今晩ここに来てもいいですか？）

（6） May I eat the bread now?
（今そのパンを食べてもいいですか？）

● 並べかえ問題

（7） May I use the bike?
（その自転車を使ってもいいですか？）

（8） Must you walk to the park?
（あなたはその公園に歩いて行かなければなりませんか？）

（9） May I play the piano?
（ピアノを演奏してもいいですか？）

● 英作文

（10） May I watch the program?
– I'm afraid you can't. / I'm sorry, you can't.
（その番組を見てもいいですか？
– 申し訳ありませんが、だめです）

（11） Must you read the book? – No, I don't have to.
（あなたはその本を読まなければなりませんか？
– いいえ、読む必要はありません）

（12） May I use the car tomorrow?
– Yes, of course.
（明日その車を使ってもいいですか？ – はい、もちろんです）

> **アド バイス** （10）（12） May I ...? に対する応答のしかたは、Yes の場合と No の場合をそれぞれ 2 パターンずつ覚えておきましょう。

● リスニング（選択問題）

（1） I am as tall as Natsumi.（私はナツミと同じくらいの背の高さです）

（2） You can run as fast as Kenny.
（あなたはケニーと同じくらい速く走ることができます）

（3） Was Hiroshi as tired as Tetsuya? – No, he wasn't.
（ヒロシはテツヤと同じくらい疲れていましたか？
– いいえ、疲れていませんでした）

● リスニング

（4） She is as tall as Mike.（彼女はマイクと同じくらいの背の高さです）

（5） Can Mr. Ishii swim as fast as Mr. Goto? – Yes, he can.
（イシイさんはゴトウさんと同じくらい速く泳ぐことができますか？
– はい、できます）

（6） I wasn't as busy as Mr. Naito.
（私はナイトウさんほど忙しくはありませんでした）

> **アド バイス** （6） このような as 〜 as ... の否定文は、I wasn't so busy as Mr. Naito. のように、最初の as を so に変えて表すこともできます。

> **もっと くわしく** （5） Yes, he can. の he「彼は」は、質問文の主語の Mr. Ishii のことを指します。

● 並べかえ問題

（7） She is as busy as Hiroshi.
（彼女はヒロシと同じくらい忙しいです）

（8） Is she as beautiful as Cristy? – Yes, she is.
（彼女はクリスティと同じくらい美しいですか？
– はい、美しいです）

（9） I have as many dogs as Yoko.
（私はヨウコと同じくらいたくさんの犬を飼っています）

● 英作文

（10） Does he swim as fast as Hiromu? – Yes, he does.
（彼はヒロムと同じくらい速く泳ぎますか？ – はい、速く泳ぎます）

（11） I'm（I am） not as busy as Mr. Naito.
（私はナイトウさんほど忙しくはありません）

（12） She doesn't（does not） have as many bags as Alicia.
（彼女はアリシアほどたくさんのカバンを持ってはいません）

> **もっと くわしく** （11） 直訳すると「私はナイトウさんと同じくらい忙しいわけではない」となります。つまり、忙しさは「私<ナイトウさん」となるため、「私はナイトウさんほど忙しくはありません」という意味になるのです。

● リスニング（選択問題）

（1）I am taller than Hiromu.
（私はヒロムよりも背が高いです）

（2）Can you run faster than Natsumi? – No, I can't.
（あなたはナツミよりも速く走ることができますか？
－いいえ、できません）

（3）Hiroshi was more tired than Tetsuya.
（ヒロシはテツヤよりも疲れていました）

> **もっと くわしく** （3）この文を否定文にするときは原級の比較を使って、Hiroshi wasn't as tired as Tetsuya. と表現することができます。

● リスニング

（4）She is taller than Mike.
（彼女はマイクよりも背が高いです）

（5）Can Mr. Ishii swim faster than Mr. Goto? – Yes, he can.
（イシイさんはゴトウさんよりも速く泳ぐことができますか？
－はい、できます）

（6）I wasn't busier than Mr. Naito.
（私はナイトウさんほど忙しくはありませんでした）

> **アド バイス** （6）原級を使った言いかえも可能です。

● 並べかえ問題

（7）She is busier than Hiroshi.
（彼女はヒロシよりも忙しいです）

（8）Is she more beautiful than Cristy? – Yes, she is.
（彼女はクリスティよりも美しいですか？－はい、美しいです）

（9）I have more dogs than Jun.
（私はジュンよりもたくさんの犬を飼っています）

● 英作文

（10）Does Hiromu swim faster than Emma? – No, he doesn't.
（ヒロムはエマよりも速く泳ぎますか？－いいえ、泳ぎません）

（11）I'm（I am）busier than Mr. Naito.
（私はナイトウさんよりも忙しいです）

（12）She has more bags than Alicia.
（彼女はアリシアよりもたくさんのカバンを持っています）

> **もっと くわしく** （12）この文を否定文にすると、She doesn't have as many bags as Alicia. となります。その英文を直訳すると、「彼女はアリシアと同じくらいたくさんのカバンを持っているわけではありません」となりますが、「～と同じくらい…ではない」を「～ほど…ではない」と読みかえ、「彼女はアリシアほどたくさんのカバンを持っているわけではありません」と訳すと自然な日本語になります。

● リスニング（選択問題）

（1）I am the tallest in this class.
（私はこのクラスの中で一番背が高いです）

（2）Can you run the fastest of the three? – Yes, I can.
（あなたは3人の中で一番速く走ることができますか？
－はい、できます）

（3）Hiroshi can jump the highest in the team.
（ヒロシはそのチームの中で一番高くジャンプすることができます）

> **アド バイス** （2）the three をきちんと訳すと「その3人」となりますが、the「その」を訳す・訳さないは、文脈（話の流れ）にあわせて適宜判断すればよいです。

> **もっと くわしく** （2）the fastest「一番速く」は、run「走る」を修飾する副詞です。また、副詞の最上級につく the は省略できるので、You can run fastest of the three. でも OK です。

● リスニング

（4）He is the tallest in this school.
（彼はこの学校で一番背が高いです）

（5）Mr. Ishii can swim the fastest of the ten.
（イシイさんは10人の中で一番速く泳ぐことができます）

（6）Is Mr. Naito the busiest of the five? – Yes, he is.
（ナイトウさんは5人の中で一番忙しいですか？－はい、そうです）

● 並べかえ問題

（7）He is the richest of the five.
（彼は5人の中で一番お金持ちです）

（8）She is the most beautiful in the class.
（彼女はそのクラスの中で一番美しいです）

（9）Is that book the most expensive of the three? – No, it isn't.
（あの本は3冊の中で一番高いですか？－いいえ、違います）

● 英作文

（10）Mr. Matsumoto can swim the fastest in the class.
（マツモトさんはそのクラスの中で一番速く泳ぐことができます）

（11）Is Mr. Naito the oldest of the five? – Yes, he is.
（ナイトウさんは5人の中で一番年上ですか？－はい、そうです）

（12）Airi sings a song the best of the seven.
（アイリは7人の中で一番上手に歌を歌います）

> **もっと くわしく** （12）原級の比較は Airi sings as well as Michiko. 「アイリはミチコと同じくらい上手に歌を歌います」、比較級の比較は Airi sings a song better than Michiko. 「アイリはミチコより上手に歌を歌います」のようになります。

■ リスニング（選択問題）

（1）I like to sing a song.
（私は歌を歌うことが好きです）

（2）My plan is to climb Mt. Fuji.
（私の計画は富士山に登ることです）

（3）Hiroshi found it difficult to read the book.
（ヒロシはその本を読むことは難しいとわかりました）

> アドバイス　(1) a song は複数形の songs の場合もあります。

■ リスニング

（4）She likes to swim in the sea.
（彼女は海で泳ぐことが好きです）

（5）It is easy to answer the question.
（その問題に答えることはかんたんです）

（6）I found it difficult to come here tomorrow.
（私は、明日ここに来ることが難しいとわかりました）

> アドバイス　(6)「明日ここに来ること」は to come here tomorrow ですが、to 不定詞では「明日」のことだからといって「未来を表す表現」の will や be going to などを使う必要はありません。なので come の前に will を置いたりしないようにしてください。

■ 並べかえ問題

（7）Mr. Naito liked to play baseball.
（ナイトウさんは野球をすることが好きでした）

（8）Ms. Abe's plan is to go to Fukuoka next week.
（アベさんの計画は、来週福岡に行くことです）

（9）It is easy to read the book.
（その本を読むことはかんたんです）

■ 英作文

（10）She likes to read books.
（彼女は本を読むことが好きです）

（11）Mr. Watanabe's plan is to go to Ryogoku next month.
（ワタナベさんの計画は、来月両国に行くことです）

（12）I found it difficult to go there tomorrow.
（私は、明日そこに行くことは難しいとわかりました）

> アドバイス　(12) go there「そこに行く」や come here「ここに来る」は正しい表現です。go to there や come to here のように、to を入れないよう気をつけましょう。

■ リスニング（選択問題）

（1）I had a lot of questions to ask her.
（私には彼女にたずねるべき質問がたくさんありました）

（2）She had nothing to eat.
（彼女は何も食べ物を持っていませんでした）

（3）Mr. Kidani had no time to talk with you.
（キダニさんにはあなたと話をする時間がありませんでした）

> アドバイス　(2) have nothing は「何もない」という意味で、「何がないのか」を to 不定詞で後ろに補足します。
> (3) have no time は「時間がない」という意味です。talk with は「〜と話をする」、talk to は「〜に話しかける」という意味です。

■ リスニング

（4）I have a lot of books to read.
（私には読むべき本がたくさんあります）

（5）She had no time to go out today.
（彼女は、今日は外出する時間がありませんでした）

（6）Mr. Yamada was the first man to go there last year.
（ヤマダさんは昨年そこに行った最初の男性でした）

> アドバイス　(5) go out は「外出する」という意味です。

■ 並べかえ問題

（7）I have a lot of books to write.
（私には書くべき本がたくさんあります）

（8）Cristy has no time to go there today.
（クリスティは、今日はそこに行く時間がありません）

（9）He was the first man to come here.
（彼はここに来た最初の男性でした）

■ 英作文

（10）I have a lot of (many) jobs to do.
（私にはやるべき仕事がたくさんあります）

（11）Mr. Okada has something to tell you.
（オカダさんにはあなたに何か話すべきことがあります）

（12）She had no time (didn't 〈did not〉 have 〈any〉 time) to eat lunch today.
（彼女は、今日はお昼ごはんを食べる時間がありませんでした）

> もっとくわしく　(10) job は「仕事」という意味の可算名詞です。意味が似ている単語に work がありますが、「仕事」という意味で使うときは不可算名詞であり、可算名詞として使うと「作品」という意味になります。

問題は本冊105ページ

● リスニング（選択問題）

（1）Mr. Kushida went to the convenience store to buy a magazine.
（クシダさんは雑誌を買うためにそのコンビニに行きました）

（2）I was very glad to hear from a friend of mine.
（私は友達の中の1人から連絡をもらってとてもうれしかったです）

（3）She was very surprised to hear the news.
（彼女はその知らせを聞いてとても驚きました）

アド バイス	（2）be glad to do「〜してうれしい」と（3）be surprised to do「〜して驚く」は表現として覚えておいてください。

● リスニング

（4）I went to the park to play tennis.
（私はテニスをするためにその公園に行きました）

（5）Hiroshi grew up to be a teacher.
（ヒロシは成長して先生になりました）

（6）He was careless to lose his hat.
（帽子をなくすなんて、彼は不注意でした）

● 並べかえ問題

（7）Mr. Tanahashi went to the store to buy some coffee.
（タナハシさんはそのお店にコーヒーを買いに行きました）

（8）He was very sorry not to see you.
（彼はあなたに会えなくてとても残念がっていました）

（9）He grew up to be a famous actor.
（彼は成長して、有名な俳優になりました）

アド バイス	（7）some coffee の some は「いくらかの、多少の、少しの」という意味合いになります。日本語にする場合は、特に訳さなくても構いません。 （9）actor は男女問わず「俳優」を指します。「女優」を指す場合は actress です。

● 英作文

（10）She went to the station to see（meet）you yesterday.
（彼女は昨日、あなたに会うためにその駅に行きました）

（11）I was very sad not to watch the program.
（私はその番組を見ることができなくてとても悲しかったです）

（12）I was very glad to see（meet）her last week.
（私は先週、彼女に会えてとてもうれしかったです）

アド バイス	（11）be sad to do「〜して悲しい」は表現として覚えておいてください。

問題は本冊109ページ

● リスニング（選択問題）

（1）I was singing a song then.
（私はそのとき、歌を歌っていました）

（2）You were going to the hospital.
（あなたはその病院に向かっていました）

（3）Chelsea was coming to my house at that time.
（チェルシーはそのとき、私の家にやってくるところでした）

● リスニング

（4）He was playing the guitar then.
（彼はそのとき、ギターを弾いていました）

（5）He was watching TV when I called him.
（私が彼に電話をしたとき、彼はテレビを見ていました）

（6）Ms. Watanabe was using the camera at that time.
（ワタナベさんはそのとき、そのカメラを使っていました）

● 並べかえ問題

（7）Kenny was using the pen.
（ケニーはそのペンを使っていました）

（8）Mr. Nagata was going to Chiba at that time.
（ナガタさんはそのとき、千葉に向かっていました）

（9）She was reading a book when I called her.
（私が彼女に電話したとき、彼女は本を読んでいました）

● 英作文

（10）He was playing the piano then.
（彼はそのとき、ピアノを弾いていました）

（11）Zack was running in the park.
（ザックはその公園を走っていました）

（12）Hiroshi was going to the gym when I saw him.
（私がヒロシを見かけたとき、彼はジムに向かっていました）

アド バイス	（5）When I called him, he was watching TV. のように2つの節を入れかえて表現しても同じ意味になります。When で文をはじめるときは、最初の節の終わりに，（カンマ）を入れますが、when ではじまる節が後ろにくるときは、カンマは不要です。

もっと くわしく	（12）When I saw Hiroshi, he was going to the gym. のように、when からはじまる節を前に置くこともできます。答えの文では「彼は」を Hiroshi、「ヒロシを」を him と表していますが、He was going to the gym when I saw Hiroshi. としても問題ありません。日本語に訳す場合は when からはじまる節を最初に訳すといいのですが、その場合は「私がヒロシを見かけたとき、彼はジムに向かっているところでした」のように、常に「ヒロシ」を「彼」よりも先に訳すほうが自然です。

● リスニング（選択問題）

（1）I wasn't singing a song then.
（私はそのとき、歌を歌っていませんでした）

（2）I wasn't going to the hospital.
（私は病院に向かっていませんでした）

（3）Chelsea wasn't coming to your house at that time.
（チェルシーはそのとき、あなたの家にやってくるところではありませんでした）

> **アドバイス** （1）then「そのとき」は at that time に置きかえることができます。

● リスニング

（4）She wasn't playing the piano then.
（彼女はそのとき、ピアノを弾いていませんでした）

（5）She wasn't listening to the radio when I called her.
（私が彼女に電話をしたとき、彼女はラジオを聞いていませんでした）

（6）Hiromu wasn't walking in the park at that time.
（ヒロムはそのとき、その公園を歩いていませんでした）

> **アドバイス** （5）When I called her, she wasn't listening to the radio. も同じ意味になります。

● 並べかえ問題

（7）Kenny wasn't using the desk.
（ケニーはその机を使っていませんでした）

（8）Mr. Nakanishi wasn't going to Chiba at that time.
（ナカニシさんはそのとき、千葉に向かっていませんでした）

（9）Yoko wasn't reading a magazine when I called her.
（私がヨウコに電話したとき、彼女は雑誌を読んでいませんでした）

> **アドバイス** （9）When I called Yoko, she wasn't reading a magazine. も同じ意味になります。

● 英作文

（10）You weren't（were not）playing the violin then.
（あなたはそのとき、バイオリンを弾いているところではありませんでした）

（11）Mr. Jones wasn't（was not）running in the park.
（ジョーンズさんはその公園を走っているところではありませんでした）

（12）Tetsuya wasn't（was not）going to the gym when I saw him.
（私がテツヤを見かけたとき、彼はジムに向かっているところではありませんでした）

> **アドバイス** （12）When I saw Tetsuya, he wasn't going to the gym. も同じ意味になります。固有名詞の Tetsuya を最初の節に使い、2つめの節で代名詞の he（him）を使うと自然になります。

● リスニング（選択問題）

（1）Were you singing a song then? – Yes, I was.
（あなたはそのとき、歌を歌っていましたか？
－はい、歌っていました）

（2）Were you going to the hospital? – No, I wasn't.
（あなたは病院に向かっていましたか？
－いいえ、向かっていませんでした）

（3）Was Chelsea coming to your house at that time?
– Yes, she was.
（チェルシーはそのとき、あなたの家にやってくるところでしたか？
－はい、そうでした）

● リスニング

（4）Was she playing the piano then? – No, she wasn't.
（彼女はそのとき、ピアノを弾いていましたか？
－いいえ、弾いていませんでした）

（5）Was she listening to the radio when I called her?
– Yes, she was.
（私が彼女に電話をしたとき、彼女はラジオを聞いていましたか？
－はい、聞いていました）

（6）Was Hiromu walking in the park at that time? – Yes, he was.
（ヒロムはそのとき、その公園を歩いていましたか？
－はい、歩いていました）

> **アドバイス** （5）疑問文の節と when からはじまる節をつなげる場合には、「疑問文」を先にして、次に「when からはじまる節」を続けましょう。

● 並べかえ問題

（7）Was Kenny using the desk? – Yes, he was.
（ケニーはその机を使っているところでしたか？－はい、そうでした）

（8）Was Mr. Nagata going to Chiba at that time? – Yes, he was.
（ナガタさんはそのとき、千葉に向かっているところでしたか？
－はい、そうでした）

（9）What was she reading when I called her?
– She was reading a magazine.
（私が彼女に電話したとき、彼女は何を読んでいるところでしたか？
－彼女は雑誌を読んでいるところでした）

> **もっとくわしく** （9）疑問詞からはじまる「疑問文」に「when からはじまる節」が続きます。前半は What was she reading? なので、応答は what の答えとなる a magazine を使った肯定文の She was reading a magazine. となります。肯定文の語順は〈主語（She）＋動詞（was reading）＋α（a magazine：目的語）．〉です。

● 英作文

（10）Was he playing the piano then? – No, he wasn't.
（彼はそのとき、ピアノを弾いているところでしたか？
－いいえ、違いました）

（11）Was Hiroshi going to the gym when I saw him?
– Yes, he was.
（私がヒロシを見かけたとき、彼はジムに向かっているところでしたか？－はい、そうでした）

（12）Was she running in the park? – Yes, she was.
（彼女はその公園を走っているところでしたか？－はい、そうでした）

■ リスニング（選択問題）

（1）The guitar is played by Kota.
（そのギターはコウタによって演奏されます）

（2）The map was found by her.
（その地図は彼女によって見つけられました）

（3）She was spoken to by Mr. Okada at that time.
（彼女はそのとき、オカダさんに話しかけられました）

 もっとくわしく （2）found は find「見つける」の過去形と過去分詞ですが、「設立する」という意味の動詞の found もあります。こちらは found-founded-founded と変化する規則動詞です。

■ リスニング

（4）The pen is used by me.
（そのペンは私によって使われます）

（5）The room was used by many people yesterday.
（その部屋は昨日たくさんの人によって使われました）

（6）Japan is visited by a lot of people.
（日本は多くの人たちによって訪れられています）

アドバイス （5）ここでの many は、a lot of に言いかえることができます。
（6）ここでの a lot of は、many に言いかえることができます。

■ 並べかえ問題

（7）The car is used by Kazuchika.
（その車はカズチカによって使われています）

（8）This room was cleaned by Mr. Sugabayashi yesterday.
（この部屋は昨日スガバヤシさんによって掃除されました）

（9）She was spoken to by Mr. Homma last week.
（彼女は先週、ホンマさんに話しかけられました）

■ 英作文

（10）The cat is kept by Hiromu.
（その猫はヒロムによって飼われています）

（11）Hiroshi was spoken（talked）to by some women.
（ヒロシは数名の女性に話しかけられました）

（12）The wallet was found by her.
（その財布は彼女によって見つけられました）

 アドバイス （11）women は「女性たち」という意味で、woman「女性」の複数形です。man は「男性」、複数形は men「男性たち」になります。

もっとくわしく （10）kept は keep「～し続ける、保つ、飼うなど」の過去形と過去分詞です。

■ リスニング（選択問題）

（1）The song wasn't sung by Kota.
（その歌はコウタによって歌われませんでした）

（2）The map wasn't found by her.
（その地図は彼女が見つけたのではありません）

（3）She wasn't spoken to by Mr. Okada at that time.
（彼女はそのとき、オカダさんに話しかけられませんでした）

■ リスニング

（4）The pen isn't used by me.
（そのペンは、私は使いません）

（5）The room wasn't used by many people yesterday.
（その部屋は昨日、たくさんの人によって使われたわけではありません）

（6）The country isn't visited by a lot of people.
（その国は、多くの人たちによって訪れられているわけではありません）

もっとくわしく （6）a lot of「たくさんの」は、可算名詞と不可算名詞の両方に使うことができ、肯定文、疑問文、否定文のいずれにおいても使うことができます。可算名詞の前であれば many に、不可算名詞の前であれば much に置きかえることができます。

■ 並べかえ問題

（7）The car isn't used by Kazuchika.
（その車は、カズチカは使いません）

（8）This room wasn't cleaned by Mr. Sugabayashi yesterday.
（この部屋は昨日、スガバヤシさんによって掃除されませんでした）

（9）She wasn't spoken to by Mr. Homma last week.
（彼女は先週、ホンマさんに話しかけられませんでした）

■ 英作文

（10）The cat isn't（is not）kept by Hiromu.
（その猫はヒロムによって飼われているのではありません）

（11）Hiroshi wasn't（was not）spoken（talked）to by any women.
（ヒロシは一人の女性にも話しかけられませんでした）

（12）The wallet wasn't（was not）found by her.
（その財布は彼女によって見つけられたのではありません）

 もっとくわしく （11）否定文の中で any を使うと「（1つも）～ではない」という意味になります。ここでは wasn't spoken to by any women なので「一人の女性にも話しかけられなかった」という意味になります。

● リスニング（選択問題）

（1）<u>Was</u> the song sung by Kota? – Yes, it <u>was</u>.
（その歌はコウタによって歌われたのですか？ – はい、そうです）

（2）<u>Was</u> the map found by her? – No, it <u>wasn't</u>.
（その地図は彼女によって見つけられましたか？
－いいえ、違います）

（3）<u>Was</u> she spoken to by Mr. Okada at that time? – Yes, she was.
（彼女はそのとき、オカダさんに話しかけられましたか？
－はい、話しかけられました）

● リスニング

（4）<u>Is the pen used by you</u>? – No, it isn't.
（そのペンはあなたに使われていますか？
－いいえ、使われていません）

（5）<u>Was the room used by many people yesterday</u>? – Yes, it was.
（その部屋は昨日、たくさんの人によって使われましたか？
－はい、使われました）

（6）<u>Is the country visited by a lot of people</u>? – No, it isn't.
（その国は多くの人たちによって訪れられていますか？
－いいえ、訪れられていません）

● 並べかえ問題

（7）<u>Was the car used by Kazuchika</u>? – Yes, it was.
（その車はカズチカに使われましたか？ – はい、使われました）

（8）<u>Was this room cleaned by Mr. Sugabayashi yesterday</u>?
– No, it wasn't.
（この部屋は昨日、スガバヤシさんによって掃除されましたか？
－いいえ、されませんでした）

（9）<u>Was she spoken to by Mr. Homma last week</u>? – Yes, she was.
（彼女は先週、ホンマさんに話しかけられましたか？
－はい、話しかけられました）

● 英作文

（10）<u>Is the cat kept by Hiromu</u>? – Yes, it is.
（その猫はヒロムによって飼われていますか？
－はい、飼われています）

（11）<u>Was Hiroshi spoken（talked）to by any women</u>? – Yes, he was.
（ヒロシは何人かの女性に話しかけられましたか？
－はい、話しかけられました）

（12）<u>Was the wallet found by her</u>? – No, it wasn't（was not）.
（その財布は彼女によって見つけられたのですか？
－いいえ、違います）

 （10）the cat は 2 回めから it「それ」で表します。人以外の「生き物」を代名詞に置きかえるときは、基本的には単数形であれば it（と、その変化形）、複数形であれば they（と、その変化形）を使って表します。

● リスニング（選択問題）

（1）They <u>have already spent</u> all their money.
（彼らはすでにすべてのお金を使ってしまいました）

（2）They <u>haven't spent</u> all their money yet.
（彼らはまだすべてのお金を使ってしまってはいません）

（3）Have they <u>spent</u> all their money yet? – Yes, they <u>have</u>.
（彼らはもうすべてのお金を使ってしまいましたか？
－はい、使ってしまいました）

● リスニング

（4）<u>I have lost the pen.</u>
（私はそのペンをなくしてしまいました）

（5）<u>Have you lost the pen</u>? – No, I haven't.
（あなたはそのペンをなくしてしまいましたか？
－いいえ、なくしていません）

（6）<u>I haven't bought the book yet.</u>
（私はその本をまだ買っていません）

 （4）I have lost the pen. は「結果」を表す現在完了形の文で、「私はそのペンをなくしてしまいました（だから私の手元にはそのペンはありません、まだ見つかっていません）」という意味までを含んでいます。

● 並べかえ問題

（7）<u>She has already finished her homework</u>.
（彼女は宿題をすでに終えてしまいました）

（8）<u>She hasn't finished her homework yet</u>.
（彼女はまだ宿題を終えていません）

（9）<u>Has she finished her homework yet</u>? – No, she hasn't.
（彼女はもう宿題を終えましたか？―いいえ、まだ終えていません）

 （7）homework「宿題」は her homework のように、「誰の宿題なのか」を表す所有格の代名詞を前に置くのがふつうです。

● 英作文

（10）<u>Mr. Nakanishi has already eaten breakfast</u>.
（ナカニシさんはすでに朝食を食べました）

（11）<u>Mr. Nakanishi hasn't（has not）eaten breakfast yet</u>.
（ナカニシさんはまだ朝食を食べていません）

（12）<u>Has Mr. Nakanishi eaten breakfast yet</u>? – Yes, he has.
（ナカニシさんはもう朝食を食べましたか？ – はい、食べました）

 （10）「食べる」は eat だけでなく have を使って表すこともできるので、Mr. Nakanishi has already had breakfast. とすることもできます。eat を使うと「食べる行為そのもの」に焦点を置いた表現になりますが、have を使うと「食事の時間をとること」に焦点を置いた表現になります。

● リスニング（選択問題）

（1）Mr. Naito has visited Spain many times.
（ナイトウさんはスペインを何回も訪れたことがあります）

（2）Has Mr. Naito visited Spain many times? – Yes, he has.
（ナイトウさんはスペインを何回も訪れたことがありますか？
　－はい、あります）

（3）Mr. Naito has never visited Canada.
（ナイトウさんはカナダを訪れたことが1度もありません）

● リスニング

（4）I have been to China twice.
（私は中国に2回行ったことがあります）　＊China「中国」

（5）Have you ever been to Korea? – No, I haven't.
（あなたは今までに韓国に行ったことがありますか？
　－いいえ、ありません）＊Korea「韓国」

（6）Ms. Shirai has never written a letter to him.
（シライさんは彼に手紙を書いたことが1度もありません）

> もっと
> くわしく
> （4）have been to には「その場所に何かの目的があって訪れたことがある」というニュアンスがあり、have visited には「訪問自体が目的である」というニュアンスがあります。

● 並べかえ問題

（7）I have read the book before.
（私はその本を以前読んだことがあります）

（8）I have never read the book.
（私はその本を1度も読んだことがありません）

（9）Have you ever read the book before?
　－Yes, I have read it three times.
（あなたはその本を以前読んだことがありますか？
　－はい、3回読んだことがあります）

● 英作文

（10）I have been there many times.
（私はそこに何回も行ったことがあります）

（11）She has seen（met）him before.
（彼女は彼に以前会ったことがあります）

（12）Have you ever visited the country?
　－Yes, I have visited it twice.
（あなたは今までにその国を訪れたことがありますか？
　－はい、2回あります）

> もっと
> くわしく
> （11）「会う」には meet や see がありますが、meet には「（初対面の人と）会う」、「（約束をして）会う」というニュアンスがあり、see には「（1度会った人に）会う」、「（こちらから）会いに行く」というニュアンスがあります。

● リスニング（選択問題）

（1）Have you lived in Tokyo for three years?
（あなたは東京に3年間住んでいるのですか？）

（2）I have lived in Tokyo for ten years.
（私は東京に10年間住んでいます）

（3）He has always wanted to meet your brother.
（彼はずっとあなたのお兄さん〈弟さん〉に会いたいと思っています）

> アド
> バイス
> （2）ten years「10年」は a decade という言いかたをすることもできます。

● リスニング

（4）You have been busy since last month.
（あなたは先月からずっと忙しいです）

（5）How long has she stayed here?
　－She has stayed here for three days.
（彼女はどのくらいの間ここに滞在していますか？
　－彼女はここに3日間滞在しています）

（6）He has used this dictionary for eight years.
（彼はこの辞書を8年間使っています）

> もっと
> くわしく
> （5）stay「滞在する」は自動詞なので後ろに名詞を置くときは in や at が必要ですが、here「ここに」と there「そこに」は副詞なので前置詞は必要ありません。stay here、stay there で大丈夫です。

● 並べかえ問題

（7）How long have you worked at this shop?
　－I have worked here for two years.
（あなたはどのくらいの間この店で働いていますか？
　－私はここで2年間働いています）

（8）I have read this book since yesterday.
（私はこの本を昨日からずっと読んでいます）

（9）Ms. Banks has been very busy since she came to Tokyo.
（バンクスさんは東京に来て以来ずっと、とても忙しいです）

> もっと
> くわしく
> （8）since「～以来ずっと、～して以来」は、前置詞でもあり接続詞でもあるため、後ろには名詞（句）と節のいずれも置くことができます。

● 英作文

（10）I have lived in this town for three years.
（私はこの町に3年間住んでいます）

（11）How long have you stayed in the U.K.?
　－I have stayed here for a（one）year.
（あなたはどのくらいの間イギリスに滞在していますか？
　－私はここに1年間滞在しています）

（12）She has kept（had）the cat since she was a high school student.
（彼女はその猫を高校生だったころからずっと飼っています）

> もっと
> くわしく
> （12）高校は high school、中学校は junior high school、小学校は elementary school、幼稚園は kindergarten、保育園は nursery school といいます。

● リスニング（選択問題）

（1）Kota has been playing soccer since this morning.
（コウタは今朝からずっとサッカーをしています）

（2）We have been studying English for four years.
（私たちは4年間ずっと英語を勉強しています）

（3）Hiroyoshi has been looking for his watch since last night.
（ヒロヨシは昨晩からずっと腕時計を探しています）

● リスニング

（4）I have been waiting for a bus for thirty minutes.
（私は30分間ずっとバスを待っています）

（5）He has been practicing the guitar since he was a child.
（彼は子どものころからずっとギターを練習しています）

（6）It has been raining since seven o'clock this morning.
（今朝の7時からずっと雨が降っています）

> アドバイス　（4）wait for は、「〜を待つ」という意味です。「〜」にあたる語の前に前置詞 for が必要なことに注意しましょう。

● 並べかえ問題

（7）Natsumi has been watching TV for an hour.
（ナツミは1時間ずっとテレビを見ています）

（8）Mr. Nakanishi has been practicing tennis since ten o'clock.
（ナカニシさんは10時からずっとテニスを練習しています）

（9）I have been playing the piano since I was three.
（私は3歳のときからずっとピアノを弾いています）

● 英作文

（10）We have been walking for two hours.
（私たちは2時間ずっと歩いています）

（11）Ms. Abe has been cleaning her room since eight o'clock.
（アベさんは8時からずっと自分の部屋を掃除しています）

（12）Minoru has been swimming since he came to this pool.
（ミノルはこのプールに来てからずっと泳いでいます）

> アドバイス　（12）since のあとには〈主語＋動詞＋α〉が続くこともあります。動詞を過去形にすることを忘れないようにしましょう。

● リスニング（選択問題）

（1）Have you been working at this library for a long time?
　　– Yes, I have.
（あなたは長い間ずっとこの図書館で働いているのですか？
　　– はい、働いています）

（2）How long has she been talking with her friends?
　　– For two hours.
（彼女はどのくらいの間友達と話しているのですか？
　　– 2時間です）

（3）It hasn't rained since last month.
（先月からずっと雨が降っていません）

● リスニング

（4）Has he been painting the picture since this morning?
（彼は今朝からずっとその絵を描いているのですか？）

（5）How long have you been waiting for the bus?
（あなたはどのくらいの間そのバスを待っているのですか？）

（6）We haven't seen her for two months.
（私たちは2か月間ずっと彼女に会っていません）

● 並べかえ問題

（7）Has Asuka been making a pie for two hours?
（アスカは2時間ずっとパイを作り続けているのですか？）

（8）How long has Ms. Banks been watching the movie?
（バンクスさんはどのくらいの間その映画を見ているのですか？）

（9）I haven't eaten anything since I got up.
（私は起きてからずっと何も食べていません）

> 　（7）「パイを焼く」というときは bake a pie と言いますが、その前の「材料を混ぜる」や「伸ばす」なども含む工程全体を指して「作る」というときは make を使うことが多いです。

● 英作文

（10）Have you been taking pictures since this morning?
　　– No, I haven't.
（あなたは今朝からずっと写真を撮っているのですか？
　　– いいえ、撮っていません）

（11）How long has Emma been studying?
　　– For three hours.
（エマはどのくらいの間勉強しているのですか？ー3時間です）

（12）Mike hasn't played baseball since last year.
（マイクは昨年からずっと野球をしていません）

> 　（11）「エマが3時間ずっと勉強をしている」という内容ですが、「休憩を挟みながら勉強し続けている」などのような場合にも、現在完了進行形を使って表せます。

● リスニング（選択問題）

（1）Who is the man reading a newspaper over there?
（向こうで新聞を読んでいるその男性は誰ですか？）

（2）The man reading a newspaper over there is Mr. Nagata.
（向こうで新聞を読んでいるその男性は、ナガタさんです）

（3）There is a dog sitting on the bench.
（ベンチの上に座っている犬がいます）

> **もっとくわしく** （1）newspaper は「新聞」という可算名詞なので前に冠詞のaをつけることができますが、news「ニュース、知らせ」は不可算名詞なので冠詞のaはつけません。「（1つの）ニュース、知らせ」と言いたい場合には、a piece of news を使います。

● リスニング

（4）There are some running dogs.
（何匹かの走っている犬がいます）

（5）There are some dogs running in the park.
（公園を走っている何匹かの犬がいます）

（6）The woman talking on the phone is Chisato.
（電話で話をしているその女性は、チサトです）

> **アドバイス** （6）talk on the phone は「電話で話をする」という意味です。

● 並べかえ問題

（7）There were some children running in the park.
（公園で走っている何人かの子どもたちがいました）

（8）There were some cats sleeping there.
（そこで眠っている猫が数匹いました）

（9）The sleeping cat is Daryl.
（その眠っている猫はダリルです）

> **アドバイス** （8）この文には there が2回使われていますが、最初の There は There were 〜.「〜がいた」という表現の一部で、2つめの there は「そこに」という意味の場所を表す副詞です。

● 英作文

（10）Who is the man talking with her?
（彼女と話をしているその男性は誰ですか？）

（11）The man talking with her is Minoru.
（彼女と話をしているその男性は、ミノルです）

（12）The girl running over there is Michiko.
（向こうを走っているその女の子は、ミチコです）

> **アドバイス** （10）talk with は「〜と話をする」、talk to は「〜に話しかける」という意味です。

● リスニング（選択問題）

（1）Can you see the pen put on the sofa?
（あなたはソファーの上に置かれたペンが見えますか？）

（2）The language spoken there is Spanish.
（そこで話されている言語はスペイン語です）

（3）That is a picture taken by Ms. Abe.
（あれはアベさんによって撮られた写真です）

> **アドバイス** （1）put「置く」は過去形も過去分詞も同じ形なので注意してください。
> （2）Spanish には「スペイン語」という意味以外に、「スペイン人」や「スペイン（語・人）の」という意味があります。

● リスニング

（4）Which is the car bought by Mr. Okada?
（オカダさんによって購入された車はどちらですか？）

（5）The car bought by Mr. Okada is that red one.
（オカダさんによって購入された車は、あの赤い車です）

（6）I am a student taught by Mr. Hase.
（私はハセ先生に教わっている生徒です）

> **アドバイス** （5）one は1度登場している可算名詞の単数形である car のことを指しています。

● 並べかえ問題

（7）Which is the doll bought by Mr. Oka?
（オカさんが買った人形はどれですか？）

（8）The doll bought by Mr. Oka is that white one.
（オカさんが買った人形は、あの白い人形です）

（9）The language spoken here is Chinese.
（ここで話されている言語は中国語です）

> **アドバイス** （8）one は1度登場している可算名詞の単数形である doll のことを指しています。
> （9）Chinese には「中国語」という意味以外に、「中国人」や「中国（語・人）の」という意味があります。

● 英作文

（10）Can you see that magazine put on the table?
（テーブルの上に置かれているあの雑誌が見えますか？）

（11）Which is the dog kept by Mr. Kitamura?
（キタムラさんに飼われている犬はどれですか？）

（12）The dog kept by Mr. Kitamura is that big one.
（キタムラさんに飼われている犬は、あの大きな犬です）

■ リスニング（選択問題）

（1）Can you see the dog <u>that is running</u> over there?
（向こうを走っている犬が見えますか？）

（2）The book <u>that is written</u> by her is this one.
（彼女によって書かれた本はこれです）

（3）This is a cat <u>that is kept</u> by Hiromu.
（これはヒロムが飼っている猫です）

> **アドバイス** （1）that is を省略することもできます。（2）と（3）も同様です。

■ リスニング

（4）<u>The woman that is swimming in the pool is Asuka.</u>
（プールで泳いでいる女性はアスカです）

（5）<u>Do you know the man that is riding a bike over there?</u>
（あなたは向こうで自転車に乗っている男性を知っていますか？）

（6）<u>The man that is riding a bike over there is Hiroshi.</u>
（向こうで自転車に乗っている男性は、ヒロシです）

> **アドバイス** （4）that is を省略することもできます。（5）と（6）も同様です。

■ 並べかえ問題

（7）<u>The car that Mr. Okada uses is that big red one.</u>
（オカダさんが使う車はあの大きな赤い車です）

（8）<u>Which is the picture that was taken by her</u>?
（彼女が撮った写真はどれですか？）

（9）<u>The picture that was taken by her is put on the desk.</u>
（彼女が撮った写真は机の上に置かれています）

> **アドバイス** （7）uses is のように動詞が2つ並ぶとしっくりこない方もいるかもしれませんが、正しい英文です。また、最初の that は関係代名詞、2つめの that は形容詞です。
> （8）that was を省略することもできます。（9）も同様です。

■ 英作文

（10）<u>Can you see the book that is put on the desk?</u>
（机の上に置いてあるその本が見えますか？）

（11）<u>I can see the book that is put on the desk.</u>
（私は机の上に置いてあるその本が見えます）

（12）<u>The man that is running over there is my brother.</u>
（向こうを走っているその男性は、私の弟です）

> **アドバイス** （10）関係代名詞を使う指示がなければ、that is を省略することもできます。（11）と（12）も同様です。

> **もっとくわしく** （10）（11）ここでの put「置かれた」は、placed に置きかえることもできます。place には動詞の「置く」という意味と、名詞の「場所」という意味があります。

■ リスニング（選択問題）

（1）Can you see the boy <u>who is running</u> over there?
（あなたは向こうを走っている男の子が見えますか？）

（2）The man <u>who is talking</u> with Satoshi is Hiroyoshi.
（サトシと話をしている男性は、ヒロヨシです）

（3）That is a woman <u>who was playing</u> the piano here yesterday.
（あちらは昨日ここでピアノを弾いていた女性です）

> **アドバイス** （1）（2）who is を省略することもできます。（3）の who was も同様です。

■ リスニング

（4）<u>The woman who is swimming in the pool is Asuka.</u>
（プールで泳いでいる女性はアスカです）

（5）<u>Do you know the man who is riding a bike over there?</u>
（あなたは向こうで自転車に乗っている男性を知っていますか？）

（6）<u>The man who is riding a bike over there is Hiroshi.</u>
（向こうで自転車に乗っている男性は、ヒロシです）

> **アドバイス** （4）who is を省略することもできます。（5）と（6）も同様です。

■ 並べかえ問題

（7）<u>The man who is talking with Mr. Okada is Mr. Takayama.</u>
（オカダさんと話をしている男性は、タカヤマさんです）

（8）<u>Which is the man who she met three days ago</u>?
（彼女が3日前に会った男性はどの人ですか？）

（9）<u>The man who she met three days ago is Mr. Umino.</u>
<u>This is the man.</u>
（彼女が3日前に会った男性は、ウミノさんです。
こちらがその男性です）

> **アドバイス** （7）who is を省略することもできます。

■ 英作文

（10）<u>I know a man who is very kind.</u>
（私はとても親切な男性を知っています）

（11）<u>She has a friend who lives in Mexico.</u>
（彼女にはメキシコに住んでいる友人がいます）

（12）<u>That man who is walking in the park is my teacher.</u>
（公園を歩いているあの男性は、私の先生です）

> **アドバイス** （11）who の先行詞は a friend なので who を含む節の主語は3人称単数、その節の時制は現在です。live には3単現の s をつけることを忘れないようにしてください。

● リスニング（選択問題）

（1）I have a dog which is called Sakura.
（私はサクラと呼ばれる犬を飼っています）

（2）There is a cat which is sleeping under the table.
（テーブルの下で眠っている猫がいます）

（3）Do you know the car which was bought by Mr. Naito?
（あなたはナイトウさんによって買われた車を知っていますか？）

> **アドバイス** （1）（2）which is を省略することもできます。（3）の which was も同様です。

● リスニング

（4）The pen which I found yesterday was hers.
（私が昨日見つけたペンは、彼女のものでした）

（5）Can you see that bird which is flying in the sky?
（あなたは空を飛んでいるあの鳥が見えますか？）

（6）The bag which she bought the day before yesterday was as big as mine.
（彼女がおととい買ったそのカバンは、私のものと同じくらいの大きさでした）

> **アドバイス** （5）which is を省略することもできます。
> （6）the day before yesterday は「おととい」、the day after tomorrow は「あさって」という意味になります。

> **もっとくわしく** （4）（6）「目的格」の関係代名詞 whom、which、that は省略できます。主格か目的格かを見分けるカギは「後ろに〈主語＋動詞〉が続いている」かどうか。（4）は which の後ろが I found、（6）は which の後ろが she bought となっているので、それぞれの which は目的格であることがわかります。

● 並べかえ問題

（7）There were a lot of birds which were flying in the park.
（公園に、たくさんの飛んでいる鳥がいました）

（8）Whose is that car which is parked in front of my house?
（私の家の前に駐車してあるあの車は誰のものですか？）

（9）The main language which is spoken in Mexico is Spanish.
（メキシコで話されている主要な言語はスペイン語です）

> **アドバイス** （7）which were と、（8）（9）の which is は省略することもできます。

● 英作文

（10）Whose is that bag which is put on the table?
（テーブルの上に置かれているあのカバンは、誰のものですか？）

（11）That bag which is put on the table is mine.
（テーブルの上に置かれているあのカバンは、私のものです）

（12）The dog which is kept by Mr. Tanahashi is named Hana.
（タナハシさんに飼われているその犬は、ハナと名づけられています）

● リスニング（選択問題）

（1）Can you see the dog whose legs are short?
（あなたは脚が短いその犬が見えますか？）

（2）The car whose body is red is Mr. Okada's.
（車体が赤いその車は、オカダさんのものです）

（3）I know the man whose jacket is always very colorful.
（私はいつもとても色鮮やかな上着を着ているその男性を知っています）

> **アドバイス** （1）leg は「脚」、foot は「足」です。foot の複数形は feet になります。
> （2）body は「体」という意味の単語ですが、車や自転車などの「車体」も表します。

● リスニング

（4）He has a bird whose name is Piyo.
（彼は名前がピヨという鳥を飼っています）

（5）Hiroshi has a bike whose body is red.
（ヒロシは車体が赤い自転車を持っています）

（6）She has an uncle whose son is a dancer.
（彼女には、息子がダンサーをしているおじさんがいます）

> **アドバイス** （6）uncle は「おじ」、aunt は「おば」です。son は「息子」、daughter は「娘」です。

● 並べかえ問題

（7）I have a friend whose father is a teacher.
（私には、父親が先生をしている友人がいます）

（8）The house whose roof is blue was built by Mr. Nagata last year.
（その青い屋根の家は、ナガタさんによって昨年建てられました）

（9）The cat whose name is Daryl is sleeping in the box.
（ダリルという名前の猫がその箱の中で眠っています）

> **もっとくわしく** （8）「屋根が青い」の部分には、屋根は「現在も青い」ままなので、動詞に現在形の is が使われていますが、「建てられた」のは過去のある時点のことなので、こちらには過去形の was が使われています。

● 英作文

（10）He has a friend whose daughter is a tennis player.
（彼には、娘がテニス選手をしている友人がいます）

（11）Do you know that girl whose mother is an actress?
（あなたは母親が女優をしているあの女の子を知っていますか？）

（12）Hiroshi has a dog whose name is Hana.
（ヒロシはハナという名前の犬を飼っています）

> **もっとくわしく** The girl whose picture I showed you came here. のように、〈whose ＋名詞〉が目的語の働きをする場合もあります。

● リスニング（選択問題）

（1）Mr. Nakamura makes his daughter <u>read</u> a newspaper every day.
（ナカムラさんは自分の娘に毎日新聞を読ませます）

（2）Kenny heard Hiromu <u>sing</u> an English song.
（ケニーはヒロムがある英語の歌を歌うのを聞きました）

（3）Manami noticed him <u>go</u> into the store.
（マナミは彼がその店に入っていくのに気がつきました）

> もっと
> くわしく　（3）into は「（外から）〜の中へ」という動きを表す前置詞です。in「〜の中に」との違いに注意しましょう。

● リスニング

（4）<u>We watched Kota practice soccer.</u>
（私たちはコウタがサッカーを練習するのを見ました）

（5）<u>Can you help me clean this room?</u>
（私がこの部屋を掃除するのを手伝ってくれますか？）

（6）<u>I saw the boy open the window.</u>
（私はその男の子が窓を開けるのを見ました）

> もっと
> くわしく　（4）（6）watch、see は両方「見る」という意味ですが、watch は動いているものをじっと見る場合に、see は自然と視界に入る場合に使います。ちなみに look は同じ「見る」でも視線を向けるという意味で、自動詞なので目的語の前に前置詞 at が必要です。

● 並べかえ問題

（7）<u>Mr. Nagata let me use his science book</u>.
（ナガタ先生が私に彼の理科の本を使わせてくれました）

（8）<u>You will feel something change in you.</u>
（あなたは自分の中で何かが変わるのを感じるでしょう）

（9）<u>My father didn't make me join the event.</u>
（父は私に無理にそのイベントに参加させることはしませんでした）

● 英作文

（10）<u>Nami helped her mother cook（make）dinner.</u>
（ナミは母親が夕食を作るのを手伝いました）

（11）<u>We heard Jun talk（tell）about his dream.</u>
（私たちはジュンが彼の夢について話すのを聞きました）

（12）<u>I will（I'll）have him repair this computer. / I am（I'm）going to have him repair this computer.</u>
（私は彼にこのコンピュータを修理してもらうつもりです）

> アド
> バイス　（10）「夕食を作る」という場合、cook dinner と make dinner のどちらでも正しいですが、cook dinner ということのほうが多いです。make で作るものは基本的に「料理全般」であるのに対し、cook で作るものは「熱を通す料理」であることが多いからです。

● リスニング（選択問題）

（1）If you <u>liked</u> sushi, I <u>would take</u> you to my favorite restaurant.
（もし寿司がお好きでしたら、あなたを私のお気に入りの店に連れていくのですが）

（2）If I <u>could play</u> tennis well, I <u>could join</u> the event.
（もし私がテニスを上手にできれば、そのイベントに参加できるのですが）

（3）If I <u>were</u> a dolphin, I <u>might enjoy</u> swimming all day.
（もし私がイルカなら、一日中泳ぐことを楽しむかもしれません）

> アド
> バイス　（1）sushi「寿司」だけではなく、tofu「豆腐」、tempura「天ぷら」、edamame「枝豆」など、英語でそのまま使える日本語はたくさんあります。和食はどんどん広まっているのですね。

● リスニング

（4）If I could play the guitar, I would play it at the festival.
（もし私がギターを弾くことができれば、そのお祭りで弾くのですが）

（5）If it weren't raining now, we might go to a zoo.
（もし今雨が降っていなければ、私たちは動物園に行くかもしれません）

（6）If I knew her address, I would write a letter to her.
（もし私が彼女の住所を知っていれば、彼女に手紙を書くのですが）

● 並べかえ問題

（7）<u>If he had a lot of money, he might open a restaurant</u>.
（もし彼がたくさんのお金を持っていたら、レストランを開店するかもしれません）

（8）<u>If I could swim well, I would go to the pool.</u>
（もし私が上手に泳げたら、プールに行くのですが）

（9）<u>If I were you, I could not talk to him</u>.
（もし私があなたなら、彼に話しかけることができないでしょう）

> もっと
> くわしく　（7）a lot of「たくさんの」は数えられる名詞の前でも、数えられない名詞の前でも使えます。数えられる名詞の前のみで使える many、数えられない名詞の前のみで使える much と一緒に覚えましょう。

● 英作文

（10）<u>If I lived in Canada, I could see you easily.</u>
（もし私がカナダに住んでいたら、あなたにかんたんに会えるのですが〈住んでいません〉）

（11）<u>If I were free tomorrow, I would go to a movie theater.</u>
（もし明日暇なら、私は映画館に行くのですが〈暇ではありません〉）

（12）<u>If I could sing better, I might be a singer.</u>
（もし私がもっと上手に歌うことができたら、歌手になるかもしれません〈ができません〉）

> アド
> バイス　（12）「もし〜できたら」など、if 〜の部分に助動詞の意味を含ませる場合は、〈if ＋主語＋助動詞の過去形＋動詞の原形＋α〉の形になります。

● リスニング（選択問題）

（1）I wish I could play the guitar.
　　（私がギターを弾けたらいいのですが）

（2）I wish my room were larger.
　　（私の部屋がもっと大きかったらいいのですが）

（3）I wish my teacher weren't strict.
　　（私の先生が厳しくなかったらいいのですが）

> もっと
> くわしく　（3）wish 以降が否定文の形になると、「〜でなければいいのに」という願望になります。

● リスニング

（4）I wish I had a friend like him.
　　（私に彼のような友達がいたらいいのですが）

（5）I wish I could run faster.
　　（私がもっと速く走れたらいいのですが）

（6）I wish Minoru were here.
　　（ミノルがここにいたらいいのですが）

> アド
> バイス　（4）ここでの like は前置詞で、「〜のような」という意味を表します。動詞の like ではないので注意しましょう。

● 並べかえ問題

（7）I wish I knew his name.
　　（私が彼の名前を知っていたらいいのですが）

（8）I wish Tatsumi would join our soccer team.
　　（タツミが私たちのサッカーチームに入ってくれたらいいのですが）

（9）I wish Mr. Ichikawa were my English teacher.
　　（イチカワさんが私の英語の先生ならいいのですが）

● 英作文

（10）I wish I could have（keep）the（that）dog at home.
　　（私が家でその犬を飼えたらいいのですが〈無理なのです〉）

（11）I wish he would come here soon.
　　（彼がすぐここに来てくれたらいいのですが
　　〈来てくれないでしょう〉）

（12）I wish I were good at（playing）baseball.
　　（私が野球が得意ならいいのですが〈得意ではありません〉）

> もっと
> くわしく　（10）「家で」を in my house とすると屋内のみを指すことが多いのに対し、at home とすると、ふつう庭などの屋外も含みます。

Part 1 be 動詞
まとめテスト

問題は本冊20 〜 21ページ

1

（1）I am your friend.
（私はあなたの友達です）

（2）Michael is strong.
（マイケルは強いです）

（3）You are my teacher.
（あなたは私の先生です）

（4）I am not your student.
（私はあなたの生徒ではありません）

（5）Mr. Littlejohn isn't strong.
（リトルジョンさんは強くはありません）

（6）They aren't at the station.
（彼らはその駅にはいません）

（7）Are you her student? – Yes, I am.
（あなたは彼女の生徒ですか？ – はい、そうです）

（8）Is Mr. Littlejohn strong? – No, he isn't.
（リトルジョンさんは強いですか？ – いいえ、強くはありません）

> アド
> バイス
> （6）aren't は are not のことで、この are は「（〜に）いる」
> という意味で使われています。

2

（1）I am your father.
（私はあなたの父親です）

（2）Mr. Okada is free today.
（オカダさんは、今日は時間があります）

（3）You are very happy.
（あなたはとても幸せです）

（4）I am not your mother.
（私はあなたの母親ではありません）

（5）Mr. Okada is not free today.
（オカダさんは、今日は時間がありません）

（6）Is it hot in your room? – No, it isn't.
（あなたの部屋は暑いですか？ – いいえ、暑くはありません）

（7）Are you a pianist? – Yes, I am.
（あなたはピアニストですか？ – はい、そうです）

（8）Is Mr. Nagata your brother? – No, he isn't.
（ナガタさんはあなたのお兄さん〈弟さん〉ですか？ – いいえ、
違います）

> もっと
> くわしく
> （6）「暖かい」は warm、「涼しい」は cool、「寒い・冷たい」
> は cold です。
> （8）「父」は father、「母」は mother、「兄弟」は brother、「姉
> 妹」は sister です。「おじ」は uncle、「おば」は aunt です。
> 「兄」だと明確に表すのであれば elder [older] brother、「弟」
> だと明確に表すのであれば younger brother となります。
> 「姉」と「妹」も elder [older]、younger をつけて区別で
> きます。

3

（1）Kenny is my uncle.
（ケニーは私のおじです）

（2）Asuka is your aunt.
（アスカはあなたのおばさんです）

（3）Raymond is free today.
（レイモンドは、今日は暇です）

（4）Kota is not a guitarist.
（コウタはギタリストではありません）

（5）Mr. Fale is not at school.
（ファレさんは、学校にはいません）

（6）Natsumi is not free today.
（ナツミは、今日は暇ではありません）

（7）Is Hanson a pianist? – Yes, he is.
（ハンソンはピアニストですか？ – はい、そうです）

（8）Is Mandy a tennis player? – No, she isn't.
（マンディはテニスの選手ですか？ – いいえ、違います）

> もっと
> くわしく
> （8）「野球選手」であれば baseball player、「サッカー選手」
> であれば soccer player です。〈スポーツ名 + player〉で「〜
> （の）選手」という意味になる場合が多いです。

4

（1）She is（She's）busy.
（彼女は忙しいです）

（2）Scarlett is my sister.
（スカーレットは私の姉です）

（3）Hiromu is here.
（ヒロムはここにいます）

（4）Marty isn't（is not）free.
（マーティは暇ではありません）

（5）He isn't（He's not / He is not）my friend.
（彼は私の友達ではありません）

（6）Mr. Goto isn't（is not）an actor.
（ゴトウさんは俳優ではありません）

（7）Is Tetsuya busy? – Yes, he is.
（テツヤは忙しいですか？ – はい、忙しいです）

（8）Is she your cousin? – No, she isn't（she's not / she is
not）.
（彼女はあなたのいとこですか？ – いいえ、違います）

（9）Is Hideto happy? – Yes, he is.
（ヒデトは幸せですか？ – はい、幸せです）

> もっと
> くわしく
> （6）actor は「母音（日本語のア・イ・ウ・エ・オ）」では
> じまる単語なので、前には a ではなく an が置かれています。
> 母音ではじまる単語かどうかは、つづりではなく発音で決
> まります。hour「時間」は「アゥア」と発音するので、「1
> 時間」は an hour と表します。一方、university「大学」
> は「ユーニヴァ〜スィティ」と発音するので、前には an で
> はなく a を置きます。

30

1

（1）I <u>read</u> the book.
（私はその本を読みます）

（2）We <u>go</u> to the park.
（私たちはその公園に行きます）

（3）You <u>swim</u> in the sea.
（あなたは海で泳ぎます）

（4）I <u>don't read</u> the book.
（私はその本を読みません）

（5）We <u>do not go</u> to the park.
（私たちはその公園に行きません）

（6）<u>Don't swim</u> in the sea.
（海で泳がないでください）

（7）Do you <u>read</u> the book? – <u>Yes</u>, I <u>do</u>.
（あなたはその本を読みますか？ – はい、読みます）

（8）Do you <u>swim</u> in the sea? – <u>No</u>, we <u>don't</u>.
（あなたたちは海で泳ぎますか？ – いいえ、泳ぎません）

> **もっと くわしく** （1）the book などについている「the」は「その」という意味ですが、これは「話し手と聞き手の間で認識を共有している」ということを表す単語です。話し手と聞き手の間で「ああ、あの本のことね」と「同じ本」について「頭の中で思い浮かべながら」話をしているイメージです。

> **アドバイス** （5）do not を読むときに「not」の部分を強く読むと、より「〜しない」ということを強調する言いかたになります。

2

（1）<u>You look sad today.</u>
（あなたは、今日は悲しそうに見えます）＊ sad「悲しい」

（2）<u>I play the piano.</u>
（私はピアノを弾きます）

（3）<u>Go to the store.</u>
（その店に行きなさい）

（4）<u>You don't look sad today.</u>
（あなたは、今日は悲しそうには見えません）

（5）<u>I do not play the piano.</u>
（私はピアノを弾きません）

（6）<u>We don't go to the store every day.</u>
（私たちは毎日その店に行くわけではありません）

（7）<u>Do you teach Japanese? – Yes, I do.</u> ＊ Japanese「国語」
（あなたは国語を教えますか？ – はい、教えます）

（8）<u>Do you read the letter? – Yes, I do.</u> ＊ letter「手紙」
（あなたはその手紙を読みますか？ – はい、読みます）

> **アドバイス** （7）Japanese には「国語・日本語」という意味の他に「日本人」や「日本（語・人）の」という意味もあります。

3

（1）<u>You look free.</u>
（あなたは暇そうに見えます）

（2）<u>I walk to school.</u>
（私は学校に歩いて行きます）

（3）<u>You don't look happy.</u>
（あなたは幸せそうには見えません）

（4）<u>I don't walk to the store.</u>
（私はその店に歩いては行きません）

（5）<u>Don't play the drums here.</u>
（ここでそのドラムを演奏しないでください）

（6）<u>Do I look happy</u>?
（私は幸せそうに見えますか？）

（7）<u>Yes, you do.</u>
（はい、見えます）

（8）<u>Do you play the drums</u>?
（あなたはドラムを演奏しますか？）

> **もっと くわしく** （2）この文は I go to school on foot. と言いかえることもできます。on foot は「徒歩で」という意味です。

4

（1）<u>I watch TV.</u>
（私はテレビを見ます）

（2）<u>You use the table.</u>
（あなたはそのテーブルを使います）

（3）<u>We know your sister.</u>
（私たちはあなたのお姉さんを知っています）

（4）<u>I don't（do not）watch TV.</u>
（私はテレビを見ません）

（5）<u>Use the table.</u>
（そのテーブルを使いなさい）

（6）<u>We don't（do not）know your sister.</u>
（私たちはあなたのお姉さんを知りません）

（7）<u>Do you watch TV? – Yes, I do.</u>
（あなたはテレビを見ますか？ – はい、見ます）

（8）<u>Do you use the table? – No, I don't.</u>
（あなたはそのテーブルを使いますか？ – いいえ、使いません）

（9）<u>Do you know my sister? – Yes, we do.</u>
（あなたたちは私の姉を知っていますか？ – はい、知っています）

> **アドバイス** （9）問いかけにある you は「あなたたち」なので、応答文では we を使います。

問題は本冊34 〜 35ページ

1

(1) Who is the man? – He is Shinsuke.
　　（その男性は誰ですか？－彼はシンスケです）

(2) Which is your bag? – This is mine.
　　（あなたのカバンはどちらですか？－これが私のカバンです）

(3) Where is the bus stop? – It is across the street.
　　（バス停はどこですか？－〈それは〉通りの向こう側にあります）

(4) What do you want? – I want a guitar.
　　（あなたは何がほしいですか？－私はギターがほしいです）

(5) Where do you swim? – I swim in the pool.
　　（あなたはどこで泳ぎますか？－私はプールで泳ぎます）

(6) Who do you see? – I see my teacher.
　　（あなたは誰に会いますか？－私は私の先生に会います）

> アドバイス　(2) mine「私のもの」は、この文では my bag のことです。

2

(1) What is that? – It is my desk.
　　（あれは何ですか？－それは私の机です）

(2) Who is the woman next to you? – She is Chisato.
　　（あなたの隣にいる女性は誰ですか？－彼女はチサトです）

(3) When is your birthday? – My birthday is October 8.
　　（あなたの誕生日はいつですか？－私の誕生日は10月8日です）

(4) What do you do every Sunday? – I watch TV.
　　（あなたは、毎週日曜日は何をしますか？－私はテレビを見ます）

(5) Where do you live? – I live in Fukuoka.
　　（あなたはどこに住んでいますか？－私は福岡に住んでいます）

(6) Who do you like? – I like him.
　　（あなたは誰が好きですか？－私は彼が好きです）

> アドバイス　(6) him は「彼を」という意味ですが、like him を「彼を好きだ」とすると日本語として不自然になってしまうので、訳は「彼が好きだ」になっています。

3

(1) What is this?
　　（これは何ですか？）

(2) It is a cat.
　　（それは猫です）

(3) Who is the soccer player?
　　（そのサッカー選手は誰ですか？）

(4) What do you use?
　　（あなたは何を使いますか？）

(5) I use a dictionary.
　　（私は辞書を使います）

(6) Which book do you want?
　　（あなたはどちらの本がほしいですか？）

(7) Where do you go every weekend?
　　（あなたは、毎週末どこに行くのですか？）

> もっとくわしく　(6) この問いかけに対する応答文の例として、I want this one. などがあります。この one は book のことを表しています。

4

(1) When is her birthday? – Her birthday is September 23.
　　（彼女の誕生日はいつですか？－彼女の誕生日は9月23日です）

(2) What is that? – It is my car.
　　（あれは何ですか？－それは私の車です）

(3) Why are you free? – Because today is a holiday.
　　（なぜあなたは暇なのですか？－今日は休日だからです）

(4) What do you buy? – I buy a notebook.
　　（あなたは何を買いますか？－私はノートを買います）

(5) Where do you eat（have）breakfast?
　　– I eat（have）breakfast at the cafe.
　　（あなたはどこで朝ごはんを食べますか？
　　－私はカフェで朝ごはんを食べます）

(6) Who do you introduce? – I introduce my sister.
　　（あなたは誰を紹介しますか？－私は〈私の〉妹を紹介します）

> もっとくわしく　(2) 問いかけの文の主語が this や that の場合は、それを受けた応答文の主語には it を使います。
> (3) 応答文は Because it is a holiday today. とすることもできます。
> (5) 応答文では the cafe というように the が使われているため、「話し手と聞き手の思い浮かべるカフェが同じである」ことがうかがえます。つまり「特定の」カフェを話題にしているのです。

まとめテスト

問題は本冊42〜43ページ

1

（1）He <u>reads</u> the newspaper.
（彼はその新聞を読みます）

（2）Mr. Nakanishi <u>watches</u> TV on Sunday.
（ナカニシさんは日曜日にテレビを見ます）

（3）Ms. Shirai <u>walks</u> to the sea on Saturday.
（シライさんは土曜日に海まで歩きます）

（4）He <u>doesn't read</u> the magazine.
（彼はその雑誌を読みません）

（5）Mr. Yoshihashi <u>doesn't watch</u> a movie on DVD.
（ヨシハシさんは映画を DVD では見ません）

（6）She <u>doesn't go</u> to the park.
（彼女はその公園には行きません）

（7）Does Ms. Satomura <u>watch</u> TV on Wednesday?
– No, she <u>doesn't</u>.
（サトムラさんは水曜日にテレビを見ますか？
– いいえ、見ません）

（8）Does your father <u>go</u> to the park every day? – Yes, <u>he</u> does.
（あなたのお父さんは毎日その公園に行きますか？
– はい、行きます）

> **アドバイス** （5）on DVD は「DVD で」という意味です。

2

（1）Mr. Yamada looks busy.
（ヤマダさんは忙しそうに見えます）

（2）He knows you.
（彼はあなたのことを知っています）

（3）Yoko doesn't look free.
（ヨウコは暇そうには見えません）

（4）She doesn't know me.
（彼女は私のことを知りません）

（5）He doesn't study Japanese.
（彼は国語を勉強しません）

（6）Does she look happy? – Yes, she does.
（彼女は幸せそうに見えますか？ – はい、見えます）

（7）Does Kota know you? – Yes, he does.
（コウタはあなたのことを知っていますか？
– はい、知っています）

（8）Does he use the laptop? – No, he doesn't.
（彼はそのノートパソコンを使いますか？
– いいえ、使いません）

3

（1）She uses the pencil.
（彼女はその鉛筆を使います）

（2）Mr. Kidani draws some pictures every day.
（キダニさんは毎日、何枚かの絵を描きます）

（3）He likes coffee.
（彼はコーヒーが好きです）

（4）He doesn't use the bag.
（彼はそのカバンを使いません）

（5）Mr. Kitamura doesn't eat any vegetables.
（キタムラさんは野菜を全く食べません）

（6）Does he use the pencil?
（彼はその鉛筆を使いますか？）

（7）No, he doesn't.
（いいえ、使いません）

（8）Does she like beef?
（彼女は牛肉が好きですか？）

> **もっとくわしく** （2）draw は「（絵を）描く」という意味の動詞ですが、「線を引いて」絵を描くことを表す際に使われます。色を塗って絵を描く場合は paint が使われます。every day は、文頭にも文末にも置くことができます。
> （5）not 〜 any … で「全く…を〜しない」という意味になります。
> （8）「豚肉」は pork、「鶏肉」は chicken です。

4

（1）Mr. Tanahashi has many bags.
（タナハシさんはたくさんのカバンを持っています）

（2）Ms. Iwatani watches the program.
（イワタニさんはその番組を見ます）

（3）He writes a memo.
（彼はメモを書きます）

（4）Sho doesn't（does not）have a belt.
（ショウはベルトを持っていません）

（5）Asuka doesn't（does not）go to Canada.
（アスカはカナダには行きません）

（6）He doesn't（does not）use the laptop.
（彼はそのノートパソコンを使いません）

（7）Does he have many bags? – Yes, he does.
（彼はたくさんのカバンを持っていますか？ – はい、持っています）

（8）Does she see（watch）a movie?
– No, she doesn't.
（彼女は映画を見ますか？ – いいえ、見ません）

（9）Does Hiromu have a cat? – Yes, he does.
（ヒロムは猫を飼っていますか？ – はい、飼っています）

> **もっとくわしく** （1）複数形の前にある many は a lot of に言いかえることができます。
> （9）「（ペットなどを）飼っている」は、have を使って表します。

1

(1) You <u>can</u> read the newspaper.
　（あなたはその新聞を読むことができます）

(2) I <u>will</u> watch TV today.
　（私は、今日はテレビを見るつもりです）

(3) She <u>cannot</u> read the book.
　（彼女はその本を読むことができません）

(4) Mr. Naito <u>will not</u> watch the program today.
　（ナイトウさんは、今日はその番組を見ないつもりです）

(5) Taka can't <u>play</u> the piano very well.
　（タカはあまり上手にピアノを弾くことができません）

(6) <u>May</u> I read the book? – Yes, you <u>may</u>.
　（その本を読んでもいいですか？ – はい、いいです）

(7) <u>Will</u> Mr. Umino watch TV today? – No, he <u>will not</u>.
　（ウミノさんは、今日はテレビを見るつもりですか？
　　– いいえ、見ないつもりです）

(8) Can Mr. Kawato <u>play</u> the drums very well? – Yes, he <u>can</u>.
　（カワトさんはとても上手にドラムを演奏することができますか？
　　– はい、できます）

> アドバイス　(5) not ... very 〜は「あまり〜に…しない」という意味になります。
> 　(6) May I ...? は Can I ...? と言いかえることも可能です。

2

(1) You can use the car.
　（あなたはその車を使うことができます）

(2) He can come to your house.
　（彼はあなたの家に来ることができます）

(3) She can't use the bike.
　（彼女はその自転車を使うことができません）

(4) She can't come to my house.
　（彼女は私の家に来ることができません）

(5) Mr. Komatsu can't teach English.
　（コマツさんは英語を教えることができません）

(6) Can you use the car? – Yes, I can.
　（あなたはその車を使うことができますか？ – はい、できます）

(7) Can she come to your house? – No, she can't.
　（彼女はあなたの家に来ることができますか？
　　– いいえ、できません）

(8) Can Mr. Tanaka teach science? – No, he can't.
　（タナカさんは理科を教えることができますか？
　　– いいえ、できません）

> アドバイス　(3) bike「自転車」は bicycle とも言います。

3

(1) You can use the dictionary.
　（あなたはその辞書を使うことができます）

(2) I can take a picture.
　（私は写真を撮ることができます）

(3) He can swim fast.
　（彼は速く泳ぐことができます）

(4) She can't use the bike.
　（彼女はその自転車を使うことができません）

(5) Ms. Shibusawa can't take a picture.
　（シブサワさんは写真を撮ることができません）

(6) Can he use the car?
　（彼はその車を使うことができますか？）

(7) No, he can't.
　（いいえ、できません）

(8) Can she jump high?
　（彼女は高くジャンプすることができますか？）

4

(1) Mr. Goto can play the piano very well.
　（ゴトウさんはとても上手にピアノを弾くことができます）

(2) She can take a picture very well.
　（彼女はとても上手に写真を撮ることができます）

(3) He can sing a song well.
　（彼は上手に歌を歌うことができます）

(4) You can't（cannot）play the guitar well.
　（あなたは上手にギターを弾くことができません）

(5) I can't（cannot）take a picture very well.
　（私はあまり上手に写真を撮ることができません）

(6) He can't（cannot）sing a song well.
　（彼は上手に歌を歌うことができません）

(7) Can you swim well? – Yes, I can.
　（あなたは上手に泳ぐことができますか？ – はい、できます）

(8) Can she cook well? – No, she can't.
　（彼女は上手に料理をすることができますか？
　　– いいえ、できません）

(9) Can Mr. Taguchi sing a song very well? – Yes, he can.
　（タグチさんはとても上手に歌を歌うことができますか？
　　– はい、できます）

1

（1）I am having dinner now.
（私は今、晩ごはんを食べているところです）
（2）Mr. Oka is playing a video game.
（オカさんはテレビゲームをしているところです）
（3）Cathy is playing the piano.
（キャシーはピアノを弾いているところです）
（4）I'm not drinking coffee.
（私はコーヒーを飲んでいるところではありません）
（5）Katsuyori is not washing the dishes.
（カツヨリは皿を洗っているところではありません）
（6）Are you reading a book? – Yes, I am.
（あなたは本を読んでいるところですか？ – はい、そうです）
（7）Is Mr. Sanada opening the box? – No, he isn't.
（サナダさんはその箱を開けているところですか？
– いいえ、違います）
（8）Is she helping you? – No, she isn't.
（彼女はあなたの手伝いをしているところですか？
– いいえ、違います）

> アド
> バイス
> （1）have には「食べる」や「飲む」という意味もあります。
> この英文にある having は、eating に置きかえることがで
> きます。

2

（1）I am eating breakfast.
（私は朝食を食べているところです）
（2）You are running in the park.
（あなたは公園を走っているところです）
（3）Mr. Robinson is swimming in the sea.
（ロビンソンさんは海で泳いでいるところです）
（4）She's not drinking milk.
（彼女は牛乳を飲んでいるところではありません）
（5）Ms. Brooke isn't walking in the park.
（ブルックさんはその公園を歩いているところではありません）
（6）Are you using the cup? – Yes, I am.
（あなたはそのカップを使っているところですか？
– はい、そうです）
（7）Is he playing the guitar? – No, he isn't.
（彼はギターを弾いているところですか？
– いいえ、違います）
（8）Is Mr. Lesnar listening to the radio? – Yes, he is.
（レスナーさんはラジオを聞いているところですか？
– はい、そうです）

> もっと
> くわしく
>
> （8）「聞く」には listen to と hear の2種類の表現がありま
> すが、listen to には「（耳を傾けて）聞く」、hear には「聞
> こえる」というニュアンスがあります。

3

（1）I am using the pencil.
（私はその鉛筆を使っているところです）
（2）Pete is taking pictures now.
（ピートは今、写真を撮っているところです）
（3）He is not using the notebook.
（彼はそのノートを使っているところではありません）
（4）Charlotte isn't talking with him.
（シャーロットは彼と話をしているところではありません）
（5）She is not studying English.
（彼女は英語の勉強をしているところではありません）
（6）Is she using the table?
（彼女はそのテーブルを使っているところですか？）
（7）No, she isn't.
（いいえ、違います）
（8）Is he talking with you now?
（彼は今、あなたと話をしているところですか？）

4

（1）I am（I'm）cooking now.
（私は今、料理をしています）
（2）Ms. Carmella is dancing now.
（カーメラさんは今、踊っています）
（3）They are（They're）drinking（having）tea.
（彼らはお茶を飲んでいます）
（4）She isn't（She's not / She is not）playing basketball.
（彼女はバスケットボールをしているところではありません）
（5）You aren't（You're not / You are not）listening to music.
（あなたは音楽を聞いているところではありません）
（6）He isn't（He's not / He is not）helping me.
（彼は私を手伝っているところではありません）
（7）Is she playing tennis now? – Yes, she is.
（彼女は今、テニスをしているところですか？ – はい、そうです）
（8）Is Emma running? – No, she isn't（she's not / she is
not）.
（エマは走っているところですか？ – いいえ、違います）
（9）Is Mr. Takeda waiting for her? – Yes, he is.
（タケダさんは彼女を待っているところですか？
– はい、そうです）

> アド
> バイス
>
> （6）help には「助ける」や「手伝う」という意味がありま
> すが、どちらの訳が適切なのかは英文の文脈（話の流れ）
> から判断するようにしてください。

> もっと
> くわしく
>
> （9）wait は「待つ」という意味の自動詞なので、後ろに目
> 的語（何を待つのか）を続けるときは for をセットで使う
> と覚えておいてください。

1

（1）I <u>played</u> the piano yesterday.
（私は昨日、ピアノを弾きました）

（2）You <u>walked</u> to school last week.
（あなたは先週、学校に歩いて行きました）

（3）We <u>swam</u> in the sea last month.
（私たちは先月、海で泳ぎました）

（4）I <u>didn't use</u> the desk this morning.
（私は、今朝はその机を使いませんでした）

（5）You <u>did not go</u> to the station yesterday.
（あなたは昨日、その駅に行きませんでした）

（6）We <u>didn't swim</u> in the river today.
（私たちは、今日は川で泳ぎませんでした）

（7）Did you <u>go</u> to the hospital? – No, I <u>didn't</u>.
（あなたはその病院に行きましたか？
– いいえ、行きませんでした）

（8）Did you <u>swim</u> in the lake? – Yes, we <u>did</u>.
（あなたたちは湖で泳ぎましたか？ – はい、泳ぎました）

> アド
> バイス
> （6）「1日のすでに過ぎてしまっている部分」も today「今日」の一部なので、today は現在形の文の中だけでなく過去形の文の中でも使うことができます。
> （8）水に関連する場所として、sea「海」、river「川」、lake「湖」、pond「池」、pool「プール」などがあり、「〜の中で」を表すときには、多くの場合 in the を前につけます。

2

（1）She <u>looked free today.</u>
（彼女は、今日は暇そうに見えました）

（2）You <u>played the piano.</u>
（あなたはピアノを弾きました）

（3）I <u>went to the station yesterday.</u>
（私は昨日、その駅に行きました）

（4）Mr. Okada <u>didn't look free last night.</u>
（オカダさんは、昨晩は暇そうに見えませんでした）

（5）Rena <u>didn't go to the station today.</u>
（レナは、今日はその駅に行きませんでした）

（6）Did I <u>look free last week?</u> – No, you didn't.
（私は先週、暇そうに見えましたか？
– いいえ、見えませんでした）

（7）Did Mr. Tanahashi <u>play the guitar?</u> – Yes, he did.
（タナハシさんはギターを弾きましたか？ – はい、弾きました）

（8）Did you <u>go to the kitchen this morning?</u> – Yes, we did.
（あなたたちは今朝、台所へ行きましたか？
– はい、行きました）

3

（1）She <u>looked busy this morning.</u>
（彼女は、今朝は忙しそうに見えました）

（2）He <u>walked to the park last night.</u>
（彼は昨晩、その公園に歩いて行きました）

（3）You <u>played the guitar.</u>
（あなたはギターを演奏しました）

（4）Kenny <u>didn't look busy this morning.</u>
（ケニーは、今朝は忙しそうに見えませんでした）

（5）He <u>didn't walk to the station this morning.</u>
（彼は今朝、その駅に歩いては行きませんでした）

（6）I <u>didn't play the drums last month.</u>
（私は先月、ドラムを演奏しませんでした）

（7）Did Ms. Urai <u>look busy yesterday?</u>
（ウライさんは昨日、忙しそうに見えましたか？）

（8）No, she didn't.
（いいえ、見えませんでした）

4

（1）I <u>watched TV this morning.</u>
（私は今朝、テレビを見ました）

（2）You <u>bought the desk last month.</u>
（あなたは先月、その机を買いました）

（3）We <u>knew your sister.</u>
（私たちはあなたのお姉さんを知っていました）

（4）Mr. Naito <u>didn't（did not）watch TV last night.</u>
（ナイトウさんは、昨晩はテレビを見ませんでした）

（5）You <u>didn't（did not）buy the table.</u>
（あなたはそのテーブルを買いませんでした）

（6）We <u>didn't（did not）know your father.</u>
（私たちはあなたのお父さんを知りませんでした）

（7）Did you <u>watch TV yesterday?</u> – Yes, I did.
（あなたは昨日、テレビを見ましたか？ – はい、見ました）

（8）Did you <u>use the chair?</u> – No, I didn't.
（あなたはそのイスを使いましたか？
– いいえ、使いませんでした）

（9）Did you <u>know my mother?</u> – No, we didn't.
（あなたたちは私の母を知っていましたか？
– いいえ、知りませんでした）

Part 8 be動詞の過去形
まとめテスト

問題は本冊74〜75ページ

1

(1) You <u>were</u> my teacher.
（あなたは私の先生でした）
(2) Mr. Nakanishi <u>was</u> strong.
（ナカニシさんは強かったです）
(3) You <u>weren't</u> a soccer player.
（あなたはサッカー選手ではありませんでした）
(4) David <u>wasn't</u> hungry.
（デイビッドはお腹がすいてはいませんでした）
(5) She <u>wasn't</u> my friend.
（彼女は私の友達ではありませんでした）
(6) <u>Were</u> you a tennis player? – Yes, I <u>was</u>.
（あなたはテニスの選手でしたか？－はい、そうでした）
(7) <u>Was</u> Ms. Abe angry? – No, she <u>wasn't</u>.
（アベさんは怒っていましたか？
　－いいえ、怒ってはいませんでした）
(8) <u>Was</u> that clock yours? – No, it <u>wasn't</u>.
（あの置時計はあなたのものでしたか？－いいえ、違いました）

> **もっと
> くわしく** (4)「お腹がすいている」は hungry、「満腹だ」は full で表します。
> (8) clock は「置時計・壁かけの時計」、watch は「腕時計」です。that clock は3人称単数の「もの」なので、2回めからは it「それ」になります。

2

(1) You were my friend.
（あなたは私の友達でした）
(2) I was busy yesterday.
（私は、昨日は忙しかったです）
(3) She was very happy today.
（彼女は、今日はとても幸せでした）
(4) He wasn't your friend.
（彼はあなたの友達ではありませんでした）
(5) They were free today.
（彼らは、今日は時間がありました）
(6) I wasn't very busy today.
（私は、今日はそれほど忙しくはありませんでした）
(7) Were you her student? – Yes, I was.
（あなたは彼女の生徒でしたか？－はい、そうでした）
(8) Was she tired today? – No, she wasn't.
（彼女は、今日は疲れていましたか？
　－いいえ、疲れていませんでした）

> **アド
> バイス** (6) be not very 〜は「それほど〜ではない」という意味を表します。
> (8) tired は語尾に ed がありますが、動詞の過去形ではなく「疲れた」という意味の形容詞です。

3

(1) Robinson was a pianist.
（ロビンソンはピアニストでした）
(2) Mr. Owens was a gentleman.
（オーエンズさんは紳士でした）
(3) Katsuyori wasn't sick.
（カツヨリは病気ではありませんでした）
(4) Mr. Page wasn't tired.
（ペイジさんは疲れてはいませんでした）
(5) You weren't busy last week.
（あなたは、先週は忙しくありませんでした）
(6) Was Zack an artist?
（ザックは芸術家でしたか？）
(7) Yes, he was.
（はい、そうでした）
(8) Were you busy three days ago?
（あなたは、3日前は忙しかったですか？）

> **もっと
> くわしく** (5) last week は「先週」、last month は「先月」、last year は「昨年」です。
> (8) three days ago は「3日前」、three weeks ago は「3週間前」、three months ago は「3カ月前」、three years ago は「3年前」です。

4

(1) Mike was busy last month.
（マイクは、先月は忙しかったです）
(2) You were very tired.
（あなたはとても疲れていました）
(3) Minoru was strong.
（ミノルは強かったです）
(4) You weren't（were not）busy yesterday.
（あなたは、昨日は忙しくありませんでした）
(5) He wasn't（was not）a gentleman.
（彼は紳士ではありませんでした）
(6) She wasn't（was not）a student.
（彼女は学生ではありませんでした）
(7) Were you busy two days ago? – No, I wasn't（was not）.
（あなたは、2日前は忙しかったですか？
　－いいえ、忙しくありませんでした）
(8) Was the cat clever? – Yes, it was.
（その猫は利口でしたか？－はい、利口でした）
(9) Was he quiet? – Yes, he was.
（彼は静かでしたか？－はい、静かでした）

> **アド
> バイス** (8) the cat は、2回めからは代名詞の it に変わります。

> **もっと
> くわしく** (5) gentleman「紳士」の対義語（反対の意味の言葉）は lady「淑女」です。「淑女」とは、「品位のある、しとやかな女性」のことです。

1

（1）I will buy the shoes.
　　（私はその靴を買うつもりです）

（2）You will go to the museum tomorrow.
　　（あなたは明日、その博物館に行くでしょう）

（3）I will not wear the hat.
　　（私はその帽子をかぶらないつもりです）

（4）We aren't going to go to the factory.
　　（私たちはその工場には行かないつもりです）

（5）He won't swim in the river.
　　（彼はその川で泳がないでしょう）

（6）Will you read the book? – Yes, we will.
　　（あなたたちはその本を読むつもりですか？
　　　– はい、読むつもりです）

（7）Are you going to go to the building? – No, I am not.
　　（あなたはその建物に行くつもりですか？
　　　– いいえ、行かないつもりです）

（8）Will Mr. Naito play baseball tomorrow? – Yes, he will.
　　（ナイトウさんは明日、野球をするつもりですか？
　　　– はい、するつもりです）

> **アドバイス** （3）未来を表す表現の否定文を日本語に訳す場合は、「〜しないつもりです」や「〜するつもりはありません」のようになります。

2

（1）She is going to go to bed early today.
　　（彼女は、今日は早く寝るつもりです）

（2）You will go to the pool tomorrow.
　　（あなたは明日、そのプールへ行くでしょう）

（3）Yuna is not going to go to bed early today.
　　（ユナは、今日は早く寝るつもりではありません）

（4）Mr. Goto will not sing the song.
　　（ゴトウさんはその歌を歌わないつもりです）

（5）I will not go to college tomorrow.
　　（私は明日、大学には行かないつもりです）

（6）Is he going to go to bed early today?
　　（彼は、今日は早く寝るつもりですか？）

（7）Will you use my car?
　　（あなたは私の車を使うつもりですか？）

（8）Will you come to my house?
　　（あなたは私の家に来るつもりですか？）

> **もっとくわしく** （5）go to college の college には冠詞がついていませんが、これは go to school の school や go to bed の bed に冠詞がつかないのと同じです。go to college の college は「大学の建物」を指しているのではなく「（授業などの）学校活動」を表しています。

3

（1）You will buy the coat.
　　（あなたはそのコートを買うでしょう）

（2）I am going to walk to college.
　　（私は大学に歩いて行くつもりです）

（3）I will play the drums.
　　（私はドラムを演奏するつもりです）

（4）She will not buy the dictionary.
　　（彼女はその辞書を買わないつもりです）

（5）I am not going to walk to the sea.
　　（私は海に歩いて行くつもりではありません）

（6）I will not play the guitar.
　　（私はギターを弾かないつもりです）

（7）Will you buy the car?
　　（あなたはその車を買うつもりですか？）

（8）Are you going to study history?
　　（あなたは歴史の勉強をするつもりですか？）

4

（1）I will listen to the radio. /
　　I am（I'm）going to listen to the radio.
　　（私はラジオを聞くつもりです）

（2）You will use the car. /
　　You are（You're）going to use the car.
　　（あなたはその車を使うつもりなのですね）

（3）We will go to the museum tomorrow. /
　　We are（We're）going to go to the museum tomorrow.
　　（私たちは明日、その博物館に行くつもりです）

（4）We won't（will not）sing the song. /
　　We are not（We aren't / We're not）going to sing the song.
　　（私たちはその歌を歌わないつもりです）

（5）Kenny won't（will not）use the desk. /
　　Kenny is not（isn't）going to use the desk.
　　（ケニーはその机を使わないつもりです）

（6）We won't（will not）go to the factory tomorrow. /
　　We are not（We aren't / We're not）going to go to the factory tomorrow.
　　（私たちは明日、その工場に行くつもりはありません）

（7）Will you watch the show? – No, I won't. /
　　Are you going to watch the show? – No, I'm（I am）not.
　　（あなたはそのショーを見るつもりですか？
　　　– いいえ、見ないつもりです）

（8）Will you take a picture? – Yes, I will. /
　　Are you going to take a picture? – Yes, I am.
　　（あなたは写真を撮るつもりですか？ – はい、撮るつもりです）

（9）Will you go to college tomorrow? – No, we won't. /
　　Are you going to go to college tomorrow? – No, we aren't（we're not / we are not）.
　　（あなたたちは明日、大学に行くつもりですか？
　　　– いいえ、行かないつもりです）

>
> **もっとくわしく** （4）sing the song は「（ある特定の）歌を歌う」という意味になり、sing a song だと「（何でもいいのだけれど1曲）歌を歌う」という意味になります。

1

（1）I must use the eraser.
（私はその消しゴムを使わなければなりません）

（2）You have to walk to the station today.
（あなたは、今日はその駅に歩いて行かなければなりません）

（3）He may swim in the river.
（彼は川で泳いでもよいです）

（4）You don't have to go there today.
（あなたは、今日はそこに行く必要はありません）

（5）They may not swim in the sea today.
（彼らは、今日は海で泳いではなりません）

（6）May I read the memo? - Yes, of course.
（そのメモを読んでもいいですか？ − はい、もちろんです）

（7）Must you go to college today? - No, I don't have to.
（あなたは、今日は大学に行かなければなりませんか？
　−いいえ、行く必要はありません）

（8）May I sit next to you? – I'm afraid you can't.
（あなたの隣に座ってもいいですか？
　−申し訳ありませんが、だめです）

> アド
> バイス
> （8）next to「〜の隣に」の後ろには、next to me「私の隣に」や next to the station「その駅の隣に」のように、人や場所を表す語句が続きます。

2

（1）I must do my homework today.
（私は、今日は宿題をやらなければなりません）

（2）You have to go to school today.
（あなたは、今日は学校に行かなければなりません）

（3）We may swim in the sea.
（私たちは海で泳ぐかもしれません）

（4）You don't have to go there.
（あなたはそこに行く必要はありません）

（5）You may not drink coffee now.
（あなたは今、コーヒーを飲んではいけません）

（6）Must you study English today?
（あなたは、今日は英語を勉強しなければなりませんか？）

（7）May I use your pen?
（あなたのペンを使ってもいいですか？）

（8）May I drink tea now?
（今、お茶を飲んでもいいですか？）

3

（1）She must buy the bag.
（彼女はそのカバンを買わなければなりません）

（2）You have to go to the station today.
（あなたは、今日はその駅に行かなければなりません）

（3）You may play the guitar here.
（あなたはここでギターを演奏してもよいです）

（4）You must not ride the bus.
（あなたはそのバスに乗ってはなりません）

（5）You don't have to go to the station today.
（あなたは、今日はその駅に行く必要はありません）

（6）You may not play the violin there.
（あなたはそこでバイオリンを演奏してはなりません）

（7）May I use the dictionary?
（その辞書を使ってもいいですか？）

（8）Must you walk to school?
（あなたは学校に歩いて行かなければなりませんか？）

4

（1）I must read the book. / I have to read the book.
（私はその本を読まなければなりません）

（2）Shinsuke may use the table.
（シンスケはそのテーブルを使ってもよいです）

（3）It may（might）be cloudy today.
（今日は曇りかもしれません）

（4）You must not（mustn't）read the magazine. /
You may not read the magazine.
（あなたはその雑誌を読んではなりません）

（5）You don't（do not）have to buy the pen.
（あなたはそのペンを買う必要はありません）

（6）You must not（mustn't）come to my house. /
You may not come to my house.
（あなたたちは私の家に来てはなりません）

（7）May I read the newspaper?
– I'm afraid you can't. / I'm sorry, you can't.
（その新聞を読んでもいいですか？
　−申し訳ありませんが、だめです）

（8）Must you buy the watch? – No, I don't have to.
（あなたはその腕時計を買わなければなりませんか？
　−いいえ、買う必要はありません）

（9）May I use the camera tomorrow?
– Yes, of course.
（明日そのカメラを使ってもいいですか？ − はい、もちろんです）

> アド
> バイス
> （4）may not は「不許可」なので、must not「禁止」よりもマイルドな表現になります。
> （6）go to と come to の to を忘れないように気をつけましょう。ただし、here と there の前には to は不要です。go there「そこに行く」や come here「ここに来る」のように表します。

> もっと
> くわしく
> （9）英文には tomorrow が入っていますが、ここでは「未来を表す表現」は使わなくても大丈夫です。①1つの英文には動詞は1つ、助動詞も1つ、②「未来を表す表現」は、意志（〜するつもりだ）や推測（〜するだろう）という意味を英文に持たせる場合に使う、というルールを覚えておいてください。

アドバイス （2）（4）brother は「兄」と「弟」の両方を表すので、訳は「兄」としてもよいです。きちんと区別をするのであれば、「兄」は elder [older] brother、「弟」は younger brother となります。

1

（1） I am <u>as happy as</u> you.
（私はあなたと同じくらい幸せです）

（2） Can you dance <u>better than</u> Adam? – No, I can't.
（あなたはアダムよりも上手に踊ることができますか？
－いいえ、できません）

（3） Hiroshi is <u>as nice as</u> Tetsuya.
（ヒロシはテツヤと同じくらい素敵です）

（4） Can this car run <u>faster than</u> that one? – Yes, it can.
（この車はあの車よりも速く走ることができますか？
－はい、できます）

（5） This box is <u>smaller than</u> that one.
（この箱はあの箱よりも小さいです）

（6） She is <u>the most beautiful</u> in this class.
（彼女はこのクラスで一番美しいです）

（7） You can swim <u>the fastest</u> of the four.
（あなたは4人の中で一番速く泳ぐことができます）

（8） Can Mr. Taguchi sing a song <u>the best</u> of the three?
– Yes, he can.
（タグチさんは3人の中で一番上手に歌を歌うことができますか？
－はい、できます）

アドバイス （4）one は1度登場している可算名詞の単数形である car「車」のことです。また、Yes, it can. の it「それ」は、this car のことを指します。
（7）the fastest の the は省略可能です（fastest が swim を修飾する副詞の最上級なので）。
（8）the best の the は省略可能です（best が sing を修飾する副詞の最上級なので）。

2

（1） I am as tall as my father.
（私は父と同じくらいの背の高さです）

（2） Can Nobuo run as fast as his brother? – No, he can't.
（ノブオは彼の弟さん〈お兄さん〉と同じくらい速く走ることができますか？－いいえ、できません）

（3） She wasn't as tired as Mr. Naito.
（彼女はナイトウさんほど疲れてはいませんでした）

（4） I am taller than my brother.
（私は弟〈兄〉よりも背が高いです）

（5） Is Ms. Orimo taller than her friends? – Yes, she is.
（オリモさんは彼女の友達よりも背が高いですか？－はい、高いです）

（6） She is the most beautiful in the world.
（彼女は世界で一番美しいです）

（7） Can Hiromu run the fastest in the class? – Yes, he can.
（ヒロムはクラスで一番速く走ることができますか？－はい、できます）

（8） He is the strongest of the three.
（彼は3人の中で一番強いです）

3

（1） That cat is as big as my cat.
（あの猫は私の猫と同じくらい大きいです）

（2） Does she have as many pens as Asuka? – Yes, she does.
（彼女はアスカと同じくらいたくさんのペンを持っていますか？
－はい、持っています）

（3） This question is more difficult than that one.
（この問題はあの問題よりも難しいです）

（4） Is Daryl cuter than that cat? – Yes, it is.
（ダリルはあの猫よりもかわいいですか？－はい、かわいいです）

（5） He has more cars than his friends.
（彼は彼の友達よりもたくさんの車を持っています）

（6） Mr. Shimizu is the richest in the team.
（シミズさんはそのチームの中で一番お金持ちです）

（7） The flower is the most beautiful in this park.
（その花はこの公園で一番美しいです）

（8） Is that car the most expensive in this store? – Yes, it is.
（あの車はこのお店の中で一番高いですか？－はい、そうです）

4

（1） I am（I'm）as old as Moe.
（私はモエと同い年です）

（2） You are not（You aren't / You're not）as tired as Mr. Naito.
（あなたはナイトウさんほど疲れてはいません）

（3） Does she have as many T-shirts as Ukyo? – Yes, she does.
（彼女はウキョウと同じくらいたくさんのTシャツを持っていますか？－はい、持っています）

（4） Does Hiromu run faster than Nami? – Yes, he does.
（ヒロムはナミよりも速く走りますか？－はい、走ります）

（5） Mr. Watanabe isn't（is not）as busy as Natsuki.
（ワタナベさんはナツキほど忙しくはありません）

（6） I don't have as many shoes as Emma.
（私はエマほどたくさんの靴を持ってはいません）

（7） Can she dance the best in the class? – Yes, she can.
（彼女はそのクラスの中で一番上手に踊ることができますか？
－はい、できます）

（8） I am（I'm）the oldest of the five.
（私は5人の中で一番年上です）

（9） Mr. Ibushi plays the guitar the best of the three.
（イブシさんは3人の中で一番上手にギターを弾きます）

1

（1）I like to read books.
　　（私は本を読むことが好きです）

（2）My dream is to be a nurse.
　　（私の夢は看護師になることです）

（3）Hiroshi found it difficult to go to Gifu today.
　　（ヒロシは、今日岐阜に行くことは難しいとわかりました）

（4）I had a lot of things to do yesterday.
　　（私には昨日、やるべきことがたくさんありました）

（5）He had nothing to drink.
　　（彼には飲むものがありませんでした）

（6）Mr. Okamoto had no time to eat in the restaurant.
　　（オカモトさんにはレストランで食事をする時間が
　　ありませんでした）

（7）She went to the station to see her friend.
　　（彼女は友達に会うためにその駅に行きました）

（8）We were very surprised to hear that.
　　（私たちはその話を聞いてとても驚きました）

> アドバイス　（1）この文は動名詞（本冊161ページを参照）を使って I like reading books. と言いかえることもできます。
> （5）否定文で He didn't have anything to drink. としても、ほぼ同じ意味になります。
> （6）否定文で Mr. Okamoto didn't have（any）time to eat in the restaurant. としても、ほぼ同じ意味になります。

> もっとくわしく　（8）be surprised to do は「〜して驚く」という意味ですが、〈be surprised at ＋名詞〉「〜に驚く」という表現もよく使われます。

2

（1）It is easy to climb the tree.
　　（その木に登ることはかんたんです）

（2）I found it difficult to go there next month.
　　（私は来月そこに行くことは難しいとわかりました）

（3）They have a lot of documents to read.
　　（彼らには読むべき書類がたくさんあります）

（4）He has no time to come here today.
　　（彼は、今日はここに来る時間がありません）

（5）He was the first man to go to the moon.
　　（彼は月に行った最初の男性でした）

（6）I went to the lake to swim.
　　（私は泳ぐためにその湖に行きました）

（7）Kokoro grew up to be an actor.
　　（ココロは成長して俳優になりました）

（8）She was careless to lose her pen.
　　（ペンをなくすなんて、彼女は不注意でした）

3

（1）To play baseball is fun for me.
　　（野球をすることは、私にとっておもしろいです）

（2）Mr. Suzuki's plan is to go to the U.S. next month.
　　（スズキさんの計画は、来月アメリカに行くことです）

（3）She has a lot of jobs to do today.
　　（彼女には、今日するべき仕事がたくさんあります）

（4）Adam has no time to go to the store today.
　　（アダムは、今日はそのお店に行く時間がありません）

（5）I was the first person to go to the restaurant.
　　（私はそのレストランに行った最初の人でした）

（6）Mr. Okada went to the shop to buy a T-shirt.
　　（オカダさんはそのお店に T シャツを買いに行きました）

（7）She was very sorry not to see her sister.
　　（彼女は彼女のお姉さんに会えなくてとても残念がっていました）

（8）That child actor grew up to be a famous actor.
　　（あの子役は成長して、有名な俳優になりました）

> アドバイス　（1）To play は動名詞（本冊161ページ参照）の Playing に言いかえることもできます。
> （7）to 不定詞を否定する場合は、to の前に not を置きます。

4

（1）He likes to drive a car.
　　（彼は車を運転することが好きです）

（2）Akito's dream is to go to Tokyo Dome someday.
　　（アキトの夢は、いつか東京ドームに行くことです）

（3）She found it difficult to go to Okinawa next month.
　　（彼女は、来月沖縄に行くことは難しいとわかりました）

（4）You have a lot of documents to read.
　　（あなたには読むべき書類がたくさんあります）

（5）Kota has something to tell Kenny.
　　（コウタにはケニーに何か話すべきことがあります）

（6）Nami had no time to eat（have）breakfast today. /
　　Nami didn't（did not）have any time to eat（have）
　　breakfast today.
　　（ナミは、今日は朝ごはんを食べる時間がありませんでした）

（7）I will go to the store（shop）to see（meet）you today.
　　（私は今日、あなたに会うために、そのお店に行くつもりです）

（8）He was very sorry not to watch the game.
　　（彼はその試合を見ることができなくてとても残念がっていました）

（9）She was very glad to see（meet）him today.
　　（彼女は今日、彼に会えてとてもよろこんでいました）

> もっとくわしく　（7）「（一般的な）店」はアメリカ英語では store、イギリス英語では shop になります。また、アメリカ英語での shop は「小さめの店」であり、イギリス英語での store は「大きめの店」のことを指すと考えてください。

1

（1）I <u>was using</u> the dictionary then.
　　（私はそのとき、その辞書を使っていました）

（2）Alexa <u>was coming</u> here at that time.
　　（アレクサはそのとき、ここにやってくるところでした）

（3）I <u>wasn't driving</u> the car then.
　　（私はそのとき、車を運転していませんでした）

（4）You <u>weren't going</u> there when I saw you.
　　（私があなたを見かけたとき、あなたはそこに向かっていませんでした）

（5）Cathy <u>wasn't climbing</u> the mountain at that time.
　　（キャシーはそのとき、その山に登っていませんでした）

（6）Were you <u>cleaning</u> the room then? – Yes, I <u>was</u>.
　　（あなたはそのとき、その部屋の掃除をしていましたか？
　　－はい、していました）

（7）Was Shinsuke <u>going</u> to Osaka when I saw him?
　　– Yes, he <u>was</u>.
　　（私がシンスケを見かけたとき、彼は大阪に向かっていましたか？
　　－はい、向かっていました）

（8）Was she <u>coming</u> to the restaurant at that time?
　　– No, she <u>wasn't</u>.
　　（彼女はそのとき、レストランにやってくるところでしたか？
　　－いいえ、違いました）

> **アドバイス** (6) Yes, I was. の訳は「はい、そうです」でも、質問文の内容に合わせて「はい、していました」にしてもいいです。
> (7) when からはじまる節の目的語は him ですが、この him は Shinsuke のことです。日本語に訳すときはこちらの him を固有名詞（Shinsuke）として訳し、次にもう1つの節の主語 Shinsuke のほうを代名詞（he）として訳すと自然な感じになります。

2

（1）I <u>was swimming</u> in the sea then.
　　（私はそのとき、海で泳いでいました）

（2）When I called her, she <u>was sleeping</u>.
　　（私が彼女に電話をしたとき、彼女は眠っていました）

（3）Mr. Sanada <u>was having</u> dinner at the restaurant then.
　　（サナダさんはそのとき、そのレストランで晩ごはんを食べていました）

（4）She <u>wasn't cleaning</u> her room then.
　　（彼女はそのとき、部屋の掃除をしていませんでした）

（5）When she called me, I <u>wasn't studying</u>.
　　（彼女が私に電話をしたとき、私は勉強をしていませんでした）

（6）He <u>wasn't doing</u> his homework at that time.
　　＊ do his homework「（彼の）宿題をする」
　　（彼はそのとき、宿題をしていませんでした）

（7）Were you <u>reading</u> the document then? – No, I <u>wasn't</u>.
　　（あなたはそのとき、その書類を読んでいましたか？
　　－いいえ、読んでいませんでした）

（8）Was Nobuo <u>walking</u> along the river at that time?
　　– Yes, he <u>was</u>. ＊ along the river「川に沿って」
　　（ノブオはそのとき、川沿いを歩いていましたか？
　　－はい、歩いていました）

> **アドバイス** (2)「寝る」は go to bed、「眠る」は sleep です。

> **もっとくわしく** (6)〈do one's（代名詞の所有格）+ homework〉で「（〜の）宿題をする」という意味になります。one's のところにはその文の内容にあわせて my、your、his、her、our、their が入ります。

3

（1）I <u>was reading</u> the book then.
　　（私はそのとき、その本を読んでいました）

（2）She <u>was going</u> to Sendai at that time.
　　（彼女はそのとき、仙台に向かっていました）

（3）Emma <u>was listening</u> to music when he called her.
　　（彼がエマに電話したとき、彼女は音楽を聞いていました）

（4）Mr. Lesnar <u>wasn't using</u> the eraser.
　　（レスナーさんはその消しゴムを使っていませんでした）

（5）Mr. Kushida <u>wasn't going</u> to Japan then.
　　（クシダさんはそのとき、日本に向かっていませんでした）

（6）I <u>wasn't watching</u> TV when he called me.
　　（彼が私に電話したとき、私はテレビを見ていませんでした）

（7）Was Mr. Yano <u>using</u> the chair? – Yes, he was.
　　（ヤノさんはそのイスを使っていましたか？
　　－はい、使っていました）

（8）Were you <u>going</u> to Sapporo at that time? – Yes, I was.
　　（あなたはそのとき、札幌に向かっているところでしたか？
　　－はい、そうでした）

> **もっとくわしく** (3)「音楽を聞く」という意味を表す場合、listening to music の music の前には冠詞の the は不要です。the は「1つに決まる」という意味の冠詞なので、the を入れた場合には話し手も聞き手も「あの音楽のことね」という共通認識のある音楽を聞く、という意味になります。

4

（1）She <u>was playing</u> tennis then.
　　（彼女はそのとき、テニスをしていました）

（2）I <u>was going</u> to the restaurant.
　　（私はそのレストランに向かっていました）

（3）She <u>was going</u> to Nagoya when I saw her at the station.
　　（私が駅で彼女を見かけたとき、彼女は名古屋に向かっていました）

（4）She <u>wasn't（was not）playing</u> the violin then.
　　（彼女はそのとき、バイオリンを弾いていませんでした）

（5）She <u>wasn't（was not）walking</u> in the park.
　　（彼女はその公園を歩いていませんでした）

（6）He <u>wasn't（was not）going</u> to school when I saw him.
　　（私が彼を見かけたとき、彼は学校に向かっているところではありませんでした）

（7）Was she <u>playing</u> the violin then? – Yes, she was.
　　（彼女はそのとき、バイオリンを弾いていましたか？
　　－はい、弾いていました）

（8）Were you <u>swimming</u> in the lake? – No, I wasn't（was not）.
　　（あなたは湖で泳いでいるところでしたか？－いいえ、違いました）

（9）Was he <u>going</u> to Hiroshima when you saw him in the train? – Yes, he was.
　　（あなたが電車の中で彼を見かけたとき、彼は広島に向かっているところでしたか？－はい、そうでした）

1

（1）The door was opened by her.
　　（そのドアは彼女によって開けられました）
（2）The cup was bought by my sister.
　　（そのカップは私の姉〈妹〉によって買われました）
（3）I was spoken to by Mr. Nogami then.
　　（私はそのとき、ノガミさんに話しかけられました）
（4）The window wasn't opened by him.
　　（その窓は彼によって開けられたのではありません）
（5）The map wasn't found by her.
　　（その地図は彼女によって見つけられたのではありません）
（6）Was the letter written by Kenny? – Yes, it was.
　　（その手紙はケニーによって書かれたのですか？ – はい、そうです）
（7）Is the dog kept by her? – No, it isn't.
　　（その犬は彼女によって飼われているのですか？
　　 – いいえ、違います）
（8）Were you laughed at by Taichi? – Yes, I was.
　　（あなたはタイチに笑われましたか？ – はい、そうです）

2

（1）The watch is used by her.
　　（その腕時計は彼女によって使われています）
（2）The hospital is visited by many people.
　　（その病院はたくさんの人によって訪れられています）
（3）The park is visited by a lot of people.
　　（その公園は多くの人たちによって訪れられています）
（4）The pencil isn't used by him.
　　（その鉛筆は、彼は使いません）
（5）The kitchen wasn't used by many people today.
　　（その台所は今日、たくさんの人によって使われたわけでは
　　ありません）
（6）Is the chair used by you? – Yes, it is.
　　（そのイスはあなたに使われていますか？
　　 – はい、そうです）
（7）Is baseball played by many people in Japan?
　　 – Yes, it is.
　　（野球は日本ではたくさんの人によってプレーされていますか？
　　 – はい、そうです）
（8）Is the library visited by a lot of people?
　　 – No, it isn't.　＊ library「図書館」
　　（その図書館は多くの人たちによって訪れられていますか？
　　 – いいえ、訪れられていません）

3

（1）The bus is driven by Mr. Inoue.
　　（そのバスはイノウエさんによって運転されています）
（2）This tree was cut by Mr. Elgin yesterday.
　　（この木は昨日、エルガンさんによって切られました）
（3）He was spoken to by Mr. Nakamura at the station last
　　month.
　　（彼は先月、駅でナカムラさんに話しかけられました）
（4）The pot isn't used by her.
　　（そのポットは彼女によって使われていません）
（5）This kitchen wasn't cleaned by Mr. Kitamura yesterday.
　　（この台所は昨日、キタムラさんによって掃除されませんでした）
（6）I wasn't spoken to by Mr. Jones today.
　　（私は今日、ジョーンズさんに話しかけられませんでした）
（7）Was the bag used by Mr. Goto? – No, it wasn't.
　　（そのカバンはゴトウさんに使われましたか？
　　 – いいえ、使われませんでした）
（8）Was this building cleaned by them last month?
　　（この建物は先月、彼らによって掃除されましたか？）

> アド
> バイス　（3）英語では場所（at the station）を先に述べ、次に時間・
> 時期（last month）を続けるのが自然な順序です。

4

（1）The picture was taken by her.
　　（その写真は彼女によって撮られました）
（2）I was spoken（talked）to by some people a few days ago.
　　（私は数日前、数名の人たちに話しかけられました）
（3）The racket was found by him.
　　（そのラケットは彼によって見つけられました）
（4）The bird isn't（is not）kept by her.
　　（その鳥は彼女によって飼われているのではありません）
（5）He wasn't（was not）spoken（talked）to by any women
　　yesterday.
　　（彼は昨日、一人の女性にも話しかけられませんでした）
（6）The book wasn't（was not）found by him.
　　（その本は彼によって見つけられたのではありません）
（7）Is the bird kept by you? – No, it isn't（is not）.
　　（その鳥はあなたによって飼われていますか？
　　 – いいえ、飼われていません）
（8）Were you spoken（talked）to by any people today?
　　 – Yes, I was.
　　（あなたは今日、何人かの人たちに話しかけられましたか？
　　 – はい、話しかけられました）
（9）Was the table made by him? – Yes, it was.
　　（そのテーブルは彼によって作られたのですか？
　　 – はい、そうです）

> アド
> バイス　（5）not ... any ～は「1つ（1人）の～も…ない」という
> 意味になります。

1

（1）I have already had lunch today.
　（私は今日はすでにお昼ごはんを食べてしまいました）
（2）I haven't had dinner yet.
　（私はまだ晩ごはんを食べていません）
（3）Mr. Tanahashi has visited the U.S. three times.
　（タナハシさんはアメリカを3回訪れたことがあります）
（4）Has Mr. Tanahashi visited the U.S. many times?
　– No, he hasn't.
　（タナハシさんはアメリカを何回も訪れたことがありますか？
　　– いいえ、ありません）
（5）Have you stayed in Kobe for three days?
　（あなたは神戸に3日間滞在しているのですか？）
（6）I have stayed in Kobe for ten days.
　（私は神戸に10日間滞在しています）
（7）They have been watching TV for an hour.
　（彼らは1時間ずっとテレビを見ています）
（8）Have you been practicing tennis since this morning?
　– Yes, I have.
　（あなたは今朝からずっとテニスを練習しているのですか？
　　– はい、しています）

> **もっと
> くわしく** （3）the U.S. は、the United States (of America) の略称です。the U.K. は「イギリス」ですが、これは the United Kingdom の略称です。

2

（1）Has she lost her watch? – No, she hasn't.
　（彼女は腕時計をなくしてしまったのですか？
　　– いいえ、なくしていません）
（2）I haven't bought the camera yet.
　（私はそのカメラをまだ買っていません）
（3）Has he ever been to the U.S.? – No, he hasn't.
　（彼は今までにアメリカに行ったことがありますか？
　　– いいえ、ありません）
（4）She has never written a letter to me.
　（彼女は私に手紙を書いたことが1度もありません）
（5）I have been busy since 2013.
　（私は2013年からずっと忙しいです）
（6）How long has he stayed there?
　– He has stayed there for three days.
　（彼はどのくらいの間そこに滞在していますか？
　　– 彼はそこに3日間滞在しています）
（7）She has been sleeping for many hours.
　（彼女は何時間もずっと眠っています）
（8）I haven't seen him since last summer.
　（私は去年の夏以来ずっと彼に会っていません）

> **アド
> バイス** （4）write a letter to me「私に手紙を書く」は、write me a letter と表現することもできます。

3

（1）He has already finished reading the magazine.
　（彼はその雑誌をすでに読み終えてしまいました）
（2）Has he finished the job yet? – No, he hasn't.
　（彼はもうその仕事を終えましたか？ – いいえ、まだ終えていません）
（3）She has never read the magazine.
　（彼女はその雑誌を1度も読んだことがありません）
（4）Have you read the magazine before?
　– Yes, I have read it twice.
　（あなたはその雑誌を以前読んだことがありますか？
　　– はい、2回あります）
（5）We have lived here since we were children.
　（私たちは子どものときからずっとここに住んでいます）
（6）How long have you driven the car?
　– I have driven it for five years.
　（あなたはどのくらいの間その車を運転していますか？
　　– 私は5年間運転しています）
（7）Kairi has been listening to the radio for three hours.
　（カイリはラジオを3時間ずっと聞いています）
（8）Has Mr. Taguchi been singing songs since he came here?
　（タグチさんはここに来て以来ずっと歌を歌っているのですか？）

> **もっと
> くわしく** （1）〈finish ＋動詞の ing 形〉で「～するのを終える」という意味になります。そして finish の後ろには to 不定詞は続きません（本冊161ページ参照）。

4

（1）Mr. Endo has already arrived（got）there.
　（エンドウさんはすでにそこに到着しました）
（2）Mr. Endo hasn't（has not）arrived（got）there yet.
　（エンドウさんはまだそこに到着していません）
（3）Has Mr. Endo arrived（got）there yet? – No, he hasn't.
　（エンドウさんはもうそこに到着しましたか？ – いいえ、到着していません）
（4）You have seen（met）her before.
　（あなたは彼女に以前会ったことがあります）
（5）Has she ever been there?
　– Yes, she has been there four times.
　（彼女は今までにそこに行ったことがありますか？ – はい、4回あります）
（6）I have kept（had）the dog since I was a junior high school student.
　（私はその犬を中学生だったころからずっと飼っています）
（7）How long have you stayed in the village?
　– I have stayed there for six days.
　（あなたはどのくらいの間その村に滞在していますか？
　　– 私はそこに6日間滞在しています）
（8）Becky has been reading since this morning.
　（ベッキーは今朝からずっと読書をしています）
（9）We haven't used the room for five years.
　（私たちは5年間ずっとその部屋を使っていません）

> **アド
> バイス** （4）seen を使っても met を使っても表すことができます。
> （7）stay「滞在する」は自動詞なので後ろにin か at を置きます。

> **もっと
> くわしく** （1）「～に到着する」は arrive at（in）や get to を使って表しますが、here「ここに」や there「そこに」は副詞なので前置詞を使わずに表現します。

1

(1) Do you know the woman <u>buying</u> a magazine over there?
（あなたは向こうで雑誌を買っている女性を知っていますか？）

(2) The girl <u>walking</u> across the street is Maria.
（通りを歩いて渡っているその女の子は、マリアです）

(3) There is a cat <u>sleeping</u> under the table.
（テーブルの下で眠っている猫がいます）

(4) Do you know the car <u>bought</u> by Mr. Naito?
（あなたはナイトウさんによって買われた車を知っていますか？）

(5) I know the language <u>spoken</u> in Mexico.
（私はメキシコで話されている言語を知っています）

(6) This is the dog <u>kept</u> by Hiroshi.
（これはヒロシによって飼われている犬です）

> アド
> バイス
> (2) 訳は「その女の子」としていますが、「その」は外したほうが自然な訳になる場合もあります。
> (4) 訳は英文と合わせやすいように直訳になっていますが、「あなたはナイトウさんが買った車を知っていますか？」とすれば自然な訳になります。(6) の訳も同様に「これはヒロシが飼っている犬です」とするとよいです。

2

(1) There are some <u>flying birds</u>. ＊ fly「飛ぶ」 bird「鳥」
（何羽かの飛んでいる鳥がいます）

(2) There are some <u>fish swimming in the pond.</u>
＊ fish「魚」 pond「池」
（池を泳いでいる何匹かの魚がいます）

(3) The man talking with your friend is my brother.
（あなたの友達と話をしているその男性は、私の弟〈兄〉です）

(4) Which is the picture drawn by her?
（彼女によって描かれた絵はどれですか？）

(5) The picture drawn by her is this one.
（彼女によって描かれた絵はこの絵です）

(6) He is the man helped by us.
（彼は私たちによって助けられた男性です）

> もっと
> くわしく
> (2) fish「魚」は、「魚の数が複数である」場合には、複数形は単数形と同じく fish を使います。「魚の種類が複数である」場合には、複数形は fishes になります。ここでは単に「魚が複数匹いる」ことを表しているため、some fish という形になっています。

3

(1) There was a baby crying in the train.
（電車の中で、泣いている赤ちゃんがいました）

(2) There are some people running over there.
（向こうには何人かの走っている人たちがいます）

(3) The man swimming in the sea is his friend.
（海で泳いでいるその男性は、彼の友達です）

(4) Whose is the car parked in front of the station?
（駅前に駐車してある車は誰のものですか？）

(5) The car parked in front of the station is mine.
（駅前に駐車してある車は、私のものです）

(6) The language spoken in Taiwan is Chinese.
（台湾で話されている言語は中国語です）

(7) Carol is a woman living in the U.K.
（キャロルはイギリスに住んでいる女性です）

> もっと
> くわしく
> (4) whose には Whose car is this?「これは誰の車ですか？」のような直後に名詞をともなう使いかたと、Whose is this car?「この車は誰のものですか？」のような単独での使いかたがあります。つまり、〈whose ＋名詞〉で「誰の（名詞）」、whose 単独だと「誰のもの」という意味になるのです。

4

(1) Who is the woman talking with Mr. Kushida?
（クシダさんと話をしているその女性は誰ですか？）

(2) The woman talking with him is Natsumi.
（彼と話をしているその女性は、ナツミです）

(3) The man walking across the street is Mr. Watanabe.
（通りを歩いて渡っているその男性は、ワタナベさんです）

(4) Whose is that pen put on the desk?
（机の上に置かれているあのペンは誰のものですか？）

(5) The pen put on the desk is his.
（机の上に置かれているそのペンは、彼のものです）

(6) The cat kept by Mr. Takahashi is that cute one.
（タカハシさんに飼われている猫は、あのかわいい猫です）

> アド
> バイス
> (6) one は cat のことを指しています。

1

（1）Can you see the bus <u>that is stopped</u> at a red light?
（あなたは赤信号で止まっているバスが見えますか？）

（2）The language <u>that is spoken</u> here is English.
（ここで話されている言語は英語です）

（3）That is a rabbit <u>that is kept</u> by her.
（あれは彼女に飼われているウサギです）

（4）Do you know the girl <u>who is playing</u> the violin?
（あなたはバイオリンを弾いているその女の子を知っていますか？）

（5）The teacher <u>who is teaching</u> us math is Mr. Inaba.
（私たちに数学を教えている先生は、イナバ先生です）

（6）I have a dog <u>which is called</u> Maru.
（私はマルと呼ばれる犬を飼っています）

（7）Have you seen the bag <u>which was found</u> yesterday?
（あなたは昨日見つけられたカバンを見ましたか？）

（8）I know the woman <u>whose</u> shirt is always black.
（私はいつも黒いシャツを着ているその女性を知っています）

> アド
> バイス
> （1）～（7）ではすべて〈関係代名詞の主格＋ be 動詞〉が使われていますが、これらはいずれも省略することが可能です。
> （8）shirt is black は「シャツが黒い」という意味ですが、the woman とつなげて訳すときは「黒いシャツを着ているその女性」とすると自然な言いまわしになります。

> もっと
> くわしく
> （5）teach「教える」は〈teach ＋人＋もの〉、もしくは〈teach ＋もの＋ to ＋人〉の語順で使い、「（人）に（もの）を教える」という意味を表します。このような「授与」を表す動詞には、give「与える」、show「見せる」、bring「持ってくる」、tell「伝える」、lend「貸す」、buy「買う」、make「作る」などがあります。ただし、buy と make は〈buy / make ＋人＋もの〉、もしくは〈buy / make ＋もの＋ for ＋人〉の語順で使います。

2

（1）<u>Can you see the bike that is parked by the library?</u>
（あなたは図書館の横に駐輪している自転車が見えますか？）

（2）<u>The main language that is spoken in Canada is English.</u>
（カナダで話されている主な言語は英語です）

（3）<u>This is an eraser that is used by me.</u>
（これは私によって使われている消しゴムです）

（4）<u>Do you know the woman who is playing basketball?</u>
（あなたはバスケットボールをしているその女性を知っていますか？）

（5）<u>The student who is studying math is Michiko.</u>
（数学を勉強しているその生徒は、ミチコです）

（6）<u>She has a cat which is called Mii.</u>
（彼女はミイと呼ばれる猫を飼っています）

（7）<u>Has he seen the pen which was found here last week?</u>
（彼は先週ここで見つけられたペンを見ましたか？）

（8）<u>The car whose body is blue is Yuji's.</u>
（車体が青いその車は、ユウジの車です）

3

（1）<u>The laptop that Eriko uses is this white one.</u>
（エリコが使うノートパソコンはこの白いものです）

（2）<u>Which is the picture that was taken by him there</u>
<u>(there by him) yesterday?</u>
（彼が昨日そこで撮った写真はどれですか？）

（3）<u>The picture that was taken by him yesterday is put on</u>
<u>the desk.</u>
（彼が昨日撮った写真は、机の上に置かれています）

（4）<u>The woman who he met here the day before yesterday</u>
<u>is Ms. Hojo.</u>
（彼がおとといここで会った女性は、ホウジョウさんです）

（5）<u>Whose is the car which is parked in front of the</u>
<u>restaurant?</u>
（そのレストランの前に駐車してある車は誰のものですか？）

（6）<u>The language which is spoken there is German.</u>
（そこで話されている言語はドイツ語です）

（7）<u>He has a friend whose mother is a nurse.</u>
（彼には、母親が看護師をしている友人がいます）

（8）<u>The dog whose name is Tomohiro is sleeping in the cage.</u>
（トモヒロという名前の犬がそのケージの中で眠っています）

> アド
> バイス
> （3）put は placed に言いかえることができます。
> （6）German は「ドイツ語」や「ドイツ人」、「ドイツ（語・人）の」という意味の単語です。「ドイツ」は Germany です。

4

（1）<u>Can you see the glass that is put on the table?</u>
（テーブルの上に置いてあるコップが見えますか？）

（2）<u>I can see the clock that is put on the desk.</u>
（私は机の上に置いてあるその置時計が見えます）

（3）<u>She knows a man who is very tall.</u>
（彼女はとても背の高い男性を知っています）

（4）<u>I have a sister who lives in Canada.</u>
（私にはカナダに住んでいる姉がいます）

（5）<u>That woman who is swimming in the pool is my friend.</u>
（プールで泳いでいるあの女性は、私の友達です）

（6）<u>That pen which is put on the desk is mine.</u>
（机の上に置かれているあのペンは、私のものです）

（7）<u>The cat which is kept by Mr. Sanada is named Sam.</u>
（サナダさんに飼われているその猫は、サムと名づけられています）

（8）<u>She has a friend whose son is a baseball player.</u>
（彼女には、息子が野球選手をしている友人がいます）

（9）<u>Do you know that boy whose brother is an actor?</u>
（あなたは、お兄さんが俳優をしているあの男の子を知っていますか？）

> アド
> バイス
> （4）who の先行詞は 3 人称単数の a sister、時制は現在なので、who に続く動詞の live に 3 単現の s をつけるのを忘れないようにしましょう。

1

（1）The woman <u>made</u> her son <u>go</u> to the hospital.
　　（その女性は息子を病院に行かせました）
（2）I <u>wish</u> I <u>could cook</u> better.
　　（私がもっと料理を上手にできたらいいのですが）
（3）I <u>felt</u> the house <u>shake</u> at that time.
　　（私はそのとき、家が揺れるのを感じました）
（4）If I <u>had</u> a camera, I <u>could take</u> a picture.
　　（もし私がカメラを持っていれば、写真が撮れるのですが）
（5）He doesn't <u>let</u> me <u>see</u> the picture.
　　（彼は私にその写真を見せてくれません）
（6）I <u>wish</u> I <u>were</u> a little shorter.
　　（私の背がもう少し低かったらいいのですが）
（7）I <u>heard</u> Mr. Naito <u>sing</u> a song.
　　（私はナイトウさんが歌を歌うのを聴きました）
（8）If this bag <u>were</u> 2,000 yen, I <u>would buy</u> it.
　　（もしこのカバンが2,000円なら、買うのですが）

2

（1）<u>I saw Kota go into the library.</u>
　　（私はコウタが図書館に入るのを見ました）
（2）<u>I wish it were a holiday today.</u>
　　（今日が祝日ならいいのですが）
（3）<u>Mr. Tanahashi will have you go to Canada.</u>
　　（タナハシさんはあなたをカナダに行かせるつもりです）
（4）<u>If it were sunny today, I could go fishing.</u>
　　（もし今日晴れていたら、つりに行けるのですが）
（5）<u>I wish he would make dinner with me.</u>
　　（彼が私と夕食を作ってくれればいいのですが）
（6）<u>Can you help me carry these boxes?</u>
　　（私がこれらの箱を運ぶのを手伝ってくれますか？）
（7）<u>They watched me play the piano.</u>
　　（彼らは私がピアノを弾くのをじっと見ました）
（8）<u>If I were you, I also might think so.</u>
　　（もし私があなたなら、私もそう考えるかもしれません）

> アド
> バイス
> （6）help＋人＋原形不定詞は、help＋人＋to doの形を使って表されることもあります。この文であれば、Can you help me to carry these boxes? となります。

3

（1）<u>The teacher had her students talk in English.</u>
　　（その教師は生徒たちに英語で話をさせました）
（2）<u>I wish the summer vacation were longer.</u>
　　（夏休みがもっと長かったらいいのですが）
（3）<u>The boy watched me make a cake.</u>
　　（その男の子は私がケーキを作るのをじっと見ました）
（4）<u>If he joined our team, we would be stronger.</u>
　　（もし彼が私たちのチームに入ってくれれば、
　　私たちはもっと強くなるのですが）
（5）<u>I noticed Bianca leave the stadium after the match.</u>
　　（私はビアンカがその試合のあとに競技場を去るのに
　　気がつきました）
（6）<u>Have you ever seen Mr. Oka play the guitar?</u>
　　（オカさんがギターを弾くのを今までに見たことがありますか？）
（7）<u>If you were me, what would you do?</u>
　　（もしあなたが私なら、どうしますか？）
（8）<u>I wish I could go for dinner with you.</u>
　　（あなたと夕食に行けたらいいのですが）

>
> （7）この文のように、仮定法の If 〜に続く「…なのに（だろう）」の部分に疑問文の形を入れることもできます。今回は疑問詞 what を使った疑問文なので、〈疑問詞＋助動詞の過去形＋主語＋動詞の原形＋α ?〉の語順です。

4

（1）<u>If I knew the answer, I would tell it to you.</u>
　　（もし私がその答えを知っていたら、
　　あなたにそれを教えるのですが〈知りません〉）
（2）<u>I heard him speak great（wonderful）English.</u>
　　（私は彼がすばらしい英語を話すのを聞きました）
（3）<u>I wish I could use a computer well.</u>
　　（私がコンピュータを上手に使えたらいいのですが〈使えません〉）
（4）<u>Mr. Homma made his daughter stay at home.</u>
　　（ホンマさんは娘に〈強制的に〉家にいさせました）
（5）<u>They helped me look for my dog.</u>
　　（彼らは私が、私の犬を探すのを手伝ってくれました）
（6）<u>If I had time, I might go to the party.</u>
　　（もし時間があったら、私はそのパーティーに行くかもしれません〈が時間がありません〉）
（7）<u>I felt someone touch me.</u>
　　（私はだれかが私に触れるのを感じました）
（8）<u>I wish the school were near my house.</u>
　　（その学校が自宅の近くにあればいいのですが〈ありません〉）
（9）<u>He had（made）his son clean the living room.</u>
　　（彼は息子にリビングの掃除をさせました）

> アド
> バイス
> （5）〈help＋人＋動詞の原形〉は「（人）が〜するのを手伝う」という意味を表します。